Kundenorientierung mit System

C(

Zahllose Unternehmen haben sich die Steigerung der Kundenorientierung auf die Fahnen geschrieben. Doch vielerorts bleibt es noch immer bei gelegentlichen Aktionen zur Messung der Kundenzufriedenheit, deren Ergebnisse oft wirkungslos verpuffen. Das Buch führt weiter: Es bietet Managern und Marketingverantwortlichen einen modular aufgebauten Handlungsleitfaden – das CUSTOR-System. Neben Methoden zur Analyse des Kundenverhaltens und zur Messung der Kundenzufriedenheit bietet es Ansatzpunkte und praktisch erprobte Verfahren zur Verbesserung der Leistungskomponenten des Unternehmens, zur Optimierung des Kundenportfolios und zur kundenorientierten Neugestaltung der Organisation, der Personalführung und der Unternehmenskultur.

»Das Buch bietet einen gut durchdachten, schnell anwendbaren und umfassenden Ansatz zur nachhaltigen Steigerung der Kundenorientierung.«
Dr.-Ing. Jörg Starke, Mitglied des Vorstandes, KSB AG

»Es wird erstmalig ein integriertes System zu effektivem Management der Kundenorientierung vorgelegt, das sehr praxisorientiert ist.«
Prof. Dr. Martin K. Welge, Wissenschaftlicher Direktor, USW Schloß Gracht

Prof. Dr. Christian Homburg ist Inhaber des Lehrstuhls für Betriebswirtschaftslehre, insbesondere Marketing, an der privaten Wissenschaftlichen Hochschule für Unternehmensführung (WHU), Koblenz. Zuvor war er Direktor für Marketing, Controlling und Strategische Planung in einem weltweit tätigen Industrieunternehmen. Zuletzt veröffentlichte er *Kundenzufriedenheit. Konzepte – Methoden – Erfahrunge*n (zusammen mit Hermann Simon, 2. Aufl., Wiesbaden 1997).

Dr. Harald Werner ist Geschäftsführer des Instituts für Marketing & Management GmbH, einer auf Kundenorientierung spezialisierten Managementberatung an der WHU.

Christian Homburg, Harald Werner

Kundenorientierung mit System

Mit Customer Orientation Management zu profitablem Wachstum

Campus Verlag
Frankfurt/New York

Die Deutsche Bibliothek – CIP-Einheitsaufnahme

Homburg, Christian:
Kundenorientierung mit System : mit Customer-Orientation-
Management zu profitablem Wachstum / Christian Homburg ; Harald
Werner. – Frankfurt (Main) ; New York : Campus-Verl., 1998
ISBN 3-593-35794-1

Umschlaggestaltung: Atelier Warminski, Büdingen
Umschlagmotiv: © The Image Bank
Satz: Leingärtner, Nabburg
Druck und Bindung: Friedrich Pustet, Regensburg
Gedruckt auf säurefreiem und chlorfrei gebleichtem Papier.
Printed in Germany

Vorwort

Über Kundenorientierung, Kundennähe und Kundenzufriedenheit wurde in den letzten Jahren bereits sehr viel geschrieben. Wie immer, wenn ein neues Thema in den Mittelpunkt des Interesses zahlreicher Unternehmen rückt, entstanden auch hier in kurzer Zeit die unvermeidlichen »Management-Kochbücher«, die dem Leser den Königsweg zur Kundenorientierung versprechen. Viele Unternehmen haben in den letzten Jahren massiv Ressourcen in die Steigerung der Kundenorientierung investiert. Auch hier dürfte also mittlerweile ein beträchtlicher Erfahrungsschatz vorliegen. Warum also ein weiteres Buch über Kundenorientierung? So mag man vor diesem Hintergrund zu fragen geneigt sein.

Die Erkenntnis, daß ein Buch wie dieses notwendig ist, basiert im wesentlichen auf der Beobachtung, daß vielerorts eine gewisse Stagnation bezüglich der Kundenorientierung festzustellen ist. Ausgangspunkt für die Entstehung des in diesem Buch dargestellten Ansatzes war eine umfassende Analyse der Probleme, die zu dieser Stagnation geführt haben. Wir gehen im ersten Kapitel dieses Buches ausführlich auf die Defizite, die wir identifiziert haben, ein. Bereits hier sei auf das wohl zentrale Problem hingewiesen: Die meisten Unternehmen gehen die Herausforderung Kundenorientierung nicht umfassend an. Vielmehr trifft man auf eine Vielzahl isolierter »Insellösungen«. Diese befassen sich mit den unterschiedlichsten Facetten des Themas, ohne der Komplexität der Herausforderung Kundenorientierung gerecht zu werden. So werden beispielsweise Fokusgruppen mit Kunden veranstaltet, andere Unternehmen wenden aufwendige Ansätze zur Kundenzufriedenheitsmessung an, wieder andere setzen auf organisatorische Veränderungen, und vielerorts wird versucht, die Unternehmenskultur zu verändern. Diese

Beschränkung auf einzelne Aspekte des Themas ist jedoch letztlich nicht zielführend.

Aufbauend auf dieser Erkenntnis, haben wir das CUSTOR (Customer Orientation)-System entwickelt. Dieses Buch stellt das neu entwickelte System dar. Es handelt sich hierbei um ein breites Spektrum von Methoden, die der Steigerung der Kundenorientierung dienen. Die Methoden werden nicht isoliert voneinander behandelt, sondern sind in einen Prozeß zur Steigerung der Kundenorientierung integriert. Dieser Prozeß reicht von elementaren Ansätzen, die dem Unternehmen ein besseres Verständnis des Kunden vermitteln sollen, über quantitative Methoden zur Messung der Kundenzufriedenheit und -bindung bis hin zu komplexen Ansätzen zur Veränderung der Unternehmenskultur. Der integrative Charakter des Systems ist angesichts der Problematik der »Insellösungen« von besonderer Bedeutung.

Unser Buch soll Managern einen Leitfaden zum Umgang mit der komplexen Herausforderung Kundenorientierung geben. Es ist unser Ziel, mit diesem Ansatz ein effektives Management von Veränderungsprozessen hin zu mehr Kundenorientierung zu unterstützen. Das Buch ist kein »Management-Kochbuch«. Wir treten nicht mit dem Anspruch auf, einfache Rezepte zur Lösung komplexer unternehmerischer Entscheidungsprobleme zu liefern. Allerdings erhält der Leser in diesem Buch einen Zugang zum Thema Kundenorientierung, der einerseits auf umfassender wissenschaftlicher Beschäftigung mit der Thematik basiert und sich andererseits auf zahlreiche Kooperationsprojekte mit Unternehmen verschiedenster Branchen stützt, die wir im Rahmen der Tätigkeit der IMM (Institut für Marketing & Management) GmbH durchgeführt haben. Das CUSTOR-System ist daher gleichermaßen wissenschaftlich fundiert wie praxisorientiert.

Abschließend verbleibt die angenehme Pflicht, denjenigen Dank zu sagen, die uns bei der Entstehung dieses Buches unterstützt haben. An erster Stelle möchten wir hierbei den zahllosen Managern danken, mit denen wir in den letzten Jahren im Bereich der Kundenorientierung zusammengearbeitet haben. Sie namentlich hier zu nennen würde den Rahmen eines Vorwortes sprengen und auch in vielen Fällen die zugesagte Vertraulichkeit verletzen. Diejenigen, die durch diese Zeilen angesprochen sind, werden sich ohnehin wiedererkennen. Dank schulden wir auch Frau Ulrike Fegert, die sich in vorbildlicher Art und Weise um die Erstellung des Manuskriptes dieses Buches bemüht hat. Frau Dr. Ute Gräber-Seißinger hat von seiten des Campus Verlages wesentlich dazu beigetragen, daß dieses Buch in seiner vorliegenden Form entstehen konnte. Frau Dipl.-Kffr. Janna Schneider sei für ihre umfangreichen Literaturrecherchen gedankt. Nicht zuletzt möchten wir auch Herrn Dr. Martin Faßnacht, Frau Dipl.-Kffr. Phoebe Schnurr sowie Frau Monika Schupp, M. A., (alle Wissenschaftliche Hochschule für Unternehmensführung, Koblenz) unseren Dank ausdrücken. Sie haben die Aufgabe übernommen, ein früheres Manuskript dieses Buches kritisch zu begutachten und zu kommentieren.

Koblenz, im Dezember 1997
Christian Homburg
Harald Werner

Inhalt

1. Kundenorientierung: Profitables Wachstum durch einen neuen Ansatz

Dieses einleitende Kapitel führt unseren Ansatz ein: das CUSTOR (Customer Orientation)-System. Um die Logik dieses Systems zu verstehen, ist es erforderlich, die Motivation für seine Entwicklung zu kennen. Die Entstehung des CUSTOR-Systems basiert auf der Beobachtung, daß in vielen Unternehmen die Bemühungen um mehr Kundenorientierung stagnieren. Wir haben uns in den letzten Jahren umfassend mit den Gründen hierfür beschäftigt. Sie werden im ersten Abschnitt des Kapitels dargestellt. Die erkannten Defizite sind direkt bei der Gestaltung des CUSTOR-Systems berücksichtigt worden. Einen Überblick über das System vermittelt der zweite Abschnitt dieses Kapitels. Es geht zum einen um die Prinzipien des Systems und zum anderen um die einzelnen Komponenten. Schließlich befaßt sich der dritte Abschnitt mit der wichtigen Frage, welcher Nutzen mit konsequenter Kundenorientierung verbunden ist. Der Zweck eines Unternehmens in einem marktwirtschaftlichen System liegt letztendlich darin, eine angemessene Rendite auf das eingesetzte Kapital zu erwirtschaften. Wir verdeutlichen im dritten Abschnitt, daß das CUSTOR-System hierzu nachhaltig beitragen kann. Besonders wichtig ist in diesem Zusammenhang, daß konsequente Kundenorientierung sowohl die Profitabilität als auch das Wachstum beeinflußt. Kundenorientierung stellt also einen Ansatz zur Erreichung eines *profitablen Wachstums* dar. Wir halten diese Art der Profitabilität für sympathischer und dauerhafter als die durch »Gesundschrumpfen« (im Regelfall in Verbindung mit nachhaltigem Personalabbau) erreichte Profitabilität, die man in vielen Unternehmen heute beobachten kann.

1.1 Kundenorientierung in der Praxis: Die Hintergründe der Stagnation

Viele Unternehmen haben sich in den letzten Jahren intensiv mit der Steigerung der Kundenorientierung befaßt. Vielerorts wurden die Organisationsstrukturen massiv verändert, um eine größere Reagibilität auf Kundenbedürfnisse zu gewährleisten. Messungen der Kundenzufriedenheit sind insbesondere in großen Unternehmen sehr weit verbreitet.[1]

Dennoch kommt man bei näherer Betrachtung der Situation zu der Erkenntnis, daß vielerorts eine gewisse Stagnation in Sachen Kundenorientierung eingetreten ist. Betrachtet man die Ergebnisse des Deutschen Kundenbarometers, das seit einiger Zeit jährlich von der Deutschen Marketingvereinigung publiziert wird, so zeigt sich, daß eine nennenswerte Steigerung der Kundenzufriedenheit nicht erreicht wird. In Gesprächen mit zahlreichen Managern der verschiedensten Branchen haben wir festgestellt, daß eine gewisse Ernüchterung eingetreten ist, was die Aktivitäten zur Steigerung der Kundenorientierung betrifft. In vielen Unternehmen sind die Erwartungen nicht erfüllt worden. Nicht selten stößt man beispielsweise auf die Einschätzung, daß im Unternehmen viel verändert wurde, ohne daß nachhaltige Verbesserungen erkennbar seien. In zahlreichen Unternehmen, die begonnen haben, die Kundenzufriedenheit systematisch zu messen, heißt es, daß man mittlerweile zwar besser über die Kundenbedürfnisse informiert sei, daß die Fähigkeit, die Kundenbedürfnisse zu erfüllen, jedoch nicht gestiegen sei.

Welches sind die Hintergründe dieser Stagnation? Mit dieser Frage haben wir uns in den letzten Jahren umfassend auseinandergesetzt. Daß ein Unternehmen sich an den Bedürfnissen seiner Kunden orientieren muß, um langfristig überlebensfähig zu sein, liegt auf der Hand. Wie aber kann es dennoch dazu kommen, daß oftmals mehr oder weniger explizite Frustration das Bild prägt? Wir sind zu dem Ergebnis gelangt, daß im wesentlichen sechs Defizite für die enttäuschenden Resultate in zahlreichen Unternehmen verantwortlich sind. Diese Defizite sollen im folgenden kurz erläutert werden.

---

1 Vgl. Homburg/Rudolph/Pohl (1995).

1. Defizit: Beschränkung auf Insellösungen

In vielen Unternehmen ist zu beobachten, daß die Herausforderung Kundenorientierung nicht umfassend angegangen wird. Vielmehr trifft man auf eine Vielzahl isolierter »Insellösungen«. Diese befassen sich mit den unterschiedlichsten Facetten des Themas, ohne aufeinander abgestimmt zu sein. Manche Unternehmen veranstalten Fokusgruppen mit Kunden, andere wenden aufwendige Ansätze zur Kundenzufriedenheitsmessung an, wieder andere setzen auf organisatorische Veränderungen, und in vielen Unternehmen wird versucht, die Unternehmenskultur zu verändern.

Auch die verschiedenen Publikationen zum Thema Kundenorientierung weisen dieses Defizit auf. Sie konzentrieren sich typischerweise auf einzelne Aspekte, ohne der Komplexität dieses Themenfeldes auch nur annähernd gerecht zu werden. Die Herausforderung, die Kundenorientierung eines Unternehmens zu steigern, ist ausgesprochen vielschichtig. Sie tangiert zum einen die im Unternehmen verfügbaren kundenbezogenen Informationen, zum Beispiel über die Kundenzufriedenheit oder die Kundenstruktur. Darüber hinaus sind Fragestellungen der Personalführung, der Organisationsstruktur sowie der Unternehmenskultur betroffen. Angesichts dessen können einzelne isolierte Ansätze nicht zielführend sein. Stückwerk ist bei einem so vielschichtigen Problemfeld immer zum Scheitern verurteilt.

2. Defizit: Konzeptionelle und methodische Defizite bei der Messung von Kundenzufriedenheit

Obwohl die Messung von Kundenzufriedenheit in der Unternehmenspraxis mittlerweile weit verbreitet ist, konstatiert man bei näherer Betrachtung in sehr vielen Fällen konzeptionelle und methodische Defizite. Diese sind häufig so grundsätzlicher Art, daß der Nutzen der gesamten Messung in Frage steht. Dafür gibt es mehrere Gründe:

Zunächst besteht in vielen Unternehmen nur eine geringe Bereitschaft, in die Entwicklung einer Methodik zu investieren, die dem Geschäftssystem des Unternehmens angepaßt ist. Konzepte, die hastig und ohne entsprechendes Spezialwissen entwickelt wurden, sind auch heute noch überraschend oft anzutreffen. Letztlich muß man sich darüber im klaren sein, daß die Kundenzufriedenheitsmessung in dieser Beziehung gewisse Parallelen zur Neuproduktentwicklung aufweist: Fehler, die in der Konzeptionsphase begangen werden, können zu einem späteren Zeitpunkt kaum mehr mit vertretbaren Kosten behoben werden.

In vielen Unternehmen fehlt es auch an der Sorgfalt bei der Auswahl eines geeigneten externen Partners für die Durchführung von Kundenzufriedenheitsmessungen. So hatten wir beispielsweise vor einiger Zeit Kontakt mit einem Energieversorgungsunternehmen, das sich von einer bekannten und angesehenen Beratungsgesellschaft hinsichtlich organisatorischer Veränderungen hatte beraten lassen. Im Rahmen dieses Projektes kam die (durchaus plausible) Idee auf, im Vorfeld der organisatorischen Veränderung auch die Kundenzufriedenheit zu messen, um die Ergebnisse bei der Organisationsgestaltung berücksichtigen zu können. Das Energieversorgungsunternehmen erfragte die Bereitschaft des Beratungsunternehmens, diese Messung durchzuführen. Erfreut von der Erweiterung des Leistungsvolumens signalisierte dieses dem Kunden ein komplettes Angebot »aus einer Hand«, entwickelte eine entsprechende Konzeption und führte die Kundenzufriedenheitsmessung durch. Konzeption und Ergebnisse der Untersuchung waren von einer Qualität, die einem Studenten im Grundstudium der Betriebswirtschaftslehre ernsthafte Probleme verursacht hätte. Vielen Managern ist heute noch nicht bewußt, daß Kundenzufriedenheitsmessung ein umfassendes Spezialwissen voraussetzt und es daher unrealistisch ist zu erwarten, daß Beratungsinstitute, die ihre Expertise im wesentlichen in anderen Feldern haben, diese Leistung »im Vorübergehen« erbringen können. In anderen Fällen sind wir sogar auf Beispiele gestoßen, wo die Werbeagentur des Unternehmens mit Kundenzufriedenheitsmessungen beauftragt wurde.

Ein weiterer Grund für die erwähnten konzeptionellen und methodischen Defizite liegt darin, daß bislang unseres Wissens kein Leitfaden für Praktiker existiert, der die Anwendungsvoraussetzungen, Möglichkeiten und Grenzen der einzelnen Verfahren zur Messung der Kundenzufriedenheit darlegt. Angesichts der Vielzahl der prinzipiell anwendbaren Methoden wird ein solcher Leitfaden dringend benötigt. Ohne eine vergleichende Darstellung der verschiedenen Ansätze entsteht allzuleicht der Eindruck, daß es sich um konkurrierende Methoden handele. An entsprechender Stelle in diesem Buch werden wir zeigen, daß dies nicht der Fall ist. Vielmehr leisten die verschiedenen Ansätze zur Messung der Kundenzufriedenheit jeweils spezifische Beiträge zum Verständnis des Kunden.

3. *Defizit:* Gleichsetzung von Kundenzufriedenheit und -bindung

Viele Unternehmen gehen mehr oder weniger explizit davon aus, daß Kundenzufriedenheit und Kundenbindung identisch seien. Wenn dann eine Kundenzufriedenheitsmessung auch noch positive Ergebnisse erbringt, so ist die Welt scheinbar in Ordnung. Man geht davon aus, daß das Risiko, eine größere Zahl von Kunden zu verlieren, verschwindend gering ist. Das böse Erwachen erfolgt dann, wenn trotz vermeintlich hoher Kundenbindung die Umsätze aufgrund von Kundenabwanderung stagnieren oder gar sinken.

Es ist wichtig, sich klarzumachen, daß Kundenzufriedenheit zwar eine notwendige Voraussetzung, aber keine Garantie für Kundenbindung ist. Besonders schmerzhaft mußten dies zahlreiche Banken in den letzten Jahren erfahren. Spätestens dann, wenn bei hoher Kundenzufriedenheit die Kunden wegen geringfügig besserer Konditionen zur Konkurrenz wechseln, wird klar, daß Kundenzufriedenheit nicht automatisch zu Kundenbindung führt. In entsprechenden Untersuchungen beobachten wir regelmäßig, daß ein wesentlicher Anteil der befragten Kunden trotz hoher Zufriedenheit keine nachhaltige Bindung an den Anbieter aufweist.

Die Folgerung aus diesem Sachverhalt ist offensichtlich: Unternehmen sollten bei der Messung von Kundenzufriedenheit immer auch die Kundenbindung analysieren. Die entsprechenden Komponenten des CUSTOR-Systems sehen dies vor.

4. *Defizit:* Beschränkung auf operative Maßnahmen zur Steigerung der Kundenorientierung

Dieses Defizit bezieht sich auf die Frage, was Unternehmen tun, wenn sie eine Kundenzufriedenheitsmessung durchgeführt und entsprechende Defizite erkannt haben. In den meisten Unternehmen erschöpfen sich die Bemühungen zur Steigerung der Kundenorientierung noch im Abhalten von Maßnahmen-Workshops. Dort werden dann einzelne Defizite besprochen und Maßnahmen zu ihrer Behebung beschlossen. Der Sinn solcher Workshops soll an dieser Stelle nicht angezweifelt werden. In der Tat kann aus einer Messung der Kundenzufriedenheit normalerweise eine ganze Reihe von Ansatzpunkten zur Verbesserung der Leistungen oder zum Umgang mit den Kunden abgeleitet werden. Ein gut organisierter Workshop ist sicherlich ein geeignetes Instrument, um Maßnahmen zu beschließen, Prioritäten zu setzen, Verantwortungen festzulegen und Zeitpläne zu verabschieden.

Allerdings stellen wir bei Unternehmen, die über mehrere Jahre hinweg Kundenzufriedenheit messen und optimieren, immer wieder fest, daß es eine Art »Schallmauer« gibt, über die sie durch Abarbeitung offensichtlicher Leistungsdefizite nicht hinauskommen. Weitere Optimierung von Produkten und Prozessen ist an diesem Punkt nicht mehr effektiv. Häufig ist geringe Kundenzufriedenheit nämlich die Auswirkung von Problemen grundsätzlicher Natur, die dann sehr schnell die Unternehmensführung oder das generelle Selbstverständnis von Unternehmen und Mitarbeitern berühren. Effektives Management der Kundenorientierung setzt die Bereitschaft voraus, auf der Basis einer Kundenzufriedenheitsmessung gegebenenfalls auch die Art und Weise, wie das Unternehmen geführt wird, in Frage zu stellen. Hier geht es beispielsweise um Organisationsstrukturen, die der Kundenorientierung entgegenstehen, um Personalführungssysteme, die kundenorientiertes Verhalten nicht fördern, sowie um die Kultur des Unternehmens. Es liegt auf der Hand, daß diesbezügliche Veränderungen häufig nur langfristig erreichbar sind und komplexe Veränderungsprozesse erfordern. Die Bereitschaft der Unternehmensleitung, diese Prozesse einzuleiten, ist vielerorts jedoch denkbar gering ausgeprägt.

5. *Defizit:* Vernachlässigung »weicher« Faktoren der Unternehmensführung

Bei der Führung eines Unternehmens oder einer Geschäftseinheit in einem Unternehmen stützen sich Manager auf verschiedene Systeme. Die wichtigsten sind das Organisationssystem, das Planungs- und Kontrollsystem, das Personalführungssystem sowie die Unternehmenskultur, wobei letztere nur in Teilen der Literatur zur Unternehmensführung explizit als

Führungsteilsystem betrachtet wird.[2] Wir klassifizieren diese Führungssysteme in »harte« und »weiche« Komponenten. Die harten Kriterien
sind im Regelfall einfach zu beobachten und weitgehend objektiv beur-
teilbar. Hierzu zählen wir das Organisationssystem sowie das Planungs-
und Kontrollsystem des Unternehmens. Weiche Elemente sind dagegen
das Personalführungssystem sowie insbesondere die Unternehmenskultur. Die Gestaltung dieser Systeme entzieht sich oft einer einfachen Messung (obwohl, wie wir später zeigen werden, mittlerweile durchaus
Methoden zu ihrer Messung existieren).

Wir haben in sehr vielen Unternehmen herausgefunden, daß Manager
vergleichsweise viel Energie auf die harten Komponenten des Führungssystems verwenden. Insbesondere die Organisationsstruktur steht häufig im Mittelpunkt des Interesses. Im Gegensatz hierzu sind die weichen
Komponenten und insbesondere die Unternehmenskultur selten Gegenstand dauerhafter zielorientierter Managementaktivitäten. Angesichts
der zahlreichen Äußerungen exponierter Manager zur Bedeutung der
Gestaltung der Unternehmenskultur in der Wirtschaftspresse mag man-
cher Leser diese Aussage als etwas überraschend empfinden. Doch nur
selten läßt sich die Intensität, mit der über etwas gesprochen wird,
gleichsetzen mit der Aufmerksamkeit, die dieser Sache im Alltagsge-
schäft gewidmet wird. Genau wie Politiker üblicherweise in Sonntagsre-
den über Steuersenkungen sprechen und, wenn es »zur Sache« geht, die
Steuern erhöhen, haben wir bei vielen Managern die Tendenz beobachtet, sich in öffentlichen Äußerungen auf attraktive Themen (wie zum
Beispiel die Unternehmenskultur) zu konzentrieren, während es im
Tagesgeschäft im wesentlichen um Organisationsstrukturen und Pläne
geht.

Gerade im Hinblick auf Kundenorientierung kommt aber den weichen
Faktoren eine zentrale Bedeutung zu. So läßt sich beispielsweise die
Freundlichkeit der Mitarbeiter im Kundenkontakt kaum über Organisationsrichtlinien steuern. Vielmehr wird sie entscheidend durch die Unternehmenskultur, die Mitarbeitermotivation und die Mitarbeiterzufriedenheit geprägt. Wie ein Kunde ein Unternehmen als Ganzes wahrnimmt,
hängt davon ab, welches Bild des Unternehmens ihm seine direkten Ansprechpartner vermitteln. Inwieweit diese Mitarbeiter zu ihrem Unter-

---

2 So beispielsweise bei Weber (1996), der diesbezüglich vom Wertesystem spricht.

nehmen stehen (Organizational Commitment), ob sie stolz darauf sind, für dieses Unternehmen zu arbeiten, oder ob sie zu ihrem Arbeitgeber im wesentlichen zynisch eingestellt sind (was wir insbesondere in Großunternehmen nicht selten beobachten) und dies auch den Kunden spüren lassen – all dies ist von ganz entscheidender Bedeutung. Diese und ähnliche Aspekte können nur durch die weichen Faktoren der Unternehmensführung gesteuert werden.

6. Defizit: Fehlendes aktives Management der Kundenstruktur

Die Kundenstruktur ist in vielen Unternehmen historisch gewachsen und nicht gerade das Resultat langfristigen systematischen Managements. Viele Unternehmen haben heute in Relation zu ihrem Geschäftsvolumen einfach zu viele Kunden. Das Problem wird dann besonders brennend, wenn keine klare Differenzierung der Marktbearbeitung erfolgt, wenn also alle Kunden im wesentlichen die gleiche (und dann häufig gleich schlechte) Leistung erhalten.

　　In vielen Unternehmen steht heute eine solche historisch gewachsene Kundenstruktur einer umfassenden Kundenorientierung entgegen. Eine Steigerung der Kundenorientierung kann nicht nach dem »Gießkannenprinzip« erfolgen. Eine Untersuchung über die Erfolgsstrategien kundennaher Unternehmen zeigte klar, daß diese darauf setzen, enge Beziehungen zu *ausgewählten* Kunden aufzubauen und zu pflegen.[3] Eine solche Vorgehensweise setzt die Bereitschaft voraus, Kundengruppen, die nicht im Mittelpunkt der Marktbearbeitung stehen, aufzugeben oder zumindest mit einem deutlich abgestuften Leistungsangebot zu bedienen. Wir verwenden in diesem Zusammenhang den Begriff *Kundenfokussierung.* Kundenfokussierung bedeutet letztendlich eine konsequente Konzentration der Marktbearbeitung auf ausgewählte Kundengruppen. Es handelt sich somit – bildlich gesprochen – um die Umkehrung des Gießkannenprinzips. Konsequente Fokussierung ist eine häufig übersehene Notwendigkeit im Zusammenhang mit der Steigerung der Kundenorientierung. Aktives Management der Kundenstruktur ist daher in vielen Unternehmen parallel zur Steigerung der Kundenorientierung erforderlich.

---

3 Vgl. Homburg (1995a), S. 172.

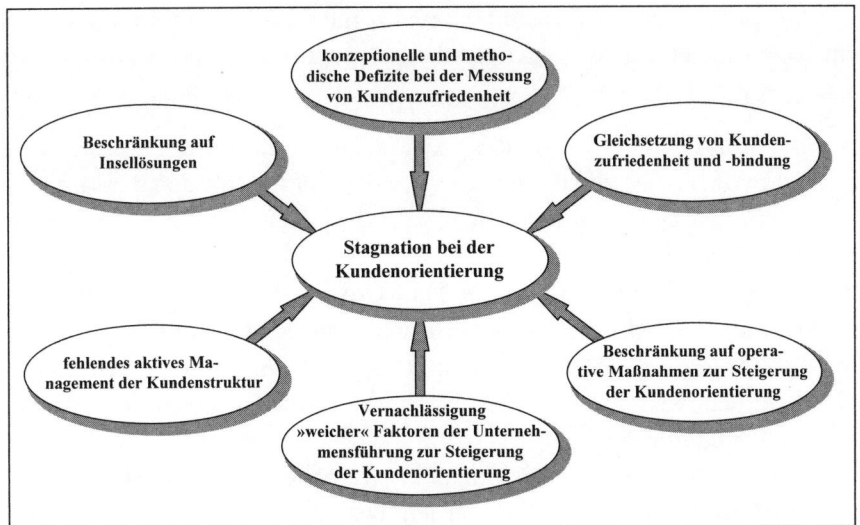

Abbildung 1-1: Hauptdefizite im Umgang mit dem Thema Kunden-orientierung

Abbildung 1-1 faßt die identifizierten Defizite nochmals zusammen. Sicherlich mag es im Einzelfall auch noch andere Probleme im Umgang mit der Kundenorientierung geben. Allerdings sind wir davon überzeugt, hiermit die Hauptproblemfelder identifiziert zu haben. Diese haben wir bei der Gestaltung des CUSTOR-Systems konsequent berücksichtigt. Der Leser wird in vielen Teilen des Systems Ansatzpunkte erkennen, die auf die Behebung dieser Defizite abzielen. Der nächste Abschnitt stellt die Grundzüge des CUSTOR-Systems dar.

1.2 Das CUSTOR-System im Überblick

Das CUSTOR-System ist ein integriertes System, das aus einem breiten Spektrum moderner und leistungsfähiger Methoden in den Bereichen Messung und Management von Kundenzufriedenheit und Kundenorientierung besteht. Die Methoden wurden zum Teil von uns selbst entwickelt und teilweise aus der Literatur übernommen. Das System soll Unternehmen bei der Steigerung der Kundenorientierung umfassend unterstützen.

Dem CUSTOR-System liegt eine Reihe von Prinzipien zugrunde, die sich im wesentlichen aus der Analyse der im vorhergehenden Abschnitt genannten Problemfelder ergeben:

- *Integrativität*: Das CUSTOR-System ist ein umfassender Ansatz – es reicht vom ersten Verständnis der Kunden über Methoden der kundenorientierten Unternehmensführung bis hin zu Verfahren des Kundenbindungsmanagements.
- *Wissenschaftliche Fundierung*: Das CUSTOR-System wurde auf der Basis neuester wissenschaftlicher Erkenntnisse entwickelt.
- *Praxisbezug*: Im CUSTOR-System erfolgt eine anwendergerechte Umsetzung der wissenschaftlichen Methoden in die Unternehmenspraxis.
- *Managementorientierung*: Das CUSTOR-System begreift die Kundenorientierung eines Unternehmens als Management-Herausforderung; marktforscherische Aspekte werden zwar berücksichtigt, stehen aber nicht im Mittelpunkt.
- *Management by fact*: Mit Hilfe des CUSTOR-Systems ist es möglich, die untersuchten Sachverhalte zu quantifizieren und auf dieser Basis Maßnahmen einzuleiten. Auch »weiche« Erfolgsfaktoren werden im Rahmen von CUSTOR konsequent quantifiziert.
- *Branchenübergreifende Ausrichtung*: Aufgrund seiner Konzeption ist das CUSTOR-System nicht auf spezielle Branchen begrenzt.
- *Strategische Ausrichtung*: Das CUSTOR-System ist bewußt nicht auf rein operative Maßnahmen zur Steigerung der Kundenorientierung beschränkt. Strategische Aspekte der Unternehmensführung und des Kundenmanagements nehmen breiten Raum ein.
- *Schrittweises Vorgehen*: Das CUSTOR-System trägt mit seinem schrittweisen Vorgehen (vergleiche auch Abbildung 1-2) der Tatsache Rechnung, daß die Steigerung der Kundenorientierung ein komplexer, mehrstufiger Prozeß ist, der durchaus eine gewisse Zeit in Anspruch nimmt.

Das CUSTOR-System ist in drei Stufen unterteilt, die in Abbildung 1-2 dargestellt sind. In jeder Stufe besteht das System aus einzelnen instrumentellen Modulen. Diese sind in Abbildung 1-3 aufgeführt. Im folgenden sollen ausgewählte Module kurz skizziert werden. Im wesentlichen geht es darum, dem Leser einen ersten Eindruck davon zu vermitteln, welche Ziele hinter den einzelnen Bereichen und Modulen des Systems stehen.

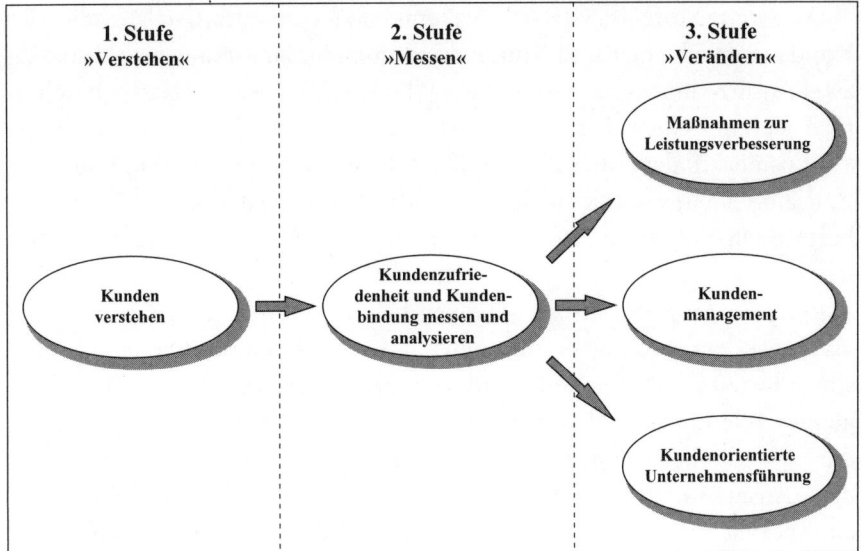

Abbildung 1-2: Die drei Stufen des CUSTOR-Systems

Eine detaillierte Darstellung ist den weiteren Kapiteln des Buches vorbehalten.

Ausgangspunkt eines Programms zur Steigerung der Kundenorientierung beziehungsweise der Kundenzufriedenheit und Kundenbindung sollte die Erhöhung des *Verständnisses der Kunden* sein (vergleiche Stufe 1 in Abbildung 1-2). Die bereits erwähnte Studie brachte an den Tag, daß es hier bei vielen Firmen erhebliche Defizite gibt. So gaben beispielsweise über 60 Prozent der Unternehmen an, keine ausreichende Vorstellung davon zu haben, welche ihrer Leistungen den Kunden besonders wichtig sind.[4] Verfahren zur Kundenanalyse sind vor allem qualitativer Art und versuchen, Hintergrundinformationen, Einstellungen und Bewertungen der Kunden zu erfassen. Neben den Bedürfnissen aktueller und ehemaliger Kunden (etwa mittels der CUSTOR-SILENT SHOPPER ANALYSIS oder der CUSTOR-LOST CUSTOMER ANALYSIS) werden auch Nicht-Kunden (etwa mittels der CUSTOR-NON CUSTOMER ANALYSIS) näher betrachtet. Zukünftige Bedürfnisse von Kunden stehen im Mittelpunkt der CUSTOR-LEAD USER ANALYSIS.

---

4 Vgl. Homburg/Rudolph/Pohl (1995).

Die zweite Stufe des CUSTOR-Systems ist eine quantitative Messung der Kundenzufriedenheit und Kundenbindung. Hierzu können grundsätzlich zwei Ansätze unterschieden werden. *Merkmalsbezogene Ansätze* beschäftigen sich mit einem breiten Spektrum von Produkt-, Service- oder Interaktionsmerkmalen, über die sich der Kunde gewissermaßen im Laufe der Zeit eine Meinung bildet, die dann abgefragt werden kann. Deswegen bezeichnen wir diese Ansätze auch als *kumulative Ansätze* (CUSTOR-CUM).

Ereignisbezogene Ansätze dagegen beleuchten nur ein (oder mehrere) als besonders wichtig empfundene(s) Kundenkontaktereignis(se). Beispiele hierfür sind die Neuinstallation eines Gerätes oder ein zurückliegendes Telefonat mit dem Unternehmen. Abgefragt wird dann auch nur die Zufriedenheit mit genau diesen Ereignissen. Deswegen bezeichnen wir diese Ansätze auch als *Spot-Ansätze* (CUSTOR-SPOT), um anzudeuten, daß ein spezielles Ereignis näher beleuchtet wird. Die Aussagekraft dieser Ansätze im Hinblick auf Kundenbindung ist aufgrund ihres punktuellen Charakters jedoch begrenzt.

Eine Messung der Kundenzufriedenheit und Kundenbindung wird häufig um weitere Bestandteile ergänzt. Genannt seien hier insbesondere die Möglichkeiten, mittels CUSTOR-IMAGE eine Imagemessung durchzuführen oder Benchmarking-Informationen durch CUSTOR-BENCH zu erhalten.

Von besonderem Interesse ist die Zusammenführung von Kundenzufriedenheit und Kundenbindung im Rahmen von CUSTOR-PROFILE. Wir haben bereits darauf hingewiesen, daß Kundenzufriedenheit und Kundenbindung zwar in engem Zusammenhang stehen, aber durchaus nicht gleichzusetzen sind. Die Gegenüberstellung der beiden Größen im Rahmen von CUSTOR-PROFILE ermöglicht es, insbesondere solche Kundengruppen zu erkennen und zu quantifizieren, die trotz hoher Zufriedenheit keine Bindung beziehungsweise trotz niedriger Zufriedenheit eine gewisse (zumindest kurzfristige) Bindung an das Unternehmen zeigen. Eine solche differenzierte Betrachtung liefert wichtige Erkenntnisse im Hinblick auf das Management der Kundenbindung.

Für eine Priorisierung von Maßnahmen ist es erforderlich, die Wichtigkeit bestimmter Leistungsbestandteile zur Bildung von Kundenzufriedenheit beziehungsweise -bindung zu bestimmen. Hierzu dienen die Module CUSTOR-SDF beziehungsweise CUSTOR-LDF. Sie tragen dem Umstand Rechnung, daß es letztlich unwirtschaftlich ist, vollste Zufriedenheit der

Kunden bei allen Leistungsbestandteilen anzustreben. Mittel sollten nicht nach dem Gießkannenprinzip, sondern fokussiert bei den als wichtig erkannten Leistungsbestandteilen eingesetzt werden. Als Instrument zur Festlegung von Maßnahmenprioritäten dient das Kundenzufriedenheitsprofil, das die Leistungsfähigkeit des Unternehmens und die Wichtigkeit einzelner Leistungsbestandteile zusammenführt. Dieses Kundenzufriedenheitsprofil ist eine weitere wesentliche Komponente des Moduls CUSTOR-PROFILE.

Abbildung 1-3 vermittelt einen Überblick über die einzelnen Module des CUSTOR-Systems.

Die dritte Stufe des CUSTOR-Systems befaßt sich mit den Konsequenzen aus einer Messung der Kundenzufriedenheit und -bindung. Die bereits angesprochene Managementorientierung des CUSTOR-Systems wird insbesondere durch eine umfassende Behandlung dieser dritten Stufe erreicht. Wir haben bereits verdeutlicht, daß Ansatzpunkte zur Steigerung der Kundenorientierung auf den verschiedensten Ebenen existieren. Daher ist diese Stufe des CUSTOR-Systems in insgesamt vier Bereiche unterteilt.

Häufig sind zunächst Einzelmaßnahmen einzuleiten (vergleiche den Bereich CUSTOR III in Abbildung 1-3). Es handelt sich um Reaktionen auf konkrete, im Rahmen der Kundenzufriedenheitsmessung erkannte Defizite. Einzelmaßnahmen können sich zum Beispiel auf Produktmodifikationen oder die Einführung bestimmter Serviceleistungen beziehen. Sie können aber auch im Bereich der Interaktion mit den Kunden angesiedelt sein. Neben der unserer Erfahrung nach oft restriktiven Informationspolitik von Unternehmen betrifft dies auch ein aktives Beschwerdemanagement (CUSTOR-COMPLAINT HANDLING SYSTEM).

Als Instrument zur Kategorisierung von Defiziten und zur Ableitung von Maßnahmen werden in der Regel Workshops (CUSTOR-PERFORMANCE WORKSHOPS) durchgeführt. Auch ein Mitarbeitertraining im Rahmen eines CUSTOR-EMPLOYEE TRAINING, bei dem gezielt kundenorientiertes Verhalten vermittelt wird, ist häufig dienlich. Die Wirkung der Maßnahmen sollte dabei regelmäßig im Rahmen eines potential-, prozeß- und ergebnisbezogenen Qualitätscontrolling (CUSTOR-QUALITY MONITORING SYSTEM) überprüft werden.

Der zweite Ansatzpunkt zu einer Steigerung der Kundenorientierung und der Kundenbindung liegt im systematischen Kundenmanagement

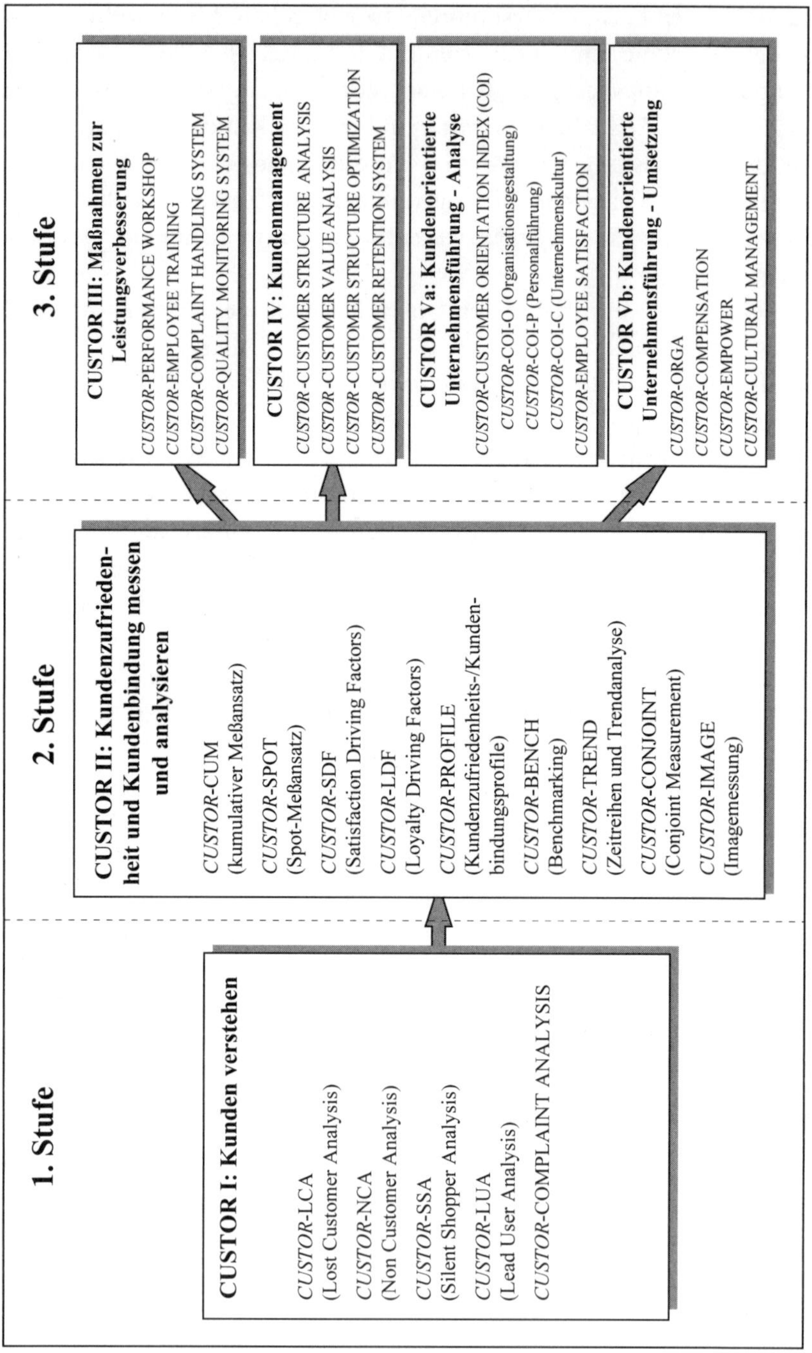

1. Stufe

CUSTOR I: Kunden verstehen

CUSTOR-LCA
(Lost Customer Analysis)

CUSTOR-NCA
(Non Customer Analysis)

CUSTOR-SSA
(Silent Shopper Analysis)

CUSTOR-LUA
(Lead User Analysis)

CUSTOR-COMPLAINT ANALYSIS

2. Stufe

**CUSTOR II: Kundenzufrieden-
heit und Kundenbindung messen
und analysieren**

CUSTOR-CUM
(kumulativer Meßansatz)

CUSTOR-SPOT
(Spot-Meßansatz)

CUSTOR-SDF
(Satisfaction Driving Factors)

CUSTOR-LDF
(Loyalty Driving Factors)

CUSTOR-PROFILE
(Kundenzufriedenheits-/Kunden-
bindungsprofile)

CUSTOR-BENCH
(Benchmarking)

CUSTOR-TREND
(Zeitreihen und Trendanalyse)

CUSTOR-CONJOINT
(Conjoint Measurement)

CUSTOR-IMAGE
(Imagemessung)

3. Stufe

**CUSTOR III: Maßnahmen zur
Leistungsverbesserung**

CUSTOR-PERFORMANCE WORKSHOP
CUSTOR-EMPLOYEE TRAINING
CUSTOR-COMPLAINT HANDLING SYSTEM
CUSTOR-QUALITY MONITORING SYSTEM

CUSTOR IV: Kundenmanagement

CUSTOR-CUSTOMER STRUCTURE ANALYSIS
CUSTOR-CUSTOMER VALUE ANALYSIS
CUSTOR-CUSTOMER STRUCTURE OPTIMIZATION
CUSTOR-CUSTOMER RETENTION SYSTEM

**CUSTOR Va: Kundenorientierte
Unternehmensführung - Analyse**

CUSTOR-CUSTOMER ORIENTATION INDEX (COI)
CUSTOR-COI-O (Organisationsgestaltung)
CUSTOR-COI-P (Personalführung)
CUSTOR-COI-C (Unternehmenskultur)
CUSTOR-EMPLOYEE SATISFACTION

**CUSTOR Vb: Kundenorientierte
Unternehmensführung - Umsetzung**

CUSTOR-ORGA
CUSTOR-COMPENSATION
CUSTOR-EMPOWER
CUSTOR-CULTURAL MANAGEMENT

Abbildung 1-3: Die einzelnen Module des CUSTOR-Systems

(vergleiche den Bereich CUSTOR IV in Abbildung 1-3), das in vielen Unternehmen vollkommen vernachlässigt wird. Zum einen ist dies ein Problem der Kundenstruktur. Verfahren zur Analyse und Optimierung der Kundenstruktur sind das Kundenportfolio sowie die Kundenwertanalyse (CUSTOR-CUSTOMER STRUCTURE ANALYSIS und CUSTOR-CUSTOMER VALUE ANALYSIS). Insbesondere das Kundenportfolio, das Kunden im Hinblick auf deren Attraktivität sowie die Stellung des eigenen Unternehmens bei diesen Kunden analysiert, kann zur Aufdeckung problematischer Kundengruppen dienen und so die kundenbezogene Fokussierung unterstützen.

Zur Steigerung der Kundenbindung dient dagegen ein aktives Kundenbindungsmanagement im Rahmen eines Kundenbindungssystems (CUSTOR-CUSTOMER RETENTION SYSTEM). Ein solches Kundenbindungssystem kann die unterschiedlichsten Maßnahmen beinhalten: Die häufig vorhandenen Informationsdefizite können durch die Herausgabe einer Kundenzeitschrift angegangen werden. In einem Kundenclub können Kunden, die aktiv einen näheren Kontakt zum Unternehmen suchen und die das Unternehmen gezielt binden möchte, effektiv betreut werden. Dies kann z. B. mit der Ausgabe einer Kundenkarte verbunden sein. Die Mitgliedschaft im Kundenclub kann wiederum mit zusätzlichen Vorteilen wie vergünstigten Einkaufsmöglichkeiten verbunden sein.

Die grundlegendsten Ansatzpunkte zur Steigerung der Kundenorientierung liegen jedoch im Bereich der *Unternehmensführung*. Insbesondere drei Handlungsfelder sind hier unserer Erfahrung nach kritisch (vergleiche den Bereich CUSTOR V in Abbildung 1-3):

- die Organisationsgestaltung,
- die Personalführung und
- die Unternehmenskultur.

Zur Erfassung dieser drei kritischen Aspekte der Kundenorientierung haben wir den CUSTOR-COI (Customer Orientation Index, vergleiche den Bereich CUSTOR Va in Abbildung 1-3) entwickelt. Bezüglich jeder der drei Dimensionen Organisationsgestaltung (CUSTOR-COI-O), Personalführung (CUSTOR-COI-P) und Unternehmenskultur (CUSTOR-COI-C) kann dabei ein eigener Index erhoben werden. Er mißt, inwieweit die Gestaltung des jeweiligen Bereichs im Unternehmen der Kundenorientierung förderlich ist. Durch die Kombination dieser drei Indizes kann ein Gesamtindex der

Kundenorientierung des Unternehmens im Bereich der Unternehmensführung erstellt werden. Auf diese Weise kann der Handlungsbedarf im Zusammenhang mit der Gestaltung der Unternehmensführung quantifiziert werden.

So geht es bei der Frage, inwieweit die Organisation eines Unternehmens dem Gedanken der Kundenorientierung gerecht wird, beispielsweise um die relative Hierarchietiefe von Unternehmen. Damit ist die Zahl der Hierarchiestufen im Verhältnis zur Unternehmensgröße gemeint. Stark ausgeprägte Hierarchien sind der Kundenorientierung abträglich, weil sie zu langwierigen unternehmensinternen Prozessen führen und somit die Reagibilität des Unternehmens gegenüber den Kunden einschränken. Ein weiterer Aspekt, der im Bereich der Organisationsgestaltung von Bedeutung ist, bezieht sich auf die im Unternehmen herrschende Spezialisierung. Besonders in großen Unternehmen beobachtet man häufig, daß Kundennähe durch Überspezialisierung erschwert wird.[5]

Im Bereich der Personalführung wird beispielsweise betrachtet, inwieweit kundenorientiertes Verhalten der Mitarbeiter belohnt wird. Dies ist sowohl eine Frage der Existenz kundenorientierter Vergütungssysteme als auch der generellen Anerkennung kundenorientierten Verhaltens. Ein weiterer Punkt ist die aktive Förderung der Eigenverantwortung von Mitarbeitern.

Auch im Bereich der Unternehmenskultur gibt es eine ganze Reihe von Ansatzpunkten, um das Ausmaß der Kundenorientierung zu beurteilen. So sollten die Leistungserstellung und die Besetzung von Führungspositionen marktorientiert geschehen. Auch die Art und Häufigkeit der Kundenkontakte von Mitarbeitern und Führungskräften ist ein sicheres Indiz für den Grad der Kundenorientierung. Nicht zuletzt ist eine kundenorientierte Unternehmenskultur untrennbar mit der Frage verbunden, wie stark sich die Mitarbeiter mit ihrem Unternehmen identifizieren (Organizational Commitment).

Das CUSTOR-System weist mit einer Reihe von Instrumenten der Behebung von Defiziten bewußt hohen Stellenwert zu (vergleiche den Bereich CUSTOR Vb in Abbildung 1-3). Gezielte Instrumente und Verfahren zur Steigerung der Kundenorientierung der Organisationsgestaltung finden sich im Modul CUSTOR-ORGA. Personalführungbezogene Um-

---

5 Vgl. Homburg (1995a).

setzungsaspekte werden im Rahmen von CUSTOR-COMPENSATION (Einführung von kundenzufriedenheitsorientierten Vergütungssystemen) und CUSTOR-EMPOWER (Steigerung der Eigenverantwortung von Mitarbeitern im Zuge des Empowerment) behandelt. In bezug auf die Unternehmenskultur finden sich umsetzungsbezogene Aspekte im Modul CUSTOR-CULTURAL MANAGEMENT.

Der weitere Aufbau des Buches orientiert sich an der Struktur des CUSTOR-Systems. Jeder der in Abbildung 1-3 dargestellten Blöcke entspricht einem Kapitel. Die Abfolge der Kapitel ist in Abbildung 1-4 dargestellt. Jedes der Kapitel ist im wesentlichen in sich geschlossen. Daher kann sich der Leser, der sich nicht über das System als Ganzes, sondern nur über ausgewählte Komponenten informieren möchte, direkt auf das entsprechende Kapitel konzentrieren. Bevor wir mit der Darstellung der einzelnen Blöcke beginnen, setzt sich der folgende Abschnitt mit der wichtigen Frage auseinander, welcher Nutzen mit der Anwendung eines so umfassenden Managementansatzes verbunden ist.

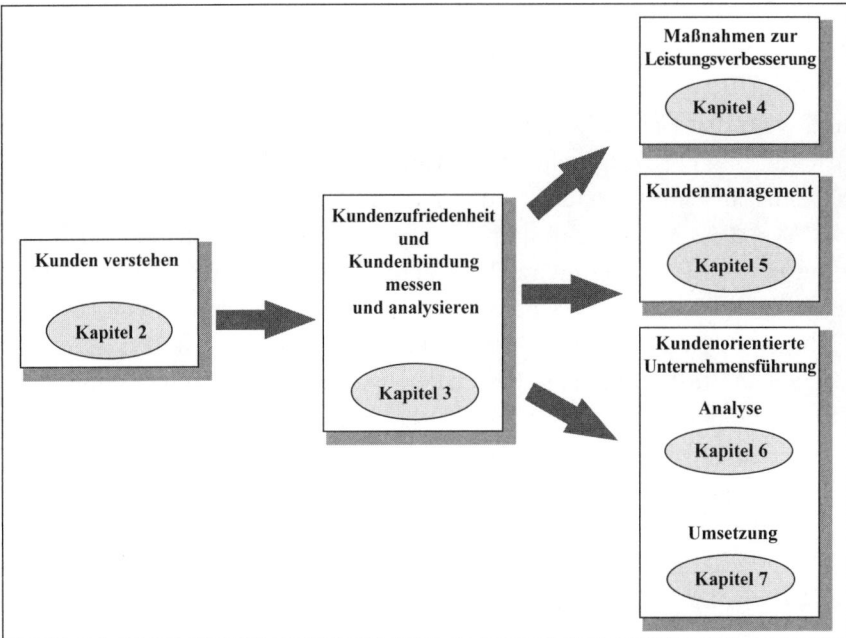

Abbildung 1-4: Der Aufbau des Buches

1.3 Der Nutzen konsequenter Kundenorientierung: Profitables Wachstum

Kundenorientierung ist kein Selbstzweck. Dauerhafte Investitionen in die Steigerung der Kundenorientierung können rational nur dann gerechtfertigt werden, wenn Kundenorientierung nachhaltig zur Steigerung der Unternehmensgewinne beiträgt. Daher befassen wir uns im folgenden mit dem Zusammenhang zwischen Kundenorientierung und Profitabilität.

Positive Auswirkungen der Kundenorientierung auf die Profitabilität eines Unternehmens oder einer Geschäftseinheit wurden jahrelang unterstellt, wobei sich diese Annahme im wesentlichen auf intuitiv einleuchtende Argumentationen stützte. In neuerer Zeit ist hier ein nachhaltiger wissenschaftlicher Erkenntnisfortschritt zu verzeichnen. So wurde in einer branchenübergreifenden wissenschaftlichen Untersuchung der positive Zusammenhang zwischen Kundenorientierung und Profitabilität bestätigt.[6]

Auch im Rahmen der Entwicklung und Anwendung des CUSTOR-Systems in der Unternehmenspraxis wurde systematisch die Frage nach den Profitabilitätsauswirkungen untersucht. Insbesondere der Zusammenhang zwischen der Kundenorientierung der Unternehmensführung und wirtschaftlichen Erfolgsgrößen ist hier von Interesse. Die Kundenorientierung der Unternehmensführung wurde hierbei (wie im vorhergehenden Abschnitt erläutert) durch den Customer Orientation Index (COI) gemessen. Der Zusammenhang zwischen dieser Kundenorientierungsmaßzahl und dem wirtschaftlichen Erfolg ist in Abbildung 1-5 dargestellt. Datengrundlage sind 35 Unternehmen, in denen wir bislang den COI gemessen und zugleich den wirtschaftlichen Erfolg im Konkurrenzvergleich untersucht haben. Neben dem Kriterium Umsatzrentabilität (im Durchschnitt der letzten drei Jahre) haben wir auch das (nicht akquisitionsbedingte) Umsatzwachstum im Durchschnitt der letzten drei Jahre ermittelt. Die in Abbildung 1-5 dargestellten Ergebnisse sprechen eine klare Sprache: Unternehmen mit einem hohen COI-Wert erzielen im Vergleich zu Unternehmen mit einem niedrigen COI-Wert ein deutlich höheres Umsatzwachstum und eine deutlich höhere Umsatzrentabilität. Dies

---

6 Vgl. Homburg (1995a), S. 166.

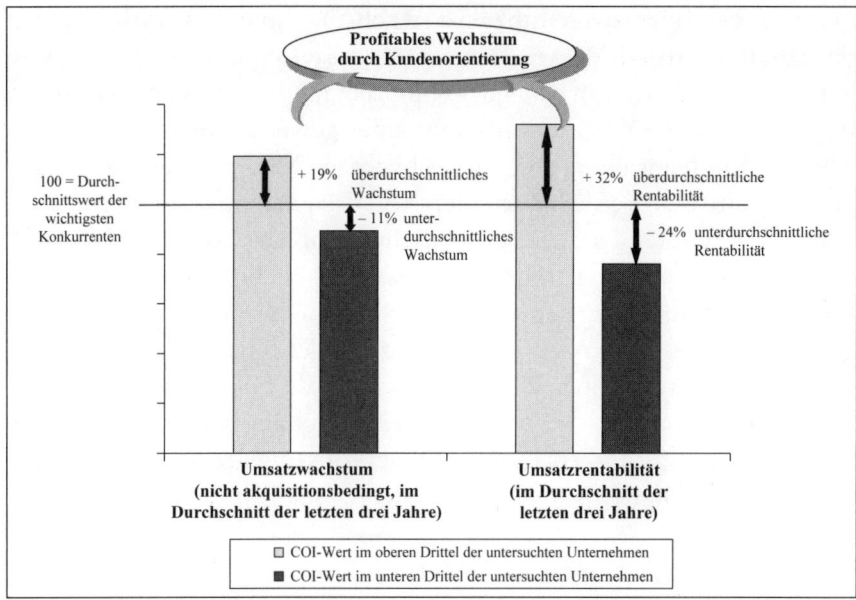

Abbildung 1-5: Kundenorientierte Unternehmensführung als Schlüssel zu profitablem Wachstum

zeigt, daß die Beschäftigung mit kundenorientierten Aspekten der Unternehmensführung kein Selbstzweck ist. Wird sie langfristig ernsthaft betrieben, so kann sie als Schlüssel zum *profitablen Wachstum* von Unternehmen dienen.

Gerade die Aussage, daß Kundenorientierung nicht nur Profitabilität, sondern auch Wachstum unterstützt, halten wir für besonders wichtig. In vielen Unternehmen beobachten wir heute eine Profitabilität, die im wesentlichen aus einem konsequenten Prozeß des Gesundschrumpfens (häufig verbunden mit massivem Personalabbau) resultiert. Wenn dies auch oftmals die notwendige Antwort auf mehr oder weniger chaotische Diversifikationsaktivitäten in der Vergangenheit ist, so fragt man sich doch, wo die Grenzen dieses Prozesses liegen. Um langfristig Erfolg zu haben, muß ein Unternehmen für hochqualifizierte Arbeitskräfte attraktiv sein. Die Fähigkeit, potentialstarke Führungsnachwuchskräfte zu begeistern und an das Unternehmen zu binden, ist gerade in Zeiten eines immer dynamischeren Wettbewerbs ein wesentlicher Erfolgsfaktor. Diesen realisiert man nicht durch besessene Optimierung der operativen Effizienz. Wachstum und Innovation haben dauerhaftere Auswirkungen.

In neuerer Zeit ist in manchen Unternehmen vor dem Hintergrund der *Shareholder-Value-Diskussion* eine gewisse Abwendung vom Thema Kundenorientierung zu beobachten: Man hält es für wichtiger, sich an den Bedürfnissen der Anteilseigner auszurichten als an denen der Kunden. Es ist sicherlich richtig, daß das Ziel, den Unternehmenswert zu steigern, gerade in Deutschland (sicherlich auch vor dem Hintergrund des speziellen, im wesentlichen unternehmensfeindlichen geistigen Klimas) vernachlässigt wurde. Allerdings ist es angesichts der soeben dargestellten Zusammenhänge abstrus, die Orientierung an den Bedürfnissen der Anteilseigner beziehungsweise der Kunden als Gegensätze zu interpretieren: Ohne konsequente Kundenorientierung kann es langfristig auch keinen steigenden Unternehmenswert geben.

Der Nutzen hoher Kundenorientierung dürfte somit klar auf der Hand liegen. Wir halten es allerdings für wichtig, sich über die »nackten Zahlen« hinaus die Hintergründe des Zusammenhangs vor Augen zu füh-

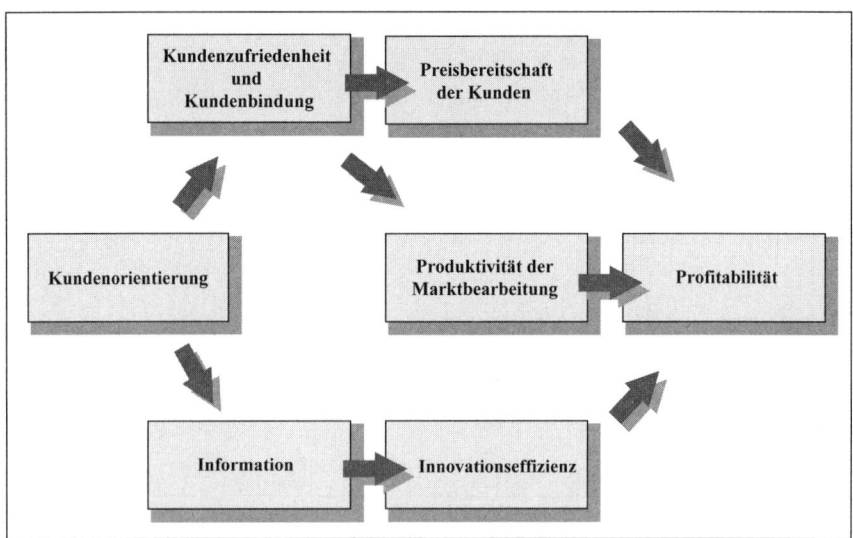

Abbildung 1-6: Kundenorientierung und Profitabilität: Eine vielschichtige Wirkungskette

ren. Hierauf wollen wir im folgenden noch eingehen. Die wesentlichen Zusammenhänge sind in Abbildung 1-6 dargestellt.[7]

Zunächst ist darauf hinzuweisen, daß die durch Kundenorientierung erzielte höhere Kundenzufriedenheit die *Preisbereitschaft* des Kunden positiv beeinflußt. Bei sehr zufriedenen Kunden sind geringfügig höhere Preise zu erzielen als beispielsweise bei Kunden mit mittlerer Zufriedenheit. Allerdings hat sich gezeigt, daß dieser Aspekt nicht überschätzt werden sollte. Insbesondere liegt hierin nicht der entscheidende Grund, warum Kundenorientierung zur Profitabilität führt. Von größerer Bedeutung sind die beiden anderen in Abbildung 1-6 dargestellten Wirkungsmechanismen.

Zum einen gilt, daß hohe Kundenzufriedenheit und -bindung ein hohes Maß an *Produktivität der Marktbearbeitung* ermöglichen. Dies liegt erstens darin begründet, daß in Geschäftsbeziehungen, die auf hoher Zufriedenheit basieren, eine Steigerung der Absatzmenge möglich ist. Sie basiert im wesentlichen auf drei Effekten:[8]

- Steigerung der Produktnutzung,
- Nutzung anderer Produkte des Unternehmens,
- Reduktion alternativer Bezugsquellen.

Zur Verdeutlichung dieser drei Effekte betrachten wir das Beispiel eines Kunden eines Kreditkartenunternehmens. Dieser mag seinem neuen Zahlungsmittel am Anfang mit einer gewissen Skepsis gegenüberstehen, da er damit keine Erfahrung hat. Mit zunehmender Zufriedenheit wird er Vertrauen in das neue Zahlungsmittel fassen und immer öfter bargeldlos bezahlen. Diesen auf Kundenzufriedenheit basierenden Effekt bezeichnen wir als *Steigerung der Produktnutzung.* Gleichzeitig kann mit wachsender Zufriedenheit des Kunden seine Neigung steigen, auch *andere Produkte*, die ihm das Unternehmen anbietet – hier kann es sich etwa um die verschiedensten Finanz- oder auch Versicherungsdienstleistungen handeln –, zu nutzen. Dieser Effekt wird aus der Sicht des anbietenden Unternehmens auch als *Cross-Selling* bezeichnet. Schließlich ist zu beobachten, daß zufriedene Kunden dazu tendieren, die Zahl ihrer *alternativen Bezugsquellen* zu verringern. So kann zum Beispiel ein Kreditkartenbe-

---

7 Vgl. Homburg (1995a, b).
8 Vgl. Homburg/Daum (1997), S. 31.

nutzer, der mehrere Karten hat, sich dazu entschließen, zukünftig alle Transaktionen über die beiden von ihm favorisierten Karten abzuwickeln. Im Extremfall kann auch die Reduktion auf eine einzige Bezugsquelle erfolgen. In der industriellen Beschaffung spricht man in diesem Zusammenhang von *Single Sourcing*.

Zweitens sind durch dauerhafte, auf Zufriedenheit basierende Geschäftsbeziehungen auch kostensenkende Effekte zu erzielen. Es ist festzustellen, daß im Laufe einer Geschäftsbeziehung die mit ihr verbundenen Kosten tendenziell sinken. Eine Verringerung des Koordinations- und Informationsbedarfs sowie Lerneffekte auf beiden Seiten sind Determinanten dieser Entwicklung. Wie massiv diese Kostendegression sein kann, verdeutlicht das in Abbildung 1-7 dargestellte Beispiel. Hier wurden bei einem Hersteller von Industriewaagen im Rahmen einer Sonderanalyse die kundenbezogenen Vertriebskosten erfaßt und in Relation zu dem bei dem Kunden erzielten Umsatz gesetzt. Diese Größe, die relativen Vertriebskosten, wurde der Dauer der Geschäftsbeziehung mit dem Kunden

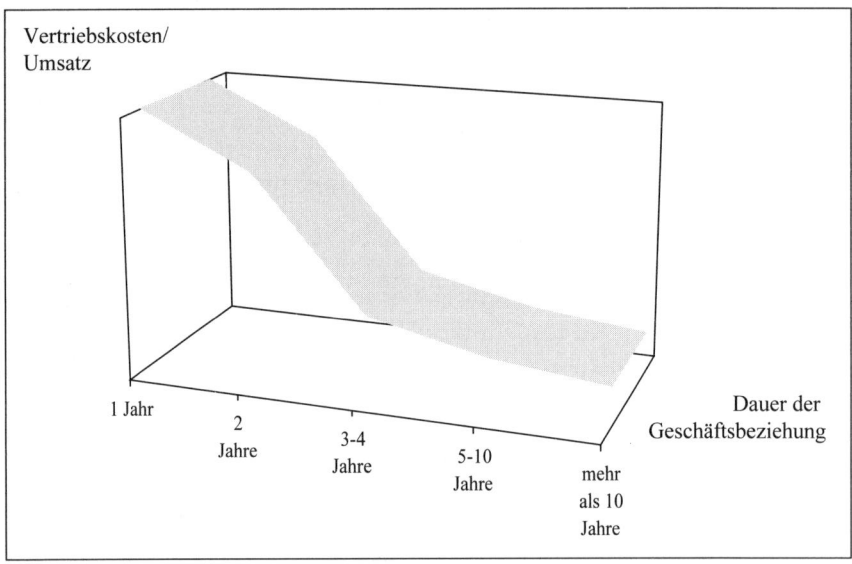

Abbildung 1-7: Durchschnittliche kundenbezogene Vertriebskosten (in Relation zum Umsatz) in Abhängigkeit von der Dauer der Geschäftsbeziehung am Beispiel eines Herstellers von Industriewaagen[9]

---

9 Vgl. Homburg/Daum (1997), S. 33.

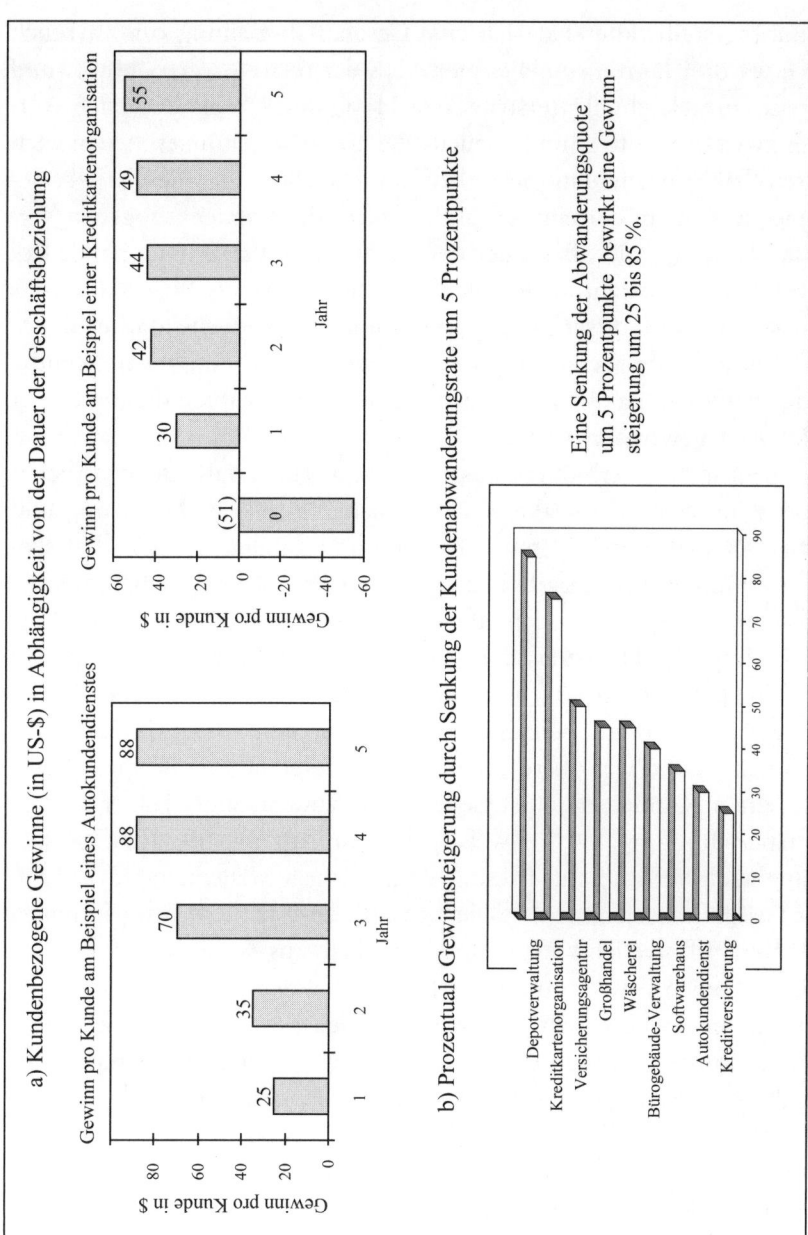

Abbildung 1-8: Profitabilität durch Kundenbindung im Dienstleistungsbereich[10]

---

10 Vgl. Reichheld/Sasser (1991).

gegenübergestellt. Hier hat sich eine Geschäftsbeziehung offensichtlich nach etwa drei Jahren so eingespielt, daß der relative Vertriebsaufwand drastisch zurückgeht. Unterschiede in Höhe des 15- bis 20fachen Aufwands zwischen »alten« und »neuen« Geschäftsbeziehungen stellen nach unseren Erfahrungen keine Seltenheit dar. Die Dauer der Geschäftsbeziehung ist zwar nicht der einzige Einflußfaktor des kundenbezogenen Vertriebsaufwands, wohl aber einer der wichtigsten. Im Grunde handelt es sich bei dieser Beobachtung um die Generalisierung eines Phänomens, das Manager mit Verkaufserfahrung gut kennen: Man weiß, daß es kaum etwas Teureres gibt als die Akquisition eines Kunden. Ähnlich aufwendig wie die Neukundenakquisition gestaltet sich offensichtlich die Betreuung erst kürzlich gewonnener Kunden.

Aus diesem Sachverhalt ergibt sich die Folgerung, daß wirtschaftliches Arbeiten insbesondere – aber nicht ausschließlich – in Marketing und Vertrieb letztlich nur mit treuen Kunden und dauerhaften Geschäftsbeziehungen möglich ist. Es gibt keinen schlimmeren Kostentreiber im Marketing- und Vertriebsbereich als eine hohe Kundenfluktuation. Eine Untersuchung im Dienstleistungsbereich, die vor einigen Jahren in den USA durchgeführt wurde[11], untermauert diese These eindrucksvoll. Die wichtigsten Ergebnisse dieser Untersuchung sind in Abbildung 1-8 zusammengestellt: Der obere Teil der Grafik zeigt an zwei Beispielen, wie die bei einem Kunden erzielten Gewinne mit zunehmender Dauer der Geschäftsbeziehung steigen. Teilweise treten am Anfang einer Geschäftsbeziehung auch Verluste auf. Diese Anfangsverluste stellen eine Investition in die Geschäftsbeziehung dar. Die hier aufgezeigten Gewinnsteigerungen resultieren selbstredend nicht ausschließlich aus Kosteneinsparungen, sondern ergeben sich als Summe mehrerer Effekte.

Im unteren Teil sind für verschiedene Dienstleistungsbereiche potentielle Gewinnsteigerungen durch eine Steigerung der Kundentreue (Senkung der Kundenabwanderungsrate um fünf Prozentpunkte) dargestellt. Die Zahlen sprechen in ihrer Deutlichkeit für sich.

Zum anderen kann – und wir kehren in den Kontext von Abbildung 1-6 zurück – Kundenorientierung wesentlich zur Steigerung der Innovationseffizienz beitragen. Dies wird durch die in Abbildung 1-9 dargestellten empirischen Ergebnisse verdeutlicht. Es zeigt sich, daß Unternehmen mit

---

11 Vgl. Reichheld/Sasser (1991), S. 108 ff.

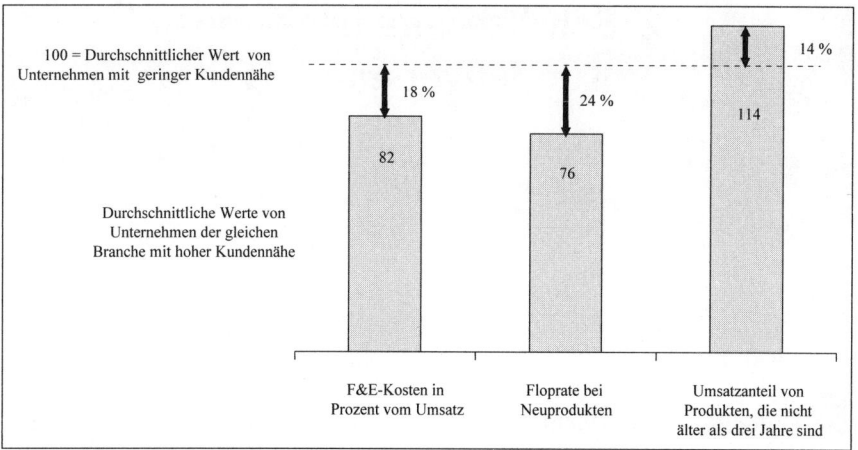

100 = Durchschnittlicher Wert von
Unternehmen mit geringer Kundennähe

Durchschnittliche Werte von
Unternehmen der gleichen
Branche mit hoher Kundennähe

18 %
24 %
14 %
82
76
114

F&E-Kosten in
Prozent vom Umsatz

Floprate bei
Neuprodukten

Umsatzanteil von
Produkten, die nicht
älter als drei Jahre sind

Abbildung 1-9: Effizienzsteigerung im Innovationsbereich durch Kundennähe[12]

hoher Kundennähe geringere F & E-Kosten im Verhältnis zum Umsatz aufweisen als Unternehmen der gleichen Branche mit geringer Kundennähe. Gleichzeitig erreichen kundennahe Unternehmen deutlich größere Innovationserfolge, was sich in einer niedrigeren Floprate sowie einer jüngeren Produktstruktur niederschlägt (vergleiche Abbildung 1-9). Im Kern bedeutet dies, daß kundennahe Unternehmen im Durchschnitt *mit geringerem Innovationsaufwand größere Innovationserfolge* als die Konkurrenz erzielen. Die Informationsvorsprünge, die ein hohes Maß an Kundenorientierung im Hinblick auf die Kundenbedürfnisse liefert, lassen sich also systematisch in ein effizientes Innovationsmanagement umsetzen.

Es hat sich gezeigt, daß Kundenorientierung auf mehreren Wegen zur Steigerung der Profitabilität beiträgt. Diese Wirkungsmechanismen sind teilweise offensichtlich und intuitiv einleuchtend. Teilweise sind sie auch komplexer Natur. Wichtig ist auch die Erkenntnis, daß das Erzielen höherer Preise in diesem Zusammenhang keine entscheidende Rolle spielt.

---

12 Vgl. Homburg (1995a).

2. Schritte zum besseren Kundenverständnis

Ein erster Schritt zu mehr Kundenorientierung liegt darin, die Kunden besser zu verstehen. Dies gilt um so mehr für Unternehmen, die noch keine oder nur wenig Erfahrung mit Kundenorientierung haben (wie beispielsweise Monopolunternehmen, Staatsunternehmen oder auch öffentliche Verwaltungen). Eine Studie aus dem Jahr 1995 kam allerdings zu dem Ergebnis, daß mehr als 60 Prozent der Unternehmen nur sehr lückenhafte Kenntnisse haben, welche Bestandteile ihrer Leistung ihren Kunden besonders wichtig sind.[1] Instrumente und Verfahren, um dieses Wissen zu erhöhen, sind vornehmlich qualitativer Art und verfolgen mehrere Ziele:

- Schaffung eines ersten Verständnisses der Kunden sowie Erkennung von Wünschen und Bedürfnissen,
- Erkennung von Defiziten und Problembereichen,
- Erkennung von Maßnahmen zur Optimierung der Leistung,
- Vorbereitung einer anschließenden quantitativen Kundenbefragung sowie
- Sensibilisierung der Mitarbeiter und des Managements zur Auseinandersetzung mit diesem Thema.

Die Entscheidung für die Methode oder das Verfahren, das zum Einsatz kommt, sollte abhängig von den zu beantwortenden Fragen getroffen werden. Auch Kunden- oder Marktstrukturen spielen hier eine Rolle. So hatte eine von uns betreute Zeitschrift erhebliche Probleme bei Lesern, die die Zeitschrift am Kiosk kaufen. Diese Leser äußerten sich zwar recht zufrieden über die Zeitschrift, dies übertrug sich jedoch nicht in einen regelmäßigen Kauf. Daraufhin entschloß man sich, eine – später einzu-

---

1 Vgl. Homburg/Rudolph/Pohl (1995).

führende – Nicht-Kunden-Analyse (CUSTOR-NCA) durchzuführen, um diesem Problem auf den Grund zu gehen.

Insgesamt sind drei Ansatzpunkte zur Erhöhung des Kundenverständnisses zu unterscheiden (siehe auch Abbildung 2-1):

- Fokus: Probleme heutiger/früherer Kunden,
- Fokus: Bedürfnisse der Nicht-Kunden,
- Fokus: zukünftige Kundenbedürfnisse.

Nur wenn es gelingt, die *Probleme heutiger/früherer Kunden* (vergleiche dazu Abschnitt 2.1) aktiv zu erfassen, kann die Leistung des Unternehmens dementsprechend optimiert werden. Wertvolle Hinweise können auch von ehemaligen Kunden kommen, die die Geschäftsbeziehung mit dem Unternehmen aufgegeben haben. Sie können über besonders negative Aspekte in der Zusammenarbeit berichten. So ist es möglich, festzustellen, wo bestimmte Mindestniveaus für die Leistung des Unternehmens liegen.

Aber auch *Nicht-Kunden* sind im Hinblick auf das Kundenverständnis eine interessante Gruppe. Mit ihrer Hilfe ist es möglich, Akzeptanz- oder

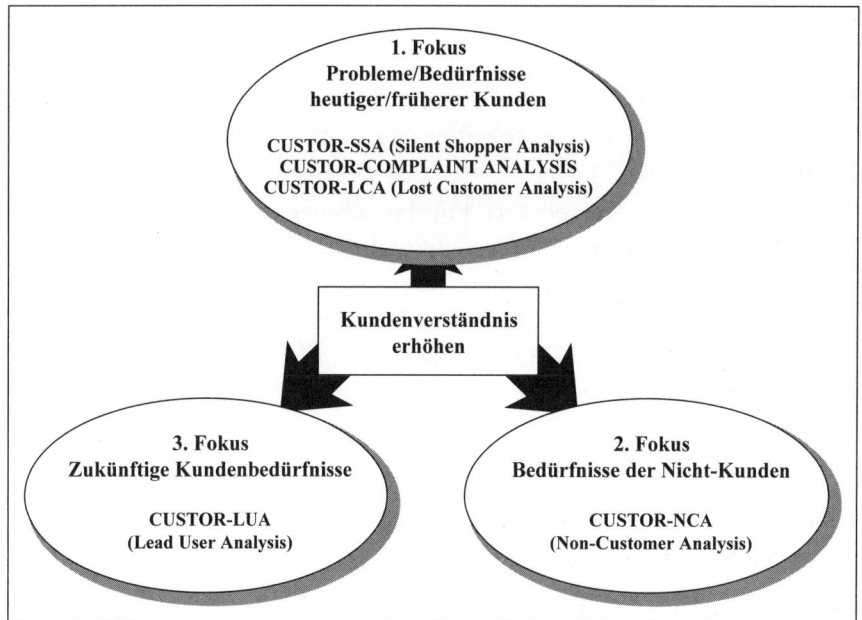

Abbildung 2-1: Ansatzpunkte zur Erhöhung des Kundenverständnisses

Kaufbarrieren sowie Anspruchsniveaus zu erkennen. Auch ein gewisser Benchmarking-Aspekt ist hier zu beachten: Was macht die Konkurrenz besser als das eigene Unternehmen? Entsprechende Methoden sind Gegenstand von Abschnitt 2.2.

Nicht zuletzt wird es für Unternehmen zunehmend wichtiger, zu einem frühen Zeitpunkt *zukünftige Wünsche und Bedürfnisse* der Kunden zu erkennen und die eigene Produktentwicklung daraufhin auszurichten. Dies ist vor allem darauf zurückzuführen, daß Produkte immer kürzer am Markt vertreten sind und immer schneller durch neue Generationen ersetzt werden. Vor diesem Hintergrund ist eine einseitige Orientierung an heutigen Kundenbedürfnissen insbesondere in dynamischen Märkten gefährlich. Wie man sich auf zukünftige Kundenbedürfnisse konzentrieren kann, wird in Abschnitt 2.3 behandelt.

2.1 Versteckte Kundenbedürfnisse und -probleme transparent machen

Unternehmen verwenden heutzutage zumeist deutlich größere Anstrengungen darauf, neue Kunden zu akquirieren, als bestehende Kunden zu binden. An die bereits im ersten Kapitel erwähnte weitverbreitete Tendenz zur Konzentration auf Neukunden und – damit verbunden – zur gedanklichen Vernachlässigung des existierenden Kundenstamms sei in diesem Zusammenhang erinnert. Eine langfristige Kundenbindung ist nur über die intensive Auseinandersetzung mit den Problemen, Bedürfnissen und Wünschen der Kunden zu erreichen. Einen Grundstein hierzu legen die hier dargestellten Verfahren. Es liegt jedoch in der Natur dieser Methoden, daß sie die Kundenzufriedenheit eher qualitativ behandeln. Eine Quantifizierung ist Gegenstand des dritten Kapitels.

Zwei Methoden sind an dieser Stelle von grundsätzlicher Bedeutung und werden daher im Rahmen des CUSTOR-Systems berücksichtigt:

- die CUSTOR-SILENT SHOPPER ANALYSIS (CUSTOR-SSA) und
- die Beschwerdeanalyse (CUSTOR-COMPLAINT ANALYSIS).

Über die Anwendung dieser spezifischen Methoden hinaus kann es natürlich auch hier sehr hilfreich sein, sich »üblicher« qualitativer Forschung – etwa mit Hilfe von Fokusgruppen oder Tiefeninterviews – zu bedienen.[2] Beide werden in Kapitel 3 ausführlich vorgestellt.

Bei Kunden, die die Geschäftsbeziehung zum Unternehmen beendet haben, interessieren insbesondere die Frage nach den Gründen hierfür und was das Unternehmen hätte tun können, um dies zu verhindern. Auch was das Unternehmen tun könnte, um den Kunden dazu zu bewegen, die Geschäftsbeziehung wiederaufzunehmen, oder welche Mindestanspruchsniveaus eingehalten werden müssen, um den Kunden nicht zu verlieren, ist eventuell näher zu betrachten. Fragen dieser Art werden mit der CUSTOR-LOST CUSTOMER ANALYSIS (CUSTOR-LCA) beantwortet.

2.1.1 Silent Shopper: Die versteckte Kamera

Bei der CUSTOR-SILENT SHOPPER ANALYSIS (CUSTOR-SSA) (auch als Mystery-Shopper-Ansatz bezeichnet) wird ein Kaufakt oder die Inanspruchnahme einer Dienstleistung wirklichkeitsgetreu simuliert. Dies kann sowohl persönlich (Aufsuchen von Testgeschäften) als auch telefonisch (Testanrufe) geschehen. Hierdurch sollen Schwachstellen im Kundenkontakt identifiziert werden.

Anwendung findet die CUSTOR-SSA bislang vornehmlich im Endkundengeschäft, also beispielsweise im Einzelhandel sowie im Dienstleistungsbereich. So könnte die Leistung des Verkaufspersonals bei beratungsintensiven Leistungen überprüft werden (etwa im Autohaus, Küchenstudio, Drogeriemarkt). Auch der allgemeine Kundenservice kann mit diesem Instrument überprüft werden. London Underground macht sich regelmäßig ein Bild des Service bezüglich der Züge, Bahnhöfe und des Personals.[3] Als Wilson 1993 einen neuartigen Golfball einführte, überprüften Testkäufer in 2.000 zufällig ausgewählten Geschäften in den USA Vorrätigkeit und Beratung.[4] Aber auch im Business-to-Business-Bereich ist eine partielle Anwendung vorstellbar. Hier wird man vor allem auf Testanrufe zurückgreifen.

Ein systematisches Vorgehen ist bei der Durchführung einer CUSTOR-SSA unabdingbar. In einem ersten Schritt müssen die Aspekte des Kun-

---

2 Vgl. auch Schraudy/Werner/Homburg (1997).
3 Vgl. o. V. (1995), S. 45.
4 Vgl. Boyd (1995), S. 14.

denkontakts, die beleuchtet werden sollen, bestimmt werden. Im Anschluß daran ist auf Basis dieser Inhalte ein standardisiertes Protokollierungsformular zu entwerfen. Nur durch die Vergleichbarkeit der Testkäufe/Testanrufe kann sichergestellt werden, daß am Ende verläßliche Ergebnisse vorliegen. Das Protokollierungsformular sollte zumindest Informationen enthalten über:

- den Ort, den Zeitpunkt, den durchführenden Tester,
- die Lokalität (etwa Pflege, Sauberkeit, Eindruck),
- den Erstkontakt (beispielsweise Dauer, Freundlichkeit),
- die Beratung,
- zur Verfügung gestelltes Informationsmaterial,
- die Verabschiedung und Nachbetreuung.

Die Auswahl der Testgeschäfte im dritten Schritt sollte weitestgehend repräsentativ erfolgen. Eine kritische Phase der CUSTOR-SSA ist die Einweisung der Testkäufer, da von ihnen letztlich der Erfolg der gesamten Aktion abhängt. Bei der Durchführung ist darauf zu achten, daß die Protokollierung des Testverlaufs in unmittelbarem Anschluß an den Testkauf beziehungsweise das Testtelefonat stattfindet. Vergeht zwischen Durchführung und Protokollierung zuviel Zeit, besteht die Gefahr einer Verzer-

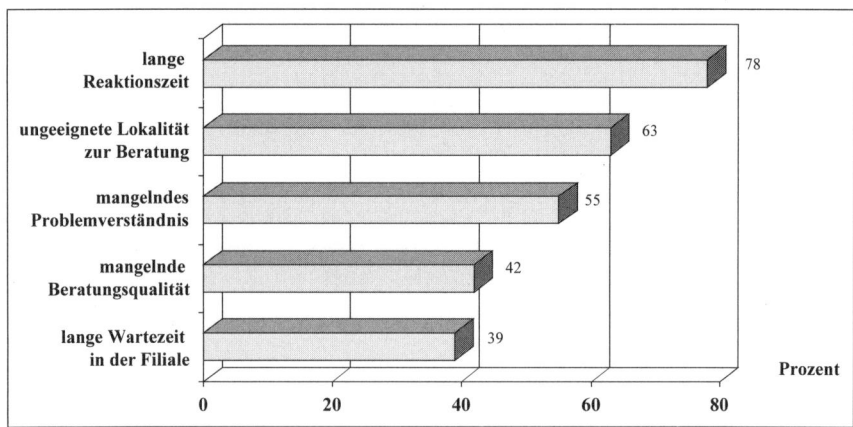

Abbildung 2-2: Ergebnisse einer CUSTOR-SSA *am Beispiel der Firmenkundenberatung einer großen Bank (Häufigkeit von Problemen bei nicht positiv verlaufenem Testgespräch)*

rung der Ergebnisse der Untersuchung. Im letzten Schritt schließt sich die Auswertung der Ergebnisse an.

Bei der CUSTOR-SSA stehen qualitative Informationen klar im Vordergrund. Im wesentlichen sollen Defizite erkannt werden, die dann entweder Gegenstand einer quantitativen Messung der Kundenzufriedenheit sind oder die im Rahmen von konkreten Maßnahmen (zum Beispiel durch Mitarbeiterschulungen) angegangen werden können. Abbildung 2-2 zeigt beispielhaft ein Ergebnis einer CUSTOR-SSA. Es handelt sich dabei um Testgespräche, die bezüglich einer Firmenkundenberatung einer großen Bank geführt wurden.

Zur Durchführung einer CUSTOR-SSA sind einige wichtige Regeln zu beachten, deren Nichteinhaltung den Erfolg der Untersuchung nachhaltig gefährden kann:

Erfolgsregeln einer CUSTOR-SSA

1. Es müssen genaue Vorüberlegungen angestellt werden, was bei den Testkäufen/Testtelefonaten beobachtet, gefragt und gefordert werden soll. Nur so kann die Vergleichbarkeit einzelner Tests gesichert werden.
2. Die Notwendigkeit absoluter Geheimhaltung bedingt zumeist die Einschaltung eines neutralen Dritten zur Durchführung. Der Testkäufer muß unauffällig wirken und darf sich auf keinen Fall als solcher zu erkennen geben.
3. Der Testkäufer sollte eine gewisse Erfahrung mit dem Produkt oder der Dienstleistung haben.
4. In vielen Fällen ist es sinnvoll, ein Testgeschäft nicht nur einmal aufzusuchen. Durch eine Wiederholung des Tests (unter Umständen durch einen zweiten Testkäufer) können verzerrende Effekte ausgeschaltet werden.
5. Ergebnisse müssen unmittelbar nach der Durchführung des Tests auf einem standardisierten Formular festgehalten werden.

Trotz ihrer vielen Möglichkeiten findet die CUSTOR-SSA relativ selten Anwendung. Dies liegt vor allem daran, daß sie unter den qualitativen Erhebungsverfahren sicherlich eines der aufwendigsten ist.

2.1.2 Beschwerden: Die ungenutzte Informationsquelle

Trotz der teilweise erheblichen Bemühungen von Unternehmen um hochwertige Produkte und Leistungen wird es immer wieder vorkommen, daß Produkte oder Leistungen mangelhaft sind und ein Kunde sich beschwert. Viele Unternehmen gehen jedoch völlig falsch mit Beschwerden um. Kunden, die sich beschweren, werden als »nörgelnde Querulanten« betrachtet. Mitarbeiter begreifen Beschwerden als persönlichen Angriff und bauen entsprechende Verteidigungspositionen auf. Dies wird auch dadurch gefördert, daß einige Vorgesetzte Beschwerden als Druckmittel gegen Mitarbeiter verwenden. Richtig genutzt, können Beschwerden jedoch eine hervorragende Informationsquelle sein. Durch eine Beschwerdeanalyse (CUSTOR-COMPLAINT ANALYSIS) können

- beschwerdeintensive Leistungsbestandteile erkannt und verbessert,
- Schwächen im Leistungsangebot erkannt und verbessert sowie
- Beschwerdeniveaus erkannt werden.

Dies kann zu einer erheblichen Steigerung der Kundenorientierung und somit langfristig auch der Kundenzufriedenheit führen. So berichtet Rank Xerox in höchstem Maße positiv von den Möglichkeiten der qualitativen und quantitativen Beschwerdeanalyse. Durch die Möglichkeit, Beschwerden schnell und zielgerichtet zu erkennen, sei in den letzten Jahren die Fehlerquote deutlich gesenkt und die Kundenzufriedenheit erheblich gesteigert worden.[5]

Eine CUSTOR-COMPLAINT ANALYSIS umfaßt die qualitative und quantitative Auswertung auflaufender Beschwerden. In einem ersten Schritt genügt es hierbei, die bekanntgewordenen Beschwerden zu sammeln und auszuwerten. Richtige Wirksamkeit kann sie allerdings nur entfalten, wenn ihr ein effektives Beschwerdemanagement, wie es in Kapitel 4 beschrieben wird, zugrunde liegt. Zur Beschwerdeanalyse sollte eine Beschwerdedatenbank aufgebaut werden, die mindestens folgende Auswertungen ermöglicht:

- absolute und prozentuale Häufigkeiten von Beschwerden,
- Beschwerdeentwicklung im Zeitablauf,

---

5 Vgl. Grunwald (1996), S. 202 ff.

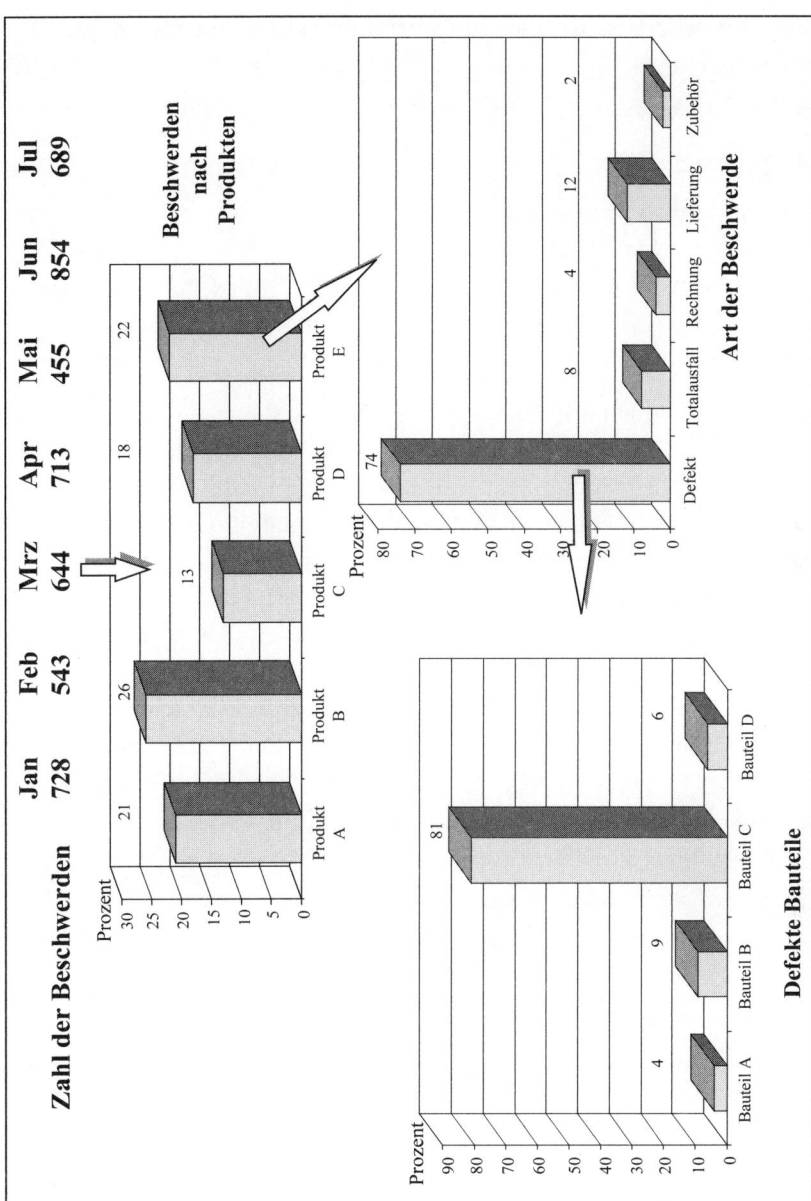

Abbildung 2-3: Beispiel für die Beschwerdeanalyse (Hersteller von Elektromotoren)

- Verteilung von Beschwerden nach Produkten, Regionen, Kundengruppen etc. sowie
- Zeitpunkt der Beschwerden.

Auf diese Weise ist es möglich, Schwerpunkte von Beschwerden, die auf

- mangelnder Produktleistung,
- mangelhaften Serviceleistungen,
- mangelhaften Prozessen (zum Beispiel Lieferung oder Rechnungstellung),
- unfreundlichen oder inkompetenten Mitarbeiter

beruhen, zu erkennen und geeignete Gegenmaßnahmen einzuleiten.

So zeigt die in Abbildung 2-3 dargestellte Beschwerdeanalyse eines Herstellers von Elektromotoren, daß Beschwerden bezüglich des Produktes E nahezu ausschließlich auf den Ausfall des Bauteils C zurückzuführen waren. Als dieses verbessert wurde, gingen auch die Beschwerden zu Produkt E deutlich zurück.

Ein grundsätzliches Problem der Beschwerdeanalyse liegt jedoch darin, daß sich nur wenige unzufriedene Kunden zu einer Beschwerde entschließen. Der überwiegende Teil der Kunden beschwert sich nicht – und kommt nie mehr wieder. Aus diesem Grund kann auch ein aktives Beschwerdemanagement immer nur ein ergänzendes beziehungsweise vorbereitendes Instrument einer umfangreichen Messung der Kundenzufriedenheit sein.

2.1.3 Aus dem Verlust von Kunden lernen

Natürlich wird es trotz aller Bemühungen um Kundenbindung dazu kommen, daß Kunden die Geschäftsbeziehung mit dem Unternehmen beenden. Aber auch hieraus kann ein Unternehmen noch lernen, wenn es gelingt, die Gründe für die Beendigung der Geschäftsbeziehung zu erfahren. Dies ist das Ziel der CUSTOR-LOST CUSTOMER ANALYSIS (CUSTOR-LCA). Sie erlaubt es, Rückschlüsse auf fehlende oder mangelhafte Leistungskomponenten sowie Mindestanspruchsniveaus zu ziehen. Auch die Leistung der Mitarbeiter kann so beurteilt werden. Häufig spielen unfreundliche oder inkompetente Mitarbeiter bei der Entscheidung zur Aufgabe der Geschäftsbeziehung eine markante Rolle. Abbildung 2-4

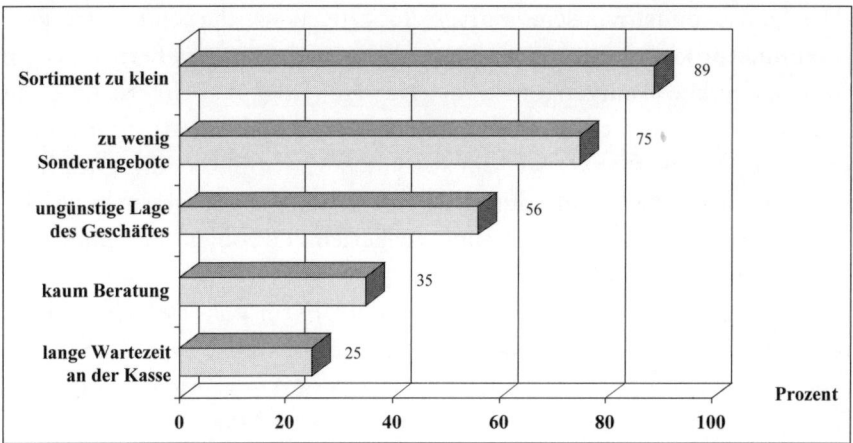

Abbildung 2-4: Beispiel einer CUSTOR-LCA *(Häufigkeit von Gründen*
für die Aufgabe der Geschäftsbeziehung mit einer Drogeriekette)

zeigt beispielhaft das Ergebnis einer CUSTOR-LCA. Es handelt sich hierbei
um die Hauptgründe von ehemaligen Kunden, bei einer Drogeriekette
nicht mehr einzukaufen.

Im Beispiel wurden im Anschluß an die CUSTOR-LCA und eine ergän-
zende großangelegte Messung der Kundenzufriedenheit Maßnahmen der
Sortimentsausweitung und der Mitarbeiterschulung in die Wege geleitet.
Einige Filialen, die als besonders ungünstig gelegen beurteilt wurden,
wurden in neue, günstigere Räumlichkeiten verlegt. Die Vielfalt der
Anwendungsmöglichkeiten wird durch zwei weitere Beispiele verdeutlicht:

Ein amerikanisches Versandhaus stellte nach der Übernahme eines
anderen Hauses fest, daß die übernommenen Kunden in hohem Maße
abwanderten. Eine ausführlichere Analyse zeigte, daß vor allem das
Layout des neuen Katalogs hierfür verantwortlich war. Eine Neugestaltung in Anlehnung an das alte Layout konnte die Abwanderung nicht nur
bremsen, sondern viele der verlorenen Kunden zurückgewinnen.[6]

Die Firma MicroScan, ein Hersteller von Labordiagnosegeräten, stellte
fest, daß viele Kunden nach einmaligem Kauf eines Gerätes kein An-
schlußgeschäft tätigten. Eine systematische Nicht-Kunden-Analyse führte

---

6 Vgl. zu diesem Beispiel o. V. (1992).

dazu, daß Kundenwünsche aktiver einbezogen wurden, eine neue Produktlinie für kleinere Kunden entwickelt sowie ein neues Berichtswesen im Kundendienst aufgebaut wurde. Dadurch stieg das Unternehmen in seinem Heimatmarkt USA in nur zwei Jahren aus einer Pattsituation mit dem stärksten Wettbewerber zum absoluten Marktführer auf.[7] Diese Beispiele verdeutlichen, daß durch eine systematische Untersuchung der Gründe von Kundenabwanderung zielgerichtet Probleme erkannt und behoben werden können.

Eine CUSTOR-LCA wird üblicherweise in Form von Tiefeninterviews durchgeführt. Aber auch Fokusgruppen sind denkbar (vgl. Kapitel 3). Der Vorteil dieser persönlichen und wenig standardisierten Befragungsformen ist ihr flexibler Charakter, der ein hohes Maß an Individualität den Befragten gegenüber ermöglicht. So ist es auch einfacher, Hintergründe durch Nachhaken zu erfassen oder bei Unklarheiten dem Befragten Hilfestellung zu leisten.

Jede CUSTOR-LCA läuft nach einem gewissen Schema ab (vergleiche auch Abbildung 2-5). In einem ersten Schritt ist das Untersuchungsziel festzulegen. Zumeist ist dies ein kognitives Untersuchungsziel, das darauf abzielt, die Gründe für die Beendigung der Geschäftsbeziehung zu erfahren. Mit diesem Wissen können Maßnahmen eingeleitet werden, die eine weitere Kundenabwanderung unterbinden. Neben dieser kognitiven Zielsetzung kann mit einer CUSTOR-LCA auch bezweckt werden, ehemalige Kunden zurückzugewinnen.

Der zweite Schritt ist der Identifikation ehemaliger Kunden gewidmet. Relativ problemlos ist dies im Business-to-Business-Bereich möglich, wo normalerweise aussagekräftige Kundenlisten geführt werden. Durch einfache Abfrageroutinen in der Kundendatenbank können Kunden erkannt werden, die in einem definierten Zeitraum keine Umsätze mehr getätigt oder die Geschäftsbeziehung ausdrücklich beendet haben. Die explizite Kündigung kann beispielsweise auch oft im Banken- oder Versicherungsbereich herangezogen werden. Eine Studie im Bankbereich zeigte, daß die Kündigung von Festgeldeinlagen als sehr ernstes Indiz einer Abwanderung aufgefaßt werden kann.[8] Schwieriger stellt sich dies jedoch im Konsumgüterbereich dar. Hier ist oftmals die zufällige Befragung von An-

---

7 Vgl. Reichheld (1997), S. 59 ff.
8 Vgl. Klingsporn (1996).

1. Definition des Untersuchungsziels

- kognitiv (Kenntnis über Gründe des Ausstiegs) oder/und
- Rückgewinnung verlorener Kunden

2. Identifikation verlorener Kunden

- aus Kundenlisten   - aus Kündigungen
- durch zufällige Befragungen

3. Gewinnung von Ansprechpartnern

- relativ neutrale Ansprache
- Anreiz zur Mitarbeit setzen

4. Durchführung

- Tiefeninterview
- Fokusgruppe

5. Qualitative und quantitative Nachbereitung

- qualitativ: Gründe, Hintergründe, nicht erfüllte Bedürfnisse
- quantitativ: Häufigkeiten, Kundenspezifika etc.

6. Evtl. Durchführung einer zweiten/dritten Runde

- Output-In-Prinzip
- Wiederholung zur Vertiefung bestimmter Aspekte

Abbildung 2-5: Vorgehensweise einer CUSTOR-LCA

sprechpartnern am Point of Sale die einzige Möglichkeit. Damit wird jedoch auch deutlich, daß die CUSTOR-LCA ein Instrument ist, das sich tendenziell eher im Business-to-Business-Bereich beziehungsweise dort, wo relativ kleine Kundengruppen oder namentlich genau erfaßte Kunden vorhanden sind, anwenden läßt.

Im dritten Schritt geht es darum, ehemalige Kunden zur Mitwirkung zu gewinnen. Dies ist oft schwierig, da sie dazu tendieren, sich dem Gesprächswunsch des Unternehmens zu entziehen. Vor diesem Hintergrund ist es wichtig, daß die Ansprache nicht zu sehr mit dem erkennbaren Ziel erfolgt, den Kunden zurückzugewinnen. Es sollte vielmehr kommuniziert werden, daß man aus dem Verlust des Kunden lernen möchte. Zusätzlich hilft es erfahrungsgemäß, einen Anreiz für die Mitarbeit zu bieten. Wir werden später (in Kapitel 3) noch näher auf das Thema der Anreizsetzung eingehen.

Der vierte Schritt ist die Durchführung des Interviews beziehungsweise der Fokusgruppe(n). Hier ist trotz einer möglichst freien Gestaltung einem gewissen Schema zu folgen. Dies ermöglicht es, individuell auf den ehemaligen Kunden einzugehen. Sehr wichtig ist die Protokollierung der Ergebnisse. Hier ist es insbesondere bei Fokusgruppen, bei denen in kürzester Zeit eine Vielzahl von Aussagen getroffen wird, sinnvoll, einen zweiten Interviewer als Protokollanten hinzuzuziehen.

Sind alle Interviews beziehungsweise Fokusgruppen durchgeführt, schließt sich eine qualitative und quantitative Nachbereitung der Ergebnisse an. Neben der qualitativen Aufbereitung sollten Auswertungen hinsichtlich der Häufigkeit von Gründen, die Beziehung zu beenden, durchgeführt werden (vergleiche auch das Beispiel in Abbildung 2-4).

In einigen Fällen muß eine CUSTOR-LCA in mehr als einer Runde durchgeführt werden. Bei unstrukturierten Problemen werden in einer ersten Runde zunächst einmal grundlegende Ursachen für die Aufgabe der Geschäftsbeziehung durchleuchtet. In einer zweiten oder gar dritten Runde werden diese dann eingehender untersucht und hinterfragt. Dabei sollte das Output-In-Prinzip angewandt werden. Die Ergebnisse einer Runde werden dabei als Input der nächsten Runde verwandt. Dies ermöglicht es, Aussagen schrittweise zu verfeinern und sich an Hintergründe heranzutasten.

2.2 Warum die Konkurrenz auch Kunden hat

Kennt ein Unternehmen die Gründe dafür, daß Abnehmer Konkurrenzprodukte bevorzugen, so kann es dieses Wissen für Maßnahmen zur Kundengewinnung, vor allem aber zur Kundenbindung nutzen. Durch den Vergleich mit dem Leistungsvermögen der Konkurrenz ist es möglich, eigene Leistungsdefizite zu erkennen und abzubauen. Eigene Leistungsvorteile können in der Kommunikationspolitik in den Mittelpunkt gestellt werden. Ein Instrument, um dies herauszufinden, ist die CUSTOR-NON-CUSTOMER ANALYSIS (CUSTOR-NCA).

Ein weiterer Anwendungsbereich der CUSTOR-NCA sind potentielle Kunden, die das betrachtete Produkt noch nie (oder nur wenige Male) gekauft haben. Die Erkennung von Hintergründen hierfür kann dazu beitragen, die Leistung des Unternehmens zu verbessern, auf diese Weise neue Kundengruppen zu erschließen und die Position bei den bestehenden Kunden zu verbessern.

Vordergründiges Ziel einer CUSTOR-NCA ist die Erkennung von Akzeptanzbarrieren und Leistungsdefiziten. Diese müssen anschließend kategorisiert und – nach Möglichkeit – behoben werden. Darüber hinaus können durch eine CUSTOR-NCA auch Anregungen zur Verbesserung der eigenen Leistung gewonnen werden.

In methodischer Hinsicht läuft eine CUSTOR-NCA im wesentlichen analog zur zuvor vorgestellten CUSTOR-LCA (Lost Customer Analysis) ab. Auch hier sind das persönliche Tiefeninterview sowie die Fokusgruppe geeignete Erhebungsintrumente. Wie bereits bei der CUSTOR-LCA kann es sinnvoll sein, die CUSTOR-NCA in mehreren Runden nach dem Output-In-Prinzip durchzuführen.

In Analogie zur CUSTOR-LCA stellt sich die Gewinnung geeigneter Ansprechpartner als zentrales Problem der Durchführung einer CUSTOR-NCA dar. Wiederum ist es hier der Business-to-Business-Bereich, in dem dies üblicherweise deutlich einfacher zu bewerkstelligen ist. Durch die oftmals hohe Markttransparenz sowohl auf Anbieter- als auch auf Nachfragerseite ist es meist vergleichsweise einfach, Nicht-Kunden zu identifizieren. Zur Erkennung von Nicht-Kunden können darüber hinaus beispielsweise Branchenverzeichnisse, Adreßverlage, kommerzielle Adreßanbieter oder – analog zur Lost Customer Analysis – die zufällige Auswahl am Point of Sale herangezogen werden.

Ein weiteres Problem der CUSTOR-NCA liegt darin, daß den Nicht-Kunden die Erfahrung mit dem Produkt beziehungsweise der Dienstleistung des betrachteten Unternehmens fehlt. Dies kann zu subjektiven oder von der Erfahrung mit Produkten anderer Hersteller beeinflußten Urteilen führen. Auch das Unternehmensimage spielt hier erfahrungsgemäß eine Rolle.

2.3 Was die Kunden der Zukunft wollen

Durch die zuvor besprochenen Methoden, Instrumente und Verfahren können Anregungen für die Gestaltung von Leistungs- oder Produkt-merkmalen in der Zukunft nur bedingt erlangt werden. Für Unternehmen wird, wie bereits eingangs dargestellt, die frühzeitige Erkennung von Kundenbedürfnissen jedoch immer wichtiger. Ein hierzu bewährtes Instrument ist die CUSTOR-LEAD USER ANALYSIS (CUSTOR-LUA).

---

1. Identifikation des Trends

- Delphi-Methode
- zufällige Kundenbefragung

---

2. Identifikation von Lead Usern

- Eigenforschung bei Anwendern
- Kundenbefragung
- systematische Kundenanalyse

---

3. Analyse der Lead User Informationen

- Workshops, Anwendergruppen, Fokusgruppen
- Befragung mittels Tiefeninterview
- Einbindung in Entwicklungsteams

---

4. Test auf Validität bei Durchschnittsnutzern

- repräsentative Kundenbefragung
- Tiefeninterviews
- Fokusgruppen

Abbildung 2-6:　Vorgehensweise einer CUSTOR-LUA

Die CUSTOR-LUA verfolgt das Ziel, zukünftige Kundenbedürfnisse zu erkennen und dadurch sicherzustellen, daß das Unternehmen auch in Zukunft die Kunden adäquat zufriedenstellen kann. Nur so kann langfristig eine gute Wettbewerbsposition gesichert werden.[9] Aufgrund ihrer Gestaltung ist die CUSTOR-LUA sehr breit einsetzbar. Sie umfaßt prinzipiell alle Innovationshöhen (Grad der Neuartigkeit des Produkts) – wobei sie sicherlich am besten im Bereich mittlerer Innovationshöhen angewendet werden kann – und ist sowohl im Business-to-Business- als auch im Konsumgüterbereich einsetzbar.

Bei den involvierten Produktnutzern muß es sich nicht notwendigerweise um Kunden des Unternehmens handeln. Es reicht jedoch grundsätzlich nicht aus, hierzu den normalen »Durchschnittsnutzer« eines Produktes heranzuziehen. Lead User müssen sorgfältig ausgewählt werden und zeichnen sich durch zwei Merkmale aus:[10]

1. Sie sind bezüglich eines Trends, der zukünftig am Markt verbreitet sein wird, führend, und
2. sie profitieren stark von einer diesbezüglichen Problemlösung.

Eine CUSTOR-LUA läuft nach einem vierstufigen Schema ab (vergleiche Abbildung 2-6).

1. Erster Schritt ist die *Identifikation des Trends* im Markt. Hierzu gibt es insbesondere zwei Methoden, die sich in der Praxis bewährt haben. Eine erste Möglichkeit ist eine zufällige Befragung mit dem Ziel, neue Trends bei den Kunden zu entdecken. Hierzu bedient man sich eines zumindest teilweise standardisierten Interviews oder Fragebogens. Die zweite erprobte Methode ist die sogenannte Delphi-Methode, bei der eine Reihe von Experten in mehreren Runden gebeten werden, Trends und Leistungsmerkmale zu nennen, die ihrer Meinung nach in der Zukunft an Bedeutung gewinnen werden. Die Durchführung mehrerer Runden gewährleistet eine sukzessive, zielgerichtete Annäherung an den »wahren Trend«. Unmittelbar einsichtig ist, daß die Güte der Identifikation des Trends dabei in hohem Maße von der Auswahl der Experten abhängt. Die Identifikation eines Trends setzt voraus, daß ein solcher Trend im Markt auch tatsächlich vorhanden und klar iden-

---

9 Vgl. auch Urban/von Hippel (1988), S. 569.
10 Vgl. Herstatt/von Hippel (1992), S. 214.

tifizierbar ist, was gerade in schnellebigen Branchen gelegentlich zum Problem werden kann.

2. Im zweiten Schritt geht es um die *Identifikation von Lead Usern*. Lead User arbeiten häufig von sich aus am Produkt weiter und modifizieren dieses ihren Bedürfnissen entsprechend. Bekannt ist das Beispiel eines Produzenten von Gaschromatographen, bei dem der entscheidende Hinweis zu einer Innovation von einem Labor kam, das den dort eingesetzten Chromatographen nach seinen Bedürfnissen umgebaut hatte. Intensive Kundenkontakte sind sicherlich die beste Möglichkeit, Lead User zu erkennen. Auch die Veranstaltung von regelmäßigen Kunden-Workshops oder Kundenkontaktgesprächen kann hilfreich sein. Lead User können auch durch aufmerksame Beobachtung erkannt werden. So könnte beispielsweise ein kontinuierlicher Rückgang der Reparaturanfälligkeit einer Maschine oder des Verbrauchs von bestimmten Materialien darauf hindeuten, daß hier eine Weiterentwicklung vorgenommen wurde.[11]

3. Im dritten Schritt erfolgt die *Analyse der Lead-User-Informationen*. Zur Datenerhebung in dieser Phase bieten sich vor allem das Tiefeninterview und insbesondere die Fokusgruppe (eventuell in Form von Workshops oder Anwendergruppen) an. Durch ihre offene und flexible Anlage ermöglichen sie in hervorragender Weise die Gewinnung der bei der CUSTOR-LUA benötigen Hintergrundinformationen. Auch die Zusammenarbeit in Entwicklungsteams kann helfen, zukünftige Bedürfnisse zu erkennen.

4. Lead User unterscheiden sich deutlich vom Durchschnittsnutzer eines Produktes, was unmittelbar die Frage aufwirft, inwieweit die Ergebnisse einer CUSTOR-LUA auf den *Gesamtmarkt übertragbar* sind. In der vierten Phase einer CUSTOR-LUA wird dies durch eine repräsentative Kundenbefragung getestet. Im Rahmen von Tiefeninterviews beziehungsweise Fokusgruppen werden durchschnittliche Nutzer zu den Erkenntnissen aus der vorigen Phase befragt. Hieraus können Rückschlüsse auf ihre Einschätzung und Verwendungsneigung gezogen werden. Wichtig ist es, im Fall der Ablehnung zu entscheiden, ob diese darauf beruht, daß die Lead User ihrer Zeit noch sehr weit voraus sind, oder ob mit einer breiten Akzeptanz des Produktes nicht zu rechnen ist.

---

11 Vgl. von Hippel (1982), S. 121.

Die CUSTOR-LUA ist tendenziell eher zur Anwendung im Business-to-Business-Bereich geeignet. Dies liegt vor allem an der dort deutlich höheren Markttransparenz und der Existenz dauerhafter Geschäftsbeziehungen mit intensiver Produktnutzung. Zudem sind im Business-to-Business-Bereich Trends oft weniger subjektiv und leichter aufzuspüren. Dennoch sind auch aus dem Konsumgüterbereich einige Beispiele der erfolgreichen Anwendung einer Lead User Analysis bekannt. So wurde das Sportlergetränk »Gatorade« von den Ärzten des Football-Teams »Florida Gators« entwickelt, die sich anschließend einen Getränkehersteller zur Produktion des Getränks suchten.[12] Ein weiteres Beispiel ist die Entwicklung eines neuartigen Sandpapiers durch die Firma 3M. Hierzu wurden bewußt unterschiedliche Lead User, wie ein Bildhauer, ein Gitarrenhersteller oder ein Restaurateur, herangezogen. Hierdurch war es möglich, einige komplett neue Ideen – wie zum Beispiel die Formbarkeit zur genaueren Oberflächenbearbeitung – zu gewinnen.[13]

---

12 Siehe Stevens (1996), S. 47.
13 Siehe auch hierzu Stevens (1996), S. 47.

3. Kundenzufriedenheit und Kundenbindung quantifizieren

In Kapitel 2 wurden Methoden vorgestellt, die dazu dienen, sich einen ersten fundierten Eindruck über Einstellungen, Wünsche und Bedürfnisse, aber auch Probleme der Kunden zu verschaffen. Durch ihre qualitative Ausrichtung können allerdings nur begrenzte Aspekte des Kundenkontakts und der Leistung hinterfragt werden. Die Ableitung von konkreten Maßnahmen zur Erhöhung der Kundenorientierung, wie sie im hinteren

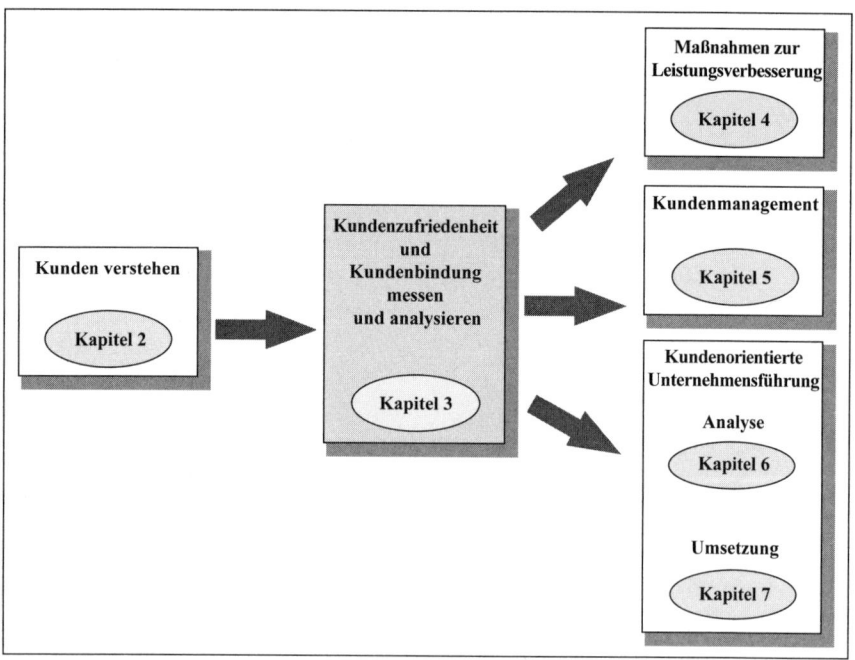

Abbildung 3-1: Einordnung von Kapitel 3 in das CUSTOR-*System*

Teil des Buches dargestellt werden, erfordert jedoch eine aussagefähige Datengrundlage. Diese wird durch eine umfassende und möglichst repräsentative Messung der Kundenzufriedenheit und Kundenbindung geschaffen, wie sie im vorliegenden Kapitel dargestellt ist (vergleiche Abbildung 3-1). Wie die einleitenden Ausführungen in Kapitel 1 verdeutlichen, reicht die – in der Praxis häufig anzutreffende – alleinige Beschäftigung mit der Kundenzufriedenheit nicht aus.

Unter Kundenzufriedenheit verstehen wir im folgenden das Ergebnis eines – sehr komplexen – psychischen Vergleichsprozesses, bei dem der Kunde nach Gebrauch eines Produktes oder einer Dienstleistung die wahrgenommene Erfahrung (Ist-Leistung) mit den Erwartungen, Wünschen oder individuellen Standards (Soll-Leistung) vergleicht. Wird die Soll-Leistung erreicht oder übertroffen, so entsteht Kundenzufriedenheit. Kundenbindung umfaßt darüber hinaus unter anderem die Absicht des Kunden, längerfristig Folgetransaktionen mit einem bestimmten Anbieter durchzuführen.

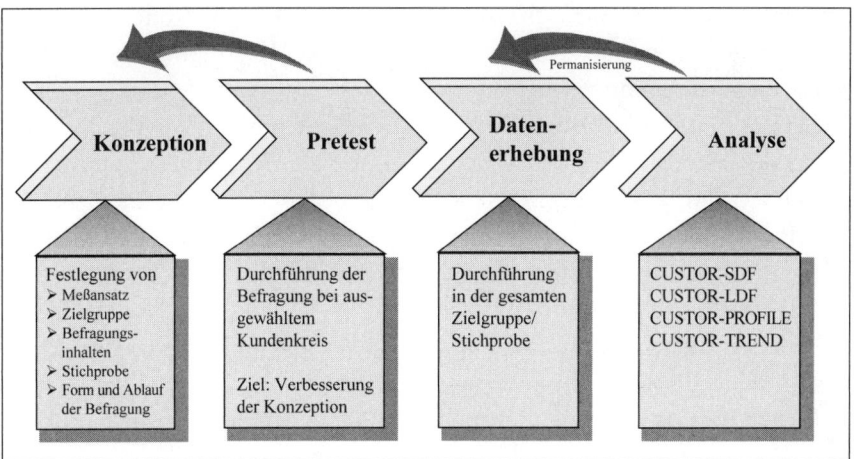

Abbildung 3-2: Vorgehensweise bei der Messung der Kundenzufriedenheit und -bindung

3.1 Die Vorgehensweise der Messung

Grundsätzlich läuft jede Messung der Kundenzufriedenheit und Kundenbindung nach einem vierphasigen Schema ab (vergleiche auch Abbildung 3-2):

In der *Konzeptionsphase* werden alle grundsätzlichen Aspekte der Messung der Kundenzufriedenheit und Kundenbindung niedergelegt. Es werden Meßansatz und Zielgruppe der Befragung bestimmt, Inhalte entwickelt, Ansprechpartner festgelegt und die Methode und Form der Befragung sowie ein Ablaufplan mit Festlegung von Verantwortlichkeiten definiert. Am Ende der Konzeption steht ein Fragebogen, der von allen Beteiligten als geeignetes Instrument zur Erhebung der Kundenzufriedenheit und Kundenbindung akzeptiert wird.

Die auf diese Weise erarbeitete Konzeption, vor allem jedoch der Fragebogen, sollte einem *Pretest* unterzogen werden. Hierbei wird der Fragebogen einer kleinen Gruppe (zufällig) ausgewählter Kunden zur Bewertung vorgelegt. Ziel ist die Überprüfung des Fragebogens im Hinblick auf Verständlichkeit, Eindeutigkeit, Neutralität und ähnliche Aspekte. Des weiteren können Informationen bezüglich der Logik des Fragenablaufs gewonnen werden. Nicht zuletzt ist es ein wichtiger Bestandteil des Pretests, die generelle Akzeptanz der Befragung sowie des Fragebogens im Hinblick auf fehlende beziehungsweise überflüssige Fragen oder Leistungsbestandteile einzuschätzen. Eventuelle Modifikationen, die sich aus dem Pretest ergeben, sollten umgehend in der Konzeption und im Fragebogen berücksichtigt werden.

Bei der *Datenerhebung* sollte eine sinnvolle Kombination der Einbringung des eigenen Unternehmens und externer Projektbeteiligter angestrebt werden. Das Unternehmen muß seinen Namen und seine Bereitschaft, aus den gewonnenen Informationen Maßnahmen zum Nutzen des Kunden abzuleiten, an exponierter Stelle darstellen. Nur so kann eine hohe Beteiligung sichergestellt werden. Die Beteiligung Externer wiederum kann die Glaubwürdigkeit der Aktion nachhaltig steigern und die Objektivität der Datenerhebung sichern.

In der *Analysephase* sind zunächst die Gesamtzufriedenheit und die Kundenbindung sowie die Zufriedenheit mit einzelnen Leistungsparametern sowohl global als auch differenziert für einzelne Untergruppen darzustellen. Die Gesamtzufriedenheit und die Kundenbindung werden üblicherweise in der Befragung separat erhoben und in Form eines Kundenzufriedenheitsindex (KZI) beziehungsweise Kundenloyalitäts- index (KLI) abgebildet. Aus der Gegenüberstellung beider Größen in der KZI-KLI-Matrix, die weiter unten im Rahmen von CUSTOR-PRO-FILE eingeführt wird, können zusätzliche Erkenntnisse gewonnen wer- den. Die Wichtigkeit einzelner Leistungsparameter zur Bildung von Kundenzufriedenheit und Kundenbindung wird in den CUSTOR-Mo-dulen CUSTOR-SDF (SATISFACTION DRIVING FACTORS) und CUSTOR-LDF (LOYALTY DRIVING FACTORS) berechnet. Die Kenntnis hierüber ist für die Ableitung von Maßnahmen und zu deren Priorisierung un- abdingbar. Maßnahmen sollten zunächst dort ergriffen werden, wo die Wichtigkeit hoch, die Zufriedenheit mit dem jeweiligen Leistungspa- rameter jedoch vergleichsweise gering ist. Die dringlichen Handlungs- felder können mit Hilfe des Kundenzufriedenheitsprofils, das eben- falls als Bestandteil von CUSTOR-PROFILE erarbeitet wird, festgelegt werden.

Über diese Analysen hinaus läßt sich eine Vielzahl weiterer Informatio- nen für das Unternehmen gewinnen. Sicherlich von hohem Interesse ist der Einbezug von Wettbewerbsinformationen (CUSTOR-BENCH). Eben- falls häufig durchgeführt wird eine Betrachtung des Unternehmens- images. Hierzu verfügt CUSTOR-IMAGE über eine Reihe von erprobten und erfolgreich eingesetzten Meßskalen. Mit Hilfe von CUSTOR-CON-JOINT ist es möglich, den Nutzenbeitrag einzelner Ausprägungen von Leistungsbestandteilen zum Gesamtnutzen eines Produkts oder einer Dienstleistung zu bestimmen. Die Ergebnisse lassen sich als Basis der Lei- stungsgestaltung heranziehen.

3.2 Die Konzeptionsphase

Es hat sich als zweckmäßig erwiesen, zur Messung der Kundenzufrieden- heit und Kundenbindung ein Projektteam oder einen Konzeptionskreis zu konstituieren. Hierbei sollten einige grundlegende Regeln beachtet werden:

Regeln bei der Bildung eines Projektteams

1. Das Projektteam darf nicht zu groß sein. Fünf bis sechs Mitglieder sind in der Regel ausreichend.
2. Im Projektteam sollten Mitarbeiter jedes Unternehmensbereichs vertreten sein, der regelmäßigen Kundenkontakt hat. Diese Mitarbeiter müssen über ausreichende Kenntnisse der Märkte und Produkte verfügen.
3. Das Projektteam muß einen klar Verantwortlichen haben, der dem Management gegenüber berichtet und die nötige Entscheidungskompetenz hat, das Projekt voranzutreiben.
4. Es hat sich als sinnvoll erwiesen, daß – zumindest zeitweise – federführend ein Mitglied der Geschäftsführung im Projektteam vertreten ist. Dadurch wird allen Beteiligten die Bedeutung des Themas nachdrücklich vermittelt.
5. Im Projektteam sollten Mitglieder vertreten sein, die Erfahrung mit der Messung der Kundenzufriedenheit und Kundenbindung haben. Dies können entweder eigene Mitarbeiter oder aber externe Experten sein.

Es ist wichtig, daß sich das Projektteam mit einer gewissen Regelmäßigkeit trifft, um das Projekt nicht aus den Augen zu verlieren. Fünf Entscheidungsfelder sind in der Konzeptionsphase zu behandeln:

1. Entscheidung über den zugrunde gelegten Meßansatz,
2. Entscheidung über die Zielgruppe der Messung,
3. Entscheidung über die Inhalte der Befragung, damit verbunden auch die Erstellung des Fragebogens/der Fragebögen,
4. Entscheidung über die endgültige Stichprobe der Befragung sowie
5. Entscheidung über deren Form und Ablauf.

3.2.1 Kumulativ versus Spot: Der Meßansatz

Die erste grundlegende Entscheidung betrifft den Meßansatz der Messung der Kundenzufriedenheit und Kundenbindung. Hiermit ist nicht zuletzt auch das Betrachtungsobjekt der Messung angesprochen.

Merkmalsbezogene Ansätze betrachten die gesamte Geschäftsbeziehung des Kunden mit dem Unternehmen. Hierbei geht man davon aus, daß sich der Kunde bezüglich einzelner Service- oder Interaktionsmerkmale im Laufe der Zeit eine Meinung bildet, die dann abgefragt werden kann. Deswegen bezeichnen wir diese Ansätze auch als *kumulative Ansätze*. Sie sind Bestandteil von CUSTOR-CUM.

Bei einer solchen Messung werden üblicherweise zunächst grobe Leistungsparameter definiert, denen anschließend einzelne Leistungskriterien zugeordnet werden, die geeignet sind, die Zufriedenheit der Kunden mit dem Leistungsparameter zu bewerten. In der Gesamtheit ergibt sich somit eine Vielzahl von Einzelfragen, deren Beantwortung und detaillierte Analyse zahlreiche Ansatzpunkte für Maßnahmen zur Steigerung der Kundenzufriedenheit eröffnet.

Ereignisbezogene Ansätze dagegen beleuchten nur ein oder mehrere als besonders wichtig empfundene(s) Kundenkontaktereignis(se). Beispiele hierfür sind die Neuinstallation eines Gerätes oder ein zurückliegendes Telefonat mit dem Unternehmen. Bei der Messung von Kundenzufriedenheit wird dann die Zufriedenheit mit den konkret angesprochenen Ereignissen abgefragt. Deswegen bezeichnen wir diese Ansätze auch als *Spot-Ansätze*, um anzudeuten, daß gewissermaßen ein Ereignis näher beleuchtet wird. Sie sind Bestandteil von CUSTOR-SPOT.

Im Hinblick auf die ereignisbezogene Messung ist zunächst die *Kontaktpunktanalyse* (auch als sequentielle Ereignismethode bezeichnet) zu erwähnen, deren Ziel die Durchleuchtung des gesamten Kontaktes eines Kunden mit dem Unternehmen ist. Sie kann auf die gesamte Historie einer Geschäftsbeziehung bezogen sein oder aber nur einen bestimmten Kaufakt in jüngerer Zeit herausgreifen. Insbesondere bei lang andauernden Geschäftsbeziehungen und Gütern mit geringem Involvement des Kunden (typisch in Konsumgütermärkten) empfiehlt sich letzteres Vorgehen.

Zu Beginn einer Kontaktpunktanalyse werden systematisch kritische Kontaktpunkte identifiziert, die durch die befragten Kunden bewertet werden (vergleiche das Beispiel in Abbildung 3-3 zur Abholung von Schecks bei einer Bank). Üblicherweise wird hierzu ein freies, qualitatives Interview mit einem Interviewerleitfaden herangezogen.

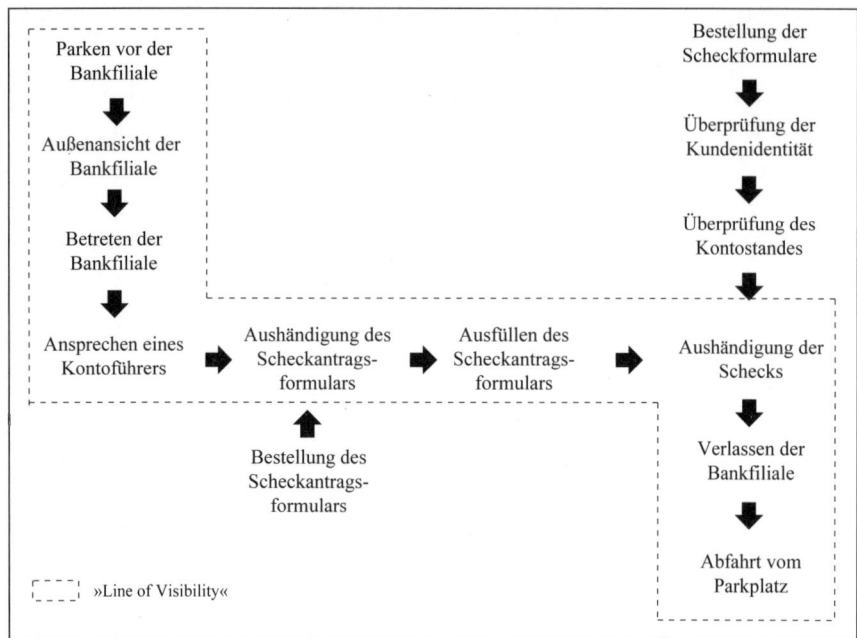

Abbildung 3-3: Identifikation von Kontaktpunkten am Beispiel des Abholens von Schecks in einer Bank[1]

Ziel der *Frequenz-Relevanz-Analyse* ist die Erkennung fehleranfälliger Prozesse und Leistungsparameter. Hierzu werden dem Kunden zwei Arten von Fragen gestellt. Zum einen wird das Auftreten bestimmter Fehler erhoben. Zum anderen wird erhoben, mit welcher Wahrscheinlichkeit der Kunde trotz des Fehlers wieder kauft beziehungsweise die Dienstleistung wieder in Anspruch nimmt. Hierdurch können auch Aussagen über die Relevanz von Fehlern getroffen sowie Wahrscheinlichkeiten des Kundenverlustes bei Auftreten bestimmter Fehler berechnet werden. Die Daten werden in der Regel mittels persönlicher oder telefonischer Befragung nach dem Auftreten eines solchen Fehlers erhoben. Aber auch die umfassende Erhebung bei Kunden mittels standardisierter, knapp gehaltener Fragebögen oder Antwortkärtchen eignet sich hierzu hervorragend. Vier Fehlerarten können so erkannt werden:

---

1 Beispiel entnommen aus Bruhn (1997), S. 83.

1. Fehler, deren Frequenz und Relevanz hoch ist, bezeichnen wir als »tödliche Fehler«. Ihre Ursachen müssen sofort behoben werden.
2. Fehler mit hoher Frequenz, aber geringer Relevanz haben einen systematischen Hintergrund (»kleine Ärgernisse«). Da negative Auswirkungen auf die Zufriedenheit der Kunden nicht ausgeschlossen werden können, müssen die Ursachen dieser Fehler mittelfristig behoben werden.
3. Fehler, die nur relativ selten auftreten, dann aber mit ernsten Konsequenzen verbunden sind, bezeichnen wir als »folgenschwere Ausrutscher«. Bei diesen Fehlern ist zu untersuchen, ob ihnen systematische Ursachen zugrunde liegen.
4. Die letzte Kategorie von Fehlern sind solche mit geringer Frequenz und ebenso geringer Relevanz. Diese werden von uns als »vernachlässigbare Fehler« bezeichnet. Eine systematische Suche nach ihren Ursachen ist im Vergleich mit den damit verbundenen Kosten häufig nicht zu rechtfertigen.

Welcher Kategorie ein bestimmter Fehler zuzurechnen ist, ist sicherlich situationsabhängig. So konnte man beispielsweise für Autoserviceleistungen herausfinden, daß die nicht termingerechte Ausführung eines Auftrags in die Kategorie »tödliche Fehler« einzuordnen ist. Eine unfreundliche Bedienung hatte hingegen trotz hoher Frequenz nur geringe Relevanz und fällt somit in die zweite Kategorie.[2]

Bei der *Analyse von Standardereignissen* (zum Beispiel Lieferung eines Produktes oder Wartung einer Anlage) lassen sich aufgrund der üblichen Anlage der Untersuchung als standardisierte Erhebung detaillierte quantitative und qualitative Aussagen zur Zufriedenheit der Kunden treffen. Auch die Berechnung von Wichtigkeiten einzelner Ereignisse und somit die Erkennung kritischer Faktoren ist möglich. Abbildung 3-4 (s. S. 64) zeigt das Ergebnis einer Analyse von Standardereignissen. Dargestellt sind die Hauptprobleme bei einem Telefonanruf im Call-Center einer großen Versicherung.

Der letzte der hier dargestellten Spot-Ansätze ist die *Critical Incident Technique* (CIT). Als kritisches Ereignis (Critical Incident) wird ein Ereignis bezeichnet, das vom Kunden als entweder sehr positiv oder sehr nega-

---

2 Vgl. Stauss (1991), S. 100.

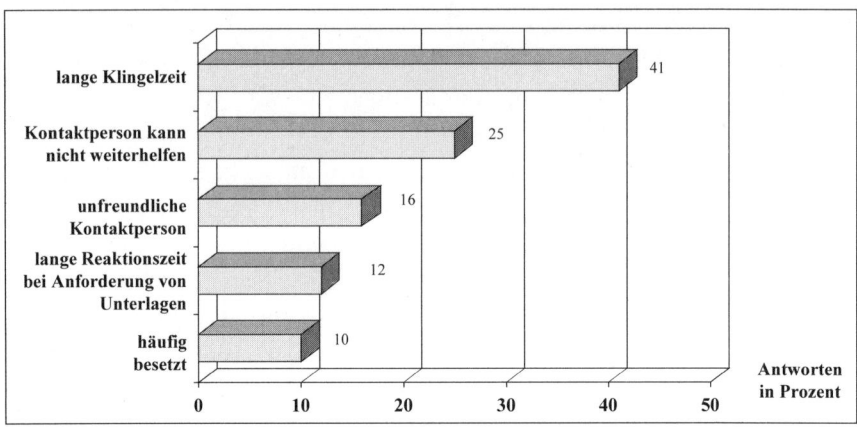

*Abbildung 3-4: Ergebnis einer Analyse von Standardereignissen
(Hauptprobleme im Call-Center einer Versicherung)*

tiv empfunden wird. Gerade solchen Ereignissen wird erhebliche Bedeutung zur Bildung von Kundenzufriedenheit zugesprochen. Durch deren systematische Analyse können Informationen gesammelt werden über

• Mindesterwartungen an die Leistungserbringung,
• Unterschreitungen des versprochenen und erwarteten Qualitätsniveaus,
• Einschätzungen des Verhaltens von Mitarbeitern,
• Probleme in der physischen Erbringung von Leistungen

und ähnliches. Die Durchführung einer CIT-Analyse bei einer Fluggesellschaft zeigte beispielsweise, daß folgende kritische Negativereignisse für die Kunden eine erhebliche Rolle spielen:[3]

• Verspätungen (42,8 Prozent der Fälle),
• Flugausfälle (42,1 Prozent der Fälle),
• verlorenes oder beschädigtes Gepäck (9,8 Prozent der Fälle) und
• Überbuchungen (5,3 Prozent der Fälle).

Eine CIT-Analyse bei einer Bank erbrachte folgende besonders positive Ereignisse:

---

3 Vgl. Edvardsson (1992).

- Hilfsbereitschaft,
- schnelle Antwort und
- Freundlichkeit.

Dagegen wurden

- fehlende Verfügbarkeit von Ansprechpartnern,
- Unzuverlässigkeit des Service und
- mangelnde Integrität

als absolute Negativereignisse gesehen.[4] Üblicherweise wird bei der Critical Incident Technique ein freies Tiefeninterview mit Interviewerleitfaden zur Datenerhebung herangezogen. Der Kunde wird dabei dazu gebracht, sich an ein positives oder negatives Ereignis zu erinnern und es in allen Details zu beschreiben.

In der Praxis finden vor allem merkmalsorientierte Ansätze Anwendung, da nur diese eine wirklich umfassende Betrachtung der Geschäftsbeziehung im Hinblick auf die Kundenzufriedenheit erlauben. Aus diesem Grund beschränken wir uns im folgenden auf diese Ansätze.

3.2.2 Die Festlegung der Zielgruppe

Die Entscheidung über die *Zielgruppe* ist häufig weniger trivial, als dies auf den ersten Blick anmutet. Sicherlich die einfachste Möglichkeit ist es, alle diesbezüglich in Frage kommenden Kundenkategorien des Unternehmens zu befragen (hierzu zählen grundsätzlich neben Produktnutzern auch der Handel und Institutionen, die planend oder beratend tätig sind). Dies ist jedoch oft wegen der damit verbundenen Komplexität nicht sinnvoll. Abbildung 3-5 zeigt das Beispiel eines Herstellers von Heizungsanlagen. Erzeugnisse werden sowohl direkt als auch über den Fachhandel an das Fachhandwerk vertrieben. Das Fachhandwerk zeichnet dann für den Einbau bei privaten Endkunden und in Objekten von Wohnungsbaugesellschaften verantwortlich. Zusätzlich wird die Entscheidung über eine Heizungsanlage in erheblichem Ausmaß von Architekten beziehungsweise Planern beeinflußt. Insgesamt lassen sich somit fünf Kundenkate-

---

4 Vgl. Johnston (1995).

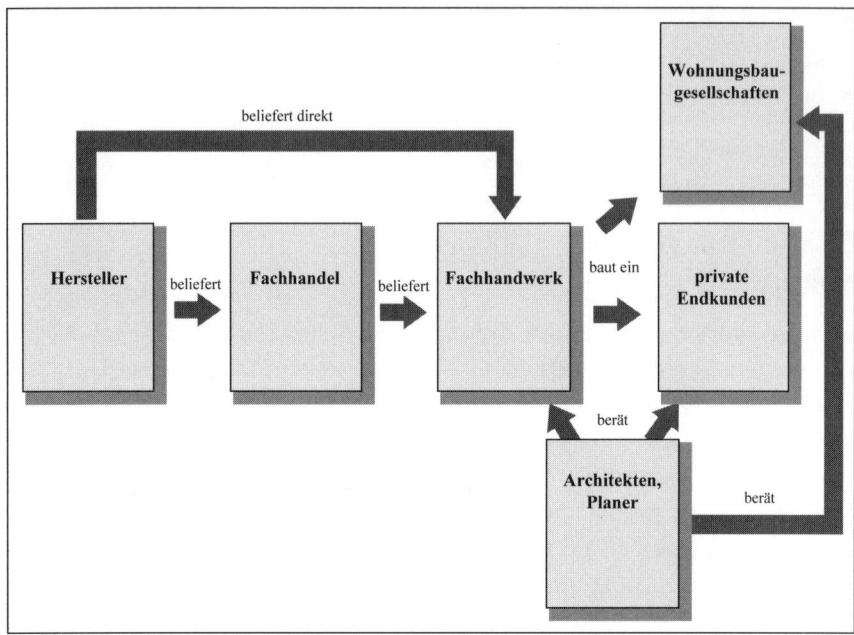

Abbildung 3-5: Potentielle Zielgruppen einer Messung der Kunden-
zufriedenheit am Beispiel eines Herstellers von Heizungsanlagen

gorien identifizieren, die eine potentielle Zielgruppe einer Messung sein könnten.

Darüber hinaus unterscheiden sich einzelne Unternehmensbereiche in ihrer Leistungsfähigkeit oft deutlich. In einer solchen Situation sollte zunächst dort gemessen werden, wo die größten Probleme vermutet werden. Eine weitere Schwierigkeit liegt häufig darin, daß nicht alle Unternehmensbereiche der Messung offen gegenüberstehen werden. Eine Messung in einem ersten Bereich kann als eine Art »Pilotprojekt« die Leistungsfähigkeit der Messung illustrieren und so die Akzeptanz für eine unternehmensweite Durchführung steigern. Nicht zuletzt können auch unternehmenspolitische Interessen hier eine wichtige Rolle spielen. So entschied sich ein Energieversorger dazu, nur Haushaltskunden zu befragen. Dies wurde damit begründet, daß bei Firmenkunden erhebliche Anstrengungen zur Steigerung der Kundenorientierung unternommen wurden. Demgegenüber wurde die Situation bei Haushaltskunden als sehr unbefriedigend empfunden. Ein Hersteller von opto-elektronischen

Komponenten wählte bewußt nur einen von vier Geschäftsbereichen (Sicherungstechnik) aus, weil hier besondere Defizite in der Kundenorientierung vermutet wurden.

Ist die grundlegende Entscheidung über Unternehmensbereiche und Kundenkategorien gefallen, ist die *Zielgruppe unter Umständen weiter einzuschränken.* In vielen Unternehmen wird mit einer relativ geringen Zahl von Kunden ein großer Teil des Umsatzes getätigt. Es ist dann sinnvoll, nur diese zu berücksichtigen, um den Aufwand in Grenzen zu halten. Weitere Einschränkungsmöglichkeiten bestehen in zeitlicher Hinsicht, indem etwa nur Kunden in die Befragung einbezogen werden, die in einem definierten Zeitraum Umsätze getätigt haben, oder in räumlicher Hinsicht, indem nur in bestimmten Regionen des Verbreitungsgebietes befragt wird. So wählte der bereits erwähnte Energieversorger nur drei als repräsentativ erachtete Regionen des Verbreitungsgebietes aus. Ein Hersteller von medizintechnischen Geräten konzipierte die Messung für den weltweiten Einsatz, in einer ersten Stufe wurde die Befragung jedoch auf Deutschland beschränkt.

Die letzte Entscheidung ist bezüglich der konkreten *Ansprechpartner* zu treffen. Während es im Konsumgüterbereich zumeist ausreicht, den Produktnutzer zu befragen, ist es im Business-to-Business-Bereich häufig nötig, mehr als einen Ansprechpartner zu befragen. So kann ein Techniker zwar Auskunft über Produkteigenschaften geben, bezüglich der Abwicklung der Lieferung und der finanziellen Konditionen des Produktkaufs ist er jedoch in der Regel überfragt. Dies ist zumeist Sache eines Einkäufers. Die eigentliche Kaufentscheidung wiederum wird häufig, gerade bei höherwertigen Investitionsgütern, von der Geschäftsleitung getroffen. Diese Problematik ist in einer Messung der Kundenzufriedenheit und Kundenbindung angemessen zu berücksichtigen. Abbildung 3-6 (s. S. 68) stellt abschließend die Entscheidungsschritte bei der Festlegung der Zielgruppe dar.

3.2.3 Die Festlegung der Inhalte

In engem Zusammenhang mit der Entscheidung über die Zielgruppe der Messung steht die Festlegung der Inhalte. Grundsätzlich ist hierzu ein zweistufiges Vorgehen angeraten. In einem ersten Schritt werden die Inhalte der Befragung grob bestimmt. Diese ergeben sich im wesentlichen

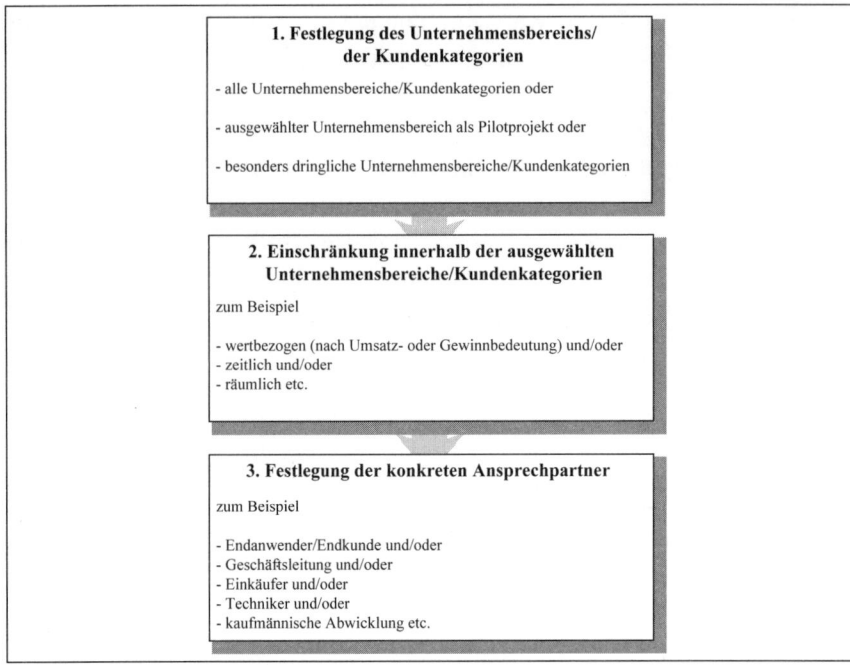

Abbildung 3-6: Festlegung der Zielgruppe der Befragung

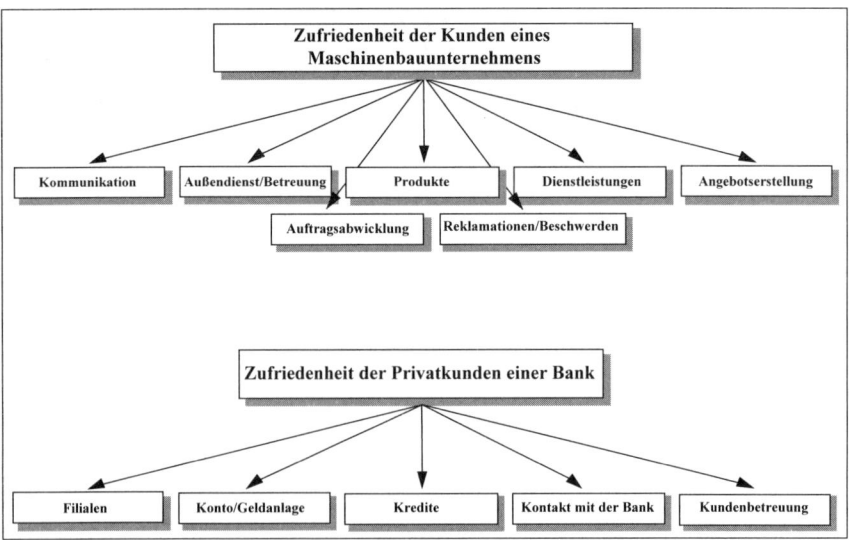

Abbildung 3-7: Beispiele für Leistungsparameter einer Messung der Kundenzufriedenheit

aus den generellen Anknüpfungspunkten des Unternehmens mit den Kunden. Im Business-to-Business-Bereich sind dies neben den Produkten beziehungsweise Dienstleistungen vor allem Auftragsabwicklung/Lieferung, Außendienst des Herstellers, Kooperation, technischer Service und Informationspolitik des Herstellers.[5] Auch im Konsumgüterbereich sind diese Aspekte relevant, der Fokus liegt jedoch verstärkt auf produktbezogenen und werblichen Aspekten. Im Dienstleistungsbereich sind mitunter jedoch vollkommen andere Bestandteile heranzuziehen. Abbildung 3-7 zeigt ein Beispiel der Auswahl solcher Leistungsparameter bei einem Maschinenbauhersteller und einem Dienstleister (Bank).

Der zweite Schritt ist der Festlegung einzelner Fragen zur Kundenzufriedenheit beziehungsweise Kundenbindung gewidmet. Hierbei ist zunächst zwischen den zentralen Fragen zum Kundenzufriedenheitsindex (KZI) beziehungsweise zum Kundenloyalitätsindex (KLI) und den Einzelfragen (Leistungskriterien) zu den im ersten Schritt festgelegten Leistungsparametern zu unterscheiden. Erstere sind in der Regel standardisiert und weichen bei einzelnen Messungen nur geringfügig voneinander ab (vergleiche auch Tabelle 3-1 auf S. 70). Dies vereinfacht ihre Bearbeitung erheblich und sichert die übergreifende Vergleichbarkeit der Indizes.

Diese Fragen werden von den Kunden üblicherweise auf einer an die Erhebung der Zufriedenheit mit den einzelnen Leistungskriterien angelehnten Skala (vergleiche hierzu die Ausführungen in Abschnitt 3.2.5 zur Form der Befragung) beantwortet.

Demgegenüber ist die Festlegung der Einzelfragen zu den Leistungsparametern deutlich unternehmensspezifischer zu sehen. Auch wenn es hier durchaus Aspekte gibt, die in nahezu jeder Messung der Kundenzufriedenheit und Kundenbindung Anwendung finden (man möge sich etwa Fragen zur Schnelligkeit der Auftragsbearbeitung, zur Freundlichkeit von Mitarbeitern oder zur Zuverlässigkeit von Produkten denken), ist die Festlegung einzelner Leistungskriterien doch eine sehr individuelle Aufgabe. Hierzu stellt man sich gezielt die Frage, wo konkret Probleme im Umgang mit dem Kunden auftreten können. Für den Parameter »Auftragsannahme« könnten dies beispielsweise folgende Kriterien sein:

---

5 Vgl. auch Homburg/Rudolph/Pohl (1995).

Tabelle 3-1: Gebräuchliche Formulierungen zur Erhebung des KZI und des KLI

Kundenzufriedenheit	• Wie zufrieden sind Sie insgesamt mit der Firma XY? • Welchen Vorteil hat die Geschäftsbeziehung mit der Firma XY für Sie? • Wie gut erfüllt die Firma XY insgesamt Ihre Erwartungen?
Kundenbindung	• Würden Sie die Firma XY weiterempfehlen? • Würden Sie Freunden und Bekannten zum Kauf bei der Firma XY raten? • Werden Sie langfristig einen gleichbleibenden oder steigenden Anteil Ihres Bedarfs bei Firma XY decken? • Wenn Sie das betrachtete Produkt/die betrachtete Dienstleistung nochmals kaufen müßten, würden Sie es wieder bei der Firma XY kaufen? • Wenn Sie das betrachtete Produkt/die betrachtete Dienstleistung das nächste Mal kaufen, wird es wieder bei der Firma XY sein? • Wollen Sie langfristig Kunde der Firma XY bleiben? • Werden Sie auch beim Kauf anderer Produkte die Firma XY in Erwägung ziehen?

- telefonische Erreichbarkeit der Auftragsannahme,
- Erreichbarkeit der Auftragsannahme per Fax,
- Dauer der Bearbeitung schriftlicher Aufträge,
- Freundlichkeit der Mitarbeiter der Auftragsannahme,
- Kompetenz der Mitarbeiter der Auftragsannahme,
- Beratung durch die Mitarbeiter der Auftragsannahme,
- Schnelligkeit der Auftragsannahme (Dauer bis zur Auftragsbestätigung).

Dies sind nur einige Beispiele für Einzelkriterien, die unter dem Leistungsparameter »Auftragsannahme« subsumiert werden könnten. Bei der Formulierung der diesbezüglichen Fragen muß streng auf Eindimensionalität geachtet werden. Es ist nicht zulässig, mehrere Aspekte in einer Frage zu vermischen, also beispielsweise nach der »Freundlichkeit und Zuverlässigkeit des Außendienstes« zu fragen. Ein diesbezügliches Urteil ist bei der anschließenden Analyse nicht mehr zuzuordnen. Abbildung 3-8 zeigt eine Auswahl von Leistungskriterien aus dem Bankbereich.

In einem iterativen Vorgehen sollten frühzeitig in einem Brainstorming zunächst potentielle Leistungskriterien zu den Leistungsparametern

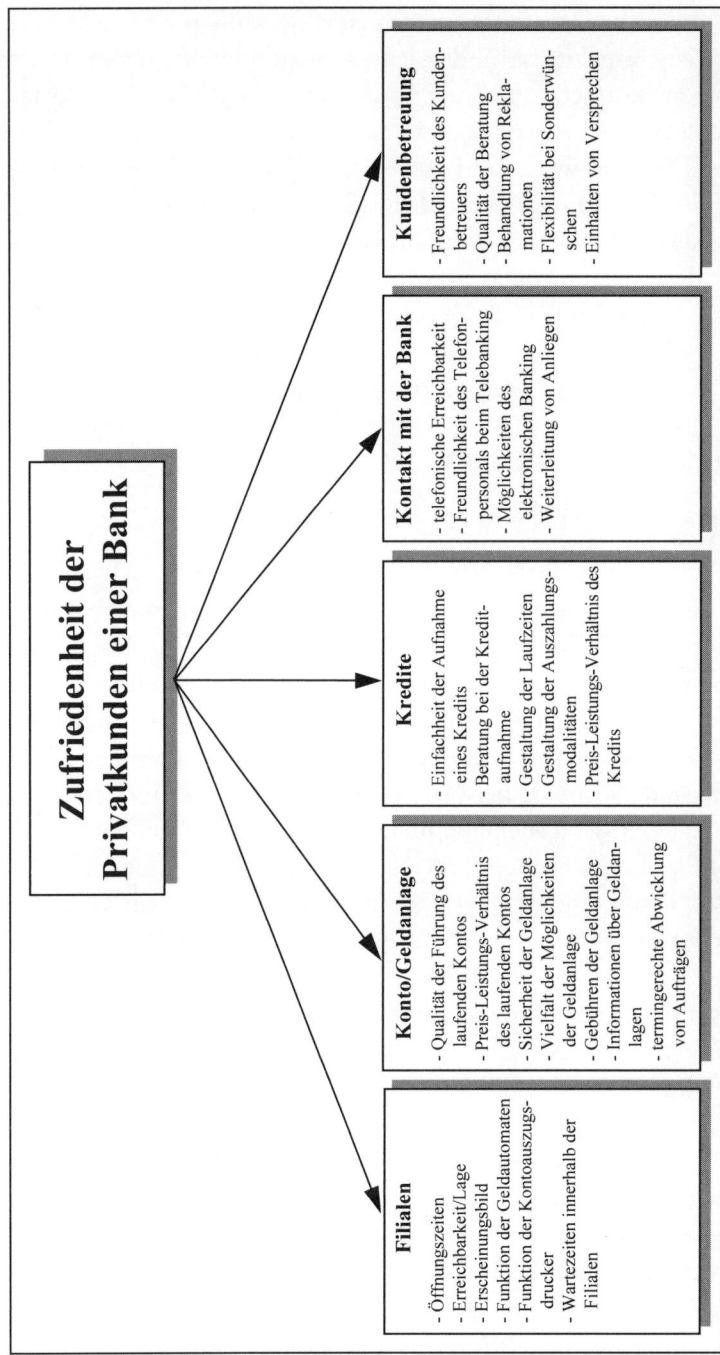

Abbildung 3-8: Beispiel aus dem Bankbereich zur Aufspaltung von Leistungsparametern

gesammelt werden. Dies führt zumeist zu einer großen Zahl von Einzelfragen, die aus Kapazitätsgründen jedoch nicht alle Eingang in den Fragebogen finden können. Alle Fragen sind somit einer kritischen Überprüfung auf ihre Notwendigkeit zu unterziehen, bis ein vertretbares Maß an Einzelfragen erreicht wird. Ein Fragebogen sollte in der Regel nicht mehr als 60 bis 80 Einzelfragen (einschließlich Angaben zur Person und zum Unternehmen) enthalten – andernfalls ist mit einem drastischen Absinken der Antwortquote zu rechnen.

3.2.4 Die Festlegung der Stichprobe

Bei der Festlegung der Stichprobe sind zwei Entscheidungen zu treffen:

1. Umfang der Erhebung und
2. Form der Auswahl von Ansprechpartnern.

Zunächst ist zu entscheiden, ob eine Voll- oder eine Teilerhebung durchgeführt werden soll. Bei einer Vollerhebung werden alle Mitglieder der Zielgruppe (also beispielsweise alle Kunden einer bestimmten Kundengruppe) befragt. Die Teilerhebung umfaßt dagegen nur ausgewählte Kunden. Eine Vollerhebung ist immer dann nötig, wenn nur wenige Kunden vorhanden sind. So ist es beispielsweise im Großprojektgeschäft keine Seltenheit, daß ein Unternehmen nur wenige Dutzend Kunden hat. Eine Vollerhebung im Konsumgüterbereich mit mehreren hunderttausend Kunden ist wirtschaftlich dagegen kaum darstellbar. In einem solchen Fall wird man auf eine repräsentative Teilerhebung zurückgreifen. So hat beispielsweise der weiter oben bereits erwähnte Energieversorger 550.000 Haushaltskunden, deren vollständige Befragung weder nötig noch sinnvoll ist.

Aber auch bei hohen Kundenzahlen können Vollerhebungen denkbar sein. So befragte eine Regionalzeitung mittels eines schriftlichen Fragebogens alle 173.000 Abonnenten. Der Verlag nutzte dabei seine logistischen Möglichkeiten: Der Fragebogen wurde mit der Zeitung zusammen von den Zustellern verteilt. Ein Großhändler von Laborbedarf fügte der Quartalsrechnung, die alle drei Monate an 14.000 Kunden gesandt wird, einen Fragebogen zur Kundenzufriedenheit hinzu.

Häufig werden auch beide Vorgehensweisen kombiniert. So lassen sich vor allem im Firmenkundengeschäft die Kunden zumeist gemäß einer ABC-Analyse aufteilen. Natürlich stellen die A-Kunden im Hinblick auf ihre Kundenzufriedenheit eine besonders interessante Gruppe dar. In aller Regel ist deren Zahl nicht so groß, daß eine Vollerhebung ausschiede. Bei B- und C-Kunden genügt es in der Regel, eine Teilerhebung durchzuführen. Auch eine Aufteilung der Kunden, die sich an deren Potential orientiert, ist vorstellbar.

Entscheidet man sich für eine Teilerhebung, so muß die Zahl der zu befragenden Ansprechpartner festgelegt werden. Sie hängt (neben der gewünschten Genauigkeit der Ergebnisse) ab von der Befragungsform und der Art und Zahl der Kriterien, nach denen die Ergebnisse differenziert werden sollen. Als Faustregel mag gelten, daß für das feinste Differenzierungskriterium noch etwa 30 Fragebögen vorliegen sollten. Abbildung 3-9 verdeutlicht dies an zwei Rechenbeispielen.

Die Festlegung der befragten Kunden und eventuell der konkreten Ansprechpartner im Rahmen einer Teilerhebung erfolgt entweder durch zufällige oder durch bewußte Auswahl. Während diese bei der zufälligen Auswahl zufällig aus der Kundendatei »gezogen« werden, wird bei der bewußten Auswahl die Stichprobe aufgrund bestimmter Vorgaben (zum Beispiel nach regionaler Verteilung oder Umsatzbedeutung) zusammen-

---

1. Schriftliche Befragung, angenommene Rücklaufquote 25 %

Differenzierungskriterien:	Region:	Nord, Nordost, Mitte, West, Südwest, Süd, Ost
	Funktion:	Einkauf, Technik, Geschäftsleitung, Vertrieb
	Branche:	Metallverarbeitung, Fahrzeugbau, Maschinen- und Anlagenbau
	Umsatz:	bis 5 Mio., 6-10 Mio., 11-20 Mio., 20-100 Mio., über 100 Mio., über 500 Mio.

Das feinste Differenzierungskriterium (Region) hat 7 Ausprägungen

⟶ 210 Fragebögen sollten zurückgesandt werden
⟶ 840 Fragebögen müssen ausgesandt werden

2. wie 1., aber zusätzlich sollen die Regionen noch nach Branchen differenziert werden

Es gibt 7*3 Möglichkeiten der Kombination von Region und Branche, d. h., das feinste Differenzierungskriterium hat 21 Ausprägungen

⟶ 630 Fragebögen sollten zurückgesandt werden
⟶ 2.520 Fragebögen müssen ausgesandt werden

Abbildung 3-9: Rechenbeispiele zur Bestimmung von Stichprobenumfängen

gestellt. Innerhalb dieser Vorgaben ist dann durchaus auch wieder eine zufällige Auswahl möglich.

Abschließend sei noch ein Wort zur Verfügbarkeit von Kundenadressen angemerkt. Für das Gelingen einer Messung der Kundenzufriedenheit und Kundenbindung ist es von essentieller Bedeutung, daß Kundenadressen auf der Ebene einzelner Ansprechpartner in aktueller und vollständiger Form vorliegen. Ist dies nicht der Fall, kann weder bei einer Voll- noch bei einer Teilerhebung Vollständigkeit beziehungsweise Repräsentativität hergestellt werden. Auch die Gefahr, Kunden wegen falscher Wiedergabe der Adresse oder falscher Anrede zu verärgern, ist gegeben. Deswegen sollte in jedem Fall eine Verifikation der Kundendateien erfolgen. Dies kann so weit gehen, daß – wie von einem großen Verband durchgeführt – jeder Kunde (in diesem Fall jedes Mitglied) angerufen wird, um Adresse und Ansprechpartner zu überprüfen.

3.2.5 Die Form der Befragung

Bezüglich der Befragung lassen sich drei grundsätzliche Formen unterscheiden:

1. die schriftliche Befragung,
2. das persönliche Interview und
3. die telefonische Befragung.

Die Auswahl der Form hängt stark von der Situation und dem Ziel der Befragung ab. Wegen ihrer vergleichsweise moderaten Kosten und ihrer einfachen Handhabung ist die *schriftliche Befragung* sicherlich am weitesten verbreitet. Bei dieser Befragungsform sind jedoch nur begrenzt Hintergründe von Kundenzufriedenheit oder Kundenbindung zu erfahren. Zudem weist sie in der Regel eine recht geringe Antwortrate von zwischen 20 und 40 Prozent der Kunden auf.[6] Dieses Problem kann jedoch durch einige aktive Maßnahmen des Unternehmens begrenzt werden:

- Ein kritischer Aspekt ist der Versandzeitpunkt der Fragebogenaktion. Ferienzeiten (vor allem im Juli/August sowie die Weihnachtszeit) sind unbedingt zu vermeiden.

---

6 Vgl. hierzu beispielsweise auch Lehmann (1989) oder Meffert (1992).

- Die Befragung sollte mit einem Ankündigungsschreiben zur Sensibilisierung der Ansprechpartner vorbereitet werden. Dieses sollte mindestens folgendes enthalten:
  - Informationen über Hintergrund, Ziel und Ablauf der Untersuchung,
  - Hinweis auf eventuellen Kooperationspartner,
  - Betonung der Wichtigkeit der Mitarbeit jedes einzelnen Ansprechpartners,
  - Hinweis auf Kürze der Beantwortungszeit,
  - Versicherung des Unternehmens, die Ergebnisse ernst zu nehmen und sie zur Leistungsverbesserung heranzuziehen,
  - Dank für Bereitschaft zur Mitarbeit und
  - Zusicherung der Anonymität (wenn diese in der Untersuchung eingehalten werden soll).
- Der eigentliche Fragebogen muß mit einem klaren Anschreiben versehen zu dem Ansprechpartner gelangen. Wie schon beim Ankündigungsschreiben ist es auch hier ein Muß, daß dieses personifiziert und vom Topmanagement unterzeichnet ist. Nach einem Verweis auf das Ankündigungsschreiben sollten die dortigen Punkte nochmals aufgegriffen werden. Das Setzen einer Beantwortungsfrist ist hilfreich, andernfalls neigen Ansprechpartner gerne dazu, die Beantwortung hinauszuschieben.
- Ist nach einer Rücklaufzeit von etwa eineinhalb Wochen die Antwortquote noch unbefriedigend (im Bereich von 10 bis 20 Prozent), sollte eine Nachfaßaktion durchgeführt werden. Üblicherweise wird dann jedem Ansprechpartner, der den Fragebogen nicht zurückgesandt hat, dieser nochmals übersandt. Dies setzt die Erfassung der Rückläufer und somit die Aufgabe der Anonymität der Untersuchung voraus. Alternativ ist es auch denkbar, jedem Ansprechpartner den Fragebogen nochmals zu übersenden. Eine solche Nachfaßaktion vermag die Rücklaufquote in der Regel um fünf bis 15 Prozentpunkte zu steigern.
- Eine wichtige Rolle spielen auch Anreize zur Ausfüllung des Fragebogens. Prinzipiell sind persönliche und soziale Anreize zu unterscheiden. Ein Beispiel für einen sozialen Anreiz ist die Pflanzung von fünf Bäumen in einem Aufforstungsprojekt in Venezuela, die ein Recycling-Unternehmen für jeden zurückgesandten Fragebogen versprach. Weiter verbreitet sind persönliche Anreize. So versprach ein Unternehmen der Elektronikbranche jedem Beantworter eine CD einer speziellen Edition. Ein Unternehmen der Medizintechnik versandte eine eigens ent-

worfene Telefonkarte. Ein Verlag lobte ein Gewinnspiel mit attraktiven Preisen (erster Preis war eine Flugreise nach New York) aus.

Ist man vornehmlich an qualitativen Informationen interessiert, ist das *persönliche mündliche Interview* die geeignete Erhebungsform. Diese zeichnet sich zwar durch eine normalerweise sehr hohe Ausschöpfungsquote von 90 Prozent oder mehr aus, ihr grundlegender Nachteil ist jedoch ihr hoher Aufwand. Deswegen kommt ihr bei der Messung der Kundenzufriedenheit und Kundenbindung nur begrenzte Bedeutung zu.

In jüngerer Zeit wird zur Erhebung von Kundenzufriedenheitsdaten häufiger die *telefonische Befragung* herangezogen. Sie weist zum einen recht hohe Ausschöpfungsquoten auf (80 bis 90 Prozent sind durchaus realistisch) und ist dabei noch relativ kostengünstig. Wie das persönliche Interview erlaubt auch die telefonische Befragung den Einbezug von Hintergrundinformationen, zudem sind Nachfragen oder zusätzliche Erläuterungen möglich. Sie ist jedoch in der Regel nicht für eine Durchführung in Eigenregie geeignet, da es aufgrund des direkten Kontaktes des Befragten mit einem Mitarbeiter des Unternehmens zu Verzerrungen kommen kann. Unabdingbar ist eine vorherige schriftliche Ankündigung. Neben dem Sensibilisierungseffekt ist damit die Legitimation des späteren Anrufers beabsichtigt.

Viele Ansprechpartner werden jedoch nicht bereit sein, das Interview beim Erstkontakt zu führen. Auch ein zweiter Kontakt wird nicht immer zum Erfolg führen. Dies geschieht durchaus mit System: Häufig wollen Befragte ihre Unwilligkeit nicht direkt zugeben und vereiteln das Interview durch die wiederholte Verschiebung. Sind genügend Adressen vorhanden, sollten maximal drei Kontakte aufgenommen werden. Andernfalls stehen Aufwand und Nutzen in keinem akzeptablen Verhältnis. Tabelle 3-2 stellt abschließend die Vor- und Nachteile der drei Befragungsformen im Überblick dar.

Eine Sonderform der Datenerhebung stellt die *Fokusgruppe* dar. Der Form nach ist sie der persönlichen Datenerhebung zuzurechnen. Unter Anleitung eines Moderators diskutiert eine Gruppe von etwa acht bis zwölf Teilnehmern über bestimmte Produkte, Ereignisse oder Serviceleistungen des Unternehmens. Ziel ist es, ein umfassendes Bild der Kundenmeinungen zu bekommen. Zentrale Faktoren der Kundenzufriedenheit sowie relevante Leistungsbestandteile für eine spätere Messung können

Tabelle 3-2: Eigenschaften der unterschiedlichen Befragungsformen

	schriftliche Befragung	*persönliche Befragung*	*telefonische Befragung*
Antwortrate	tendenziell niedriger, aber stark beeinflußbar	hoch	hoch
Kosten	gering – mittel	hoch	mittel – hoch
Kontrolle der Erhebungssituation	gering (von wem und wie wird der Fragebogen ausgefüllt?)	sehr gut	gut
Objektivität der Ergebnisse	hoch	sehr problematisch (Intervievereinfluß)	problematisch (Intervievereinfluß), aber durch Schulung steuerbar

so identifiziert werden. Allerdings vermag auch die Fokusgruppe nur einen geringen Beitrag im Hinblick auf die quantitative Beurteilung der Kundenzufriedenheit zu geben. Wegen der hohen Zahl der Teilnehmer stellt eine Fokusgruppe in der Regel höchste Anforderungen an den Moderator. Deswegen ist es zumeist unerläßlich, zusätzlich einen Protokollanten einzusetzen.

Unabhängig von der Form der Befragung ist festzulegen, mit welcher Skala die Messung der Kundenzufriedenheit und Kundenbindung erfolgt. Grundsätzlich ist es hier vorteilhaft, dem Befragten Differenzierungsmöglichkeiten einzuräumen. Die einfache Frage »Sind Sie mit ... zufrieden?«, auf die der Ansprechpartner mit »ja« oder »nein« antwortet, ist sicherlich nicht genug. Fragen der Art »Wie zufrieden sind Sie mit ...?« erlauben es dem Befragten, den Grad seiner Zufriedenheit auf einer Skala mit den Endpunkten »sehr zufrieden« und »sehr unzufrieden« auszudrücken. Zwei Entscheidungen sind bezüglich einer solchen Skala zu treffen (vergleiche auch Abbildung 3-10):

1. Soll die Skala gerade oder ungerade sein? Ungerade Skalen lassen eine Mitte (Indifferenz) zu. Eine gerade Skala (»Forced-Choice-Skala«) zwingt den Befragten dagegen, sich auf eine Richtung festzulegen.
2. Wie viele Skalenpunkte soll die Skala umfassen? Ausreichende Differenzierung ist mit 3-Punkt- oder 4-Punkt-Skalen sicherlich nicht mög-

lich. 10-Punkt-Skalen überfordern dagegen den Befragten häufig. Unseres Erachtens ist eine 6-Punkt-Skala zur Erfassung von Zufriedenheits- und Kundenbindungsdaten am besten geeignet. Sie ermöglicht in Deutschland darüber hinaus die hilfreiche Analogie zum Schulnotensystem. In jedem Fall sollte die Skala zusätzlich eine Ausweichkategorie »Keine Aussage möglich« enthalten. Dies dient der Verbesserung der Antwortquote und hilft, unzuverlässige »erzwungene Antworten« zu vermeiden.

Häufig ist es interessant, begleitend die Bedeutung bestimmter Aspekte für den Befragten zu erheben. Als Beispiel mag die Bedeutung verschiedener Quellen der Informationsaufnahme für die Gestaltung von Werbematerial oder ähnlichem dienen. Hierzu eignet sich eine »Konstantsummen-Skala«, bei der der Befragte gebeten wird, die Bedeutung verschiedener Möglichkeiten abzuwägen und dementsprechend eine feste Zahl von Punkten (üblicherweise 100) zu verteilen (vergleiche Abbildung 3-10).

Zusätzliche offene Fragen fordern den Befragten auf, Vorschläge zu machen, wie die Leistung verbessert werden kann. Offene Fragen sollten (je nach Länge des Gesamtfragebogens) am Ende jedes Fragenblocks zu

1. 6-Punkt-Skala mit Ausweichkategorie

sehr zufrieden					sehr unzufrieden	keine Bewertung möglich
☐	☐	☐	☐	☐	☐	☐

2. 5-Punkt-Skala mit Ausweichkategorie

sehr zufrieden				sehr unzufrieden	keine Bewertung möglich
☐	☐	☐	☐	☐	☐

3. Konstantsummen-Skala

Beispiel: Bedeutung von Möglichkeiten der Informationsaufnahme

Fachmessen	
persönliche Kontaktaufnahme	
Fachzeitschriften	
Werbematerial	
Gespräch mit Kollegen	
Summe	**100**

Abbildung 3-10: Skalen im Rahmen der Messung der Kundenzufriedenheit und Kundenbindung

einem bestimmten Leistungsparameter oder einmal ganz am Ende des Fragebogens gestellt werden: »Welche Anregungen oder Verbesserungsvorschläge haben Sie bezüglich des technischen Service der Firma XY?« Wichtig ist die aktive Formulierung der Frage. Eine offene Frage am Anfang des Fragebogens kann kürzlich zurückliegende sehr positive oder sehr negative Erlebnisse filtern. Solche Erlebnisse könnten durch die positive oder negative Grundeinstellung des Befragten, die dadurch bewirkt wird, die Erhebung erheblich beeinflussen.

3.3 Der Pretest

Im Regelfall werden Kunden – sieht man von einer eventuellen qualitativen Vorphase mit Tiefeninterviews oder Fokusgruppen ab – nicht in die Entwicklung des Fragebogens einbezogen. Dies geschieht im Pretest.

Bei einem *qualitativen Pretest*, der telefonisch oder persönlich durchgeführt wird, erhalten einige zufällig ausgewählte Kunden ein Exemplar des vorläufigen Fragebogens zur kritischen Durchsicht. Im Vordergrund stehen die Vollständigkeit des Fragebogens, die Begrifflichkeit, Verständlichkeit, Neutralität von Formulierungen sowie die Logik der Fragereihenfolge. Auch Aussagen über die generelle Akzeptanz der Untersuchung können getroffen werden.

Wesentlich weiter gefaßt ist ein *quantitativer Pretest*. Er ist in der Durchführung ein exaktes Abbild der späteren Messung. Dies ermöglicht, daß neben obigen Fragen auch quantifizierbare Aussagen über

- die Rücklauf-/Ausschöpfungsquote,
- die Akzeptanz sowie
- die Relevanz von Modellen, Teilmodellen, Parametern und Indikatoren getroffen werden können.

Quantitative Pretests können auch zur Entscheidungsvorbereitung (etwa über die Zahl auszusendender Fragebögen bei der eigentlichen Erhebung) herangezogen werden. So verschickte eine Bank in einem Pretest 7.000 Fragebögen. Auf Basis des Rücklaufs wurde die Stichprobengröße für die Hauptuntersuchung berechnet. So konnte vermieden werden, daß eine aus statistischen Gründen unnötig hohe Zahl von Fragebögen versandt wurde. Dies senkte die Kosten der Aktion nachhaltig. Eventuelle Probleme, die im Pretest ersichtlich werden, sind durch eine Modifikation von Konzeption und Fragebogen zu beheben.

3.4 Die Durchführung

Bei der *schriftlichen Befragung* ist der Rücklauf tagesaktuell und genau zu erfassen. Eingehende Fragebögen werden einer Sichtprüfung auf korrekte Ausfüllung unterzogen und mit dem Datum und einer laufenden Nummer versehen. Ist die Befragung nicht anonym, wird zusätzlich ein Abgleich mit der Versandliste vorgenommen. Die laufende Nummer dient der späteren Identifikation des Fragebogens, falls in der Analyse zusätzliche Fragen oder Probleme auftauchen sollten. Selbst bei einer hervorragenden schriftlichen Befragung ist im besten Fall nur eine Rücklaufquote von 40 bis 50 Prozent zu erzielen. In einem ersten Schritt ist folglich die Übereinstimmung der endgültigen mit der ausgesandten Stichprobe im Hinblick auf bekannte, vorab festgelegte Kriterien zu überprüfen (etwa

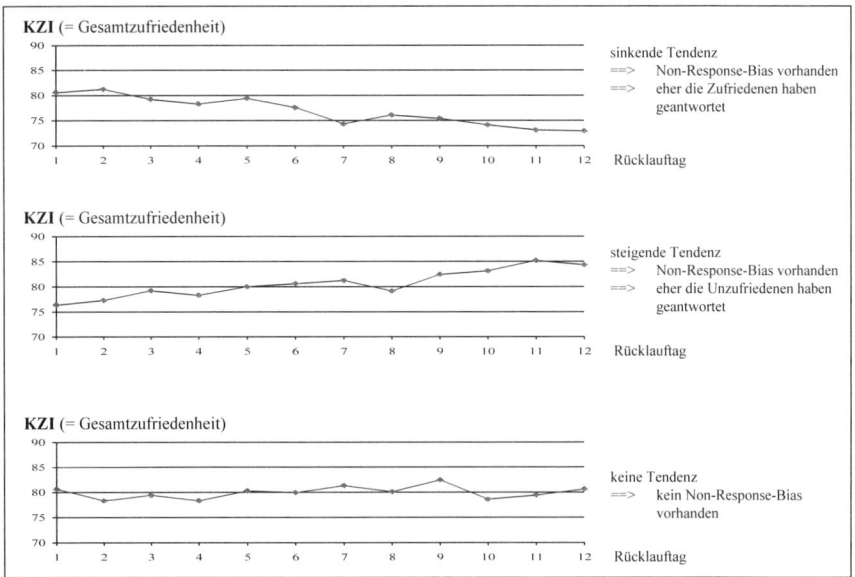

Abbildung 3-11: Abschätzung des Non-Response-Bias

anhand einer regionalen Verteilung oder der Umsatzverteilung). Unter Zuhilfenahme des Rücklaufdatums kann auch der sogenannte »Non-Response-Bias« analysiert werden, indem man kritische Größen (üblicherweise den KZI und den KLI) je nach dem Rücklauftag berechnet. Aus einer Vielzahl von Untersuchungen weiß man, daß diejenigen Befragten, die spät antworten, tendenziell den Nicht-Antwortern sehr ähnlich sind. Kann man im Verlauf des KZI oder des KLI eine steigende oder fallende Tendenz erkennen, ist davon auszugehen, daß sich die Nicht-Antworter von den Beantwortern unterscheiden. Abbildung 3-11 illustriert diesen Zusammenhang.

Eine *telefonische Befragung* sollte aus mehreren Gründen nur in Ausnahmefällen vom Unternehmen selbst durchgeführt werden:

- Bei einer Durchführung in Eigenregie kann in vielfältiger Weise das Antwortverhalten des Befragten beeinflußt werden.
- Das Know-how zur Durchführung einer telefonischen Befragung ist in der Regel im Unternehmen nur begrenzt vorhanden.
- Zumeist können spezialisierte Anbieter die Befragung kostengünstiger durchführen.

Wichtig ist vor allem eine effiziente Interviewsteuerung. Dies betrifft zunächst einen Einsatzplan, der festlegt, wann welcher Interviewer verfügbar ist. Es empfiehlt sich weiterhin, genaue Zeiträume für das Führen von Interviews festzulegen. Im Business-to-Business-Bereich sind dies sicherlich die Kernarbeitszeiten von 9.00 bis 12.00 Uhr und von 13.00 bis 17.00 Uhr. Im privaten Bereich sind dagegen eher der späte Nachmittag, der frühe Abend und das Wochenende geeignet. Ein Telefoninterview sollte nur in Ausnahmefällen länger als 15 bis 20 Minuten dauern. Zu Beginn der Durchführung sollte ein sogenanntes Interviewerbriefing durchgeführt werden, bei dem die Interviewer geschult werden. Auch ein Leitfaden für die Interviewer mit Hinweisen, wie das Interview geführt werden sollte, ist oft hilfreich. Dieser enthält neben obigen Punkten Ausführungen zum allgemeinen Auftreten sowie spezielle Informationen zu einzelnen Fragen. Sie können sich auf zusätzliche Details ebenso beziehen wie auf Anweisungen, wie auf bestimmte Rückfragen zu reagieren ist.

Kontakte müssen in jedem Fall registriert werden, auch wenn sie erfolglos verlaufen. Nur so ist es möglich, jederzeit den Stand der Erhebung nachzuvollziehen.

Die *persönliche Befragung* ist in organisatorischer Hinsicht der telefonischen Befragung recht ähnlich. Besondere Bedeutung kommt der telefonischen Terminvereinbarung und der Routenplanung zu. Das eigentliche Interview sollte auf eine Dauer von etwa 60 bis 90 Minuten angelegt sein. Ist es kürzer, so ist es zumeist nicht möglich, alle Aspekte ausreichend zu behandeln. Bei längerer Dauer ist es dagegen schwer, Ansprechpartner zur Mitarbeit zu motivieren.

3.5 Analyse und Interpretation

Nur wenn die gewonnenen Daten mit geeigneten statistischen Methoden im maximal möglichen Detaillierungsgrad ausgewertet werden, kann eine Messung von Kundenzufriedenheit und Kundenbindung ihre volle Leistungsfähigkeit entfalten. Häufig ist jedoch gerade das Gegenteil festzustellen. Neben der generellen Verwendung ungeeigneter statistischer Analysemethoden ist vor allem die weitverbreitete Tendenz zur Übertreibung von Detailanalysen zu verurteilen. Dies führt oftmals dazu, daß Aussagen auf der Basis von nur noch äußerst wenigen Antworten getroffen werden. Als Faustregel kann diesbezüglich gelten, daß ausgewiesenen Werten mindestens zehn, idealerweise jedoch etwa 30 Antworten zugrunde liegen sollten.

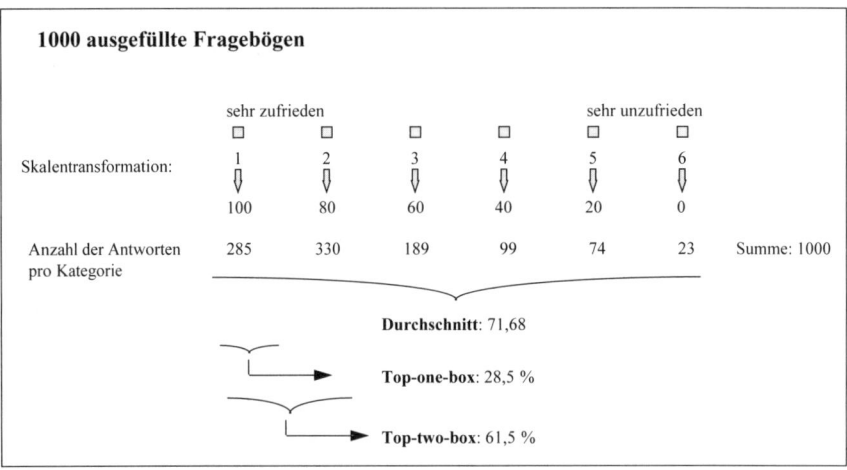

Abbildung 3-12: Skalentransformation der Zufriedenheitswerte

Bevor mit der Datenanalyse begonnen werden kann, fallen zunächst einige Vorarbeiten an. Ist der Fragebogen nicht computerlesbar gestaltet (was oft starke Beeinträchtigungen für das Design und die Handhabung für den Befragten mit sich bringt) oder wird die Datenerhebung nicht computergestützt (etwa mit Hilfe von CATI – Computer Aided Telephone Interviewing) durchgeführt, müssen die erhobenen Daten zunächst erfaßt werden. Im Anschluß an die Eingabe und (zumindest stichprobenartige) Kontrolle der Daten erfolgt eine Umkodierung der einzelnen Variablen. Dabei werden die auf einer 6-Punkte-Skala erhobenen Kundenzufriedenheitswerte aus Gründen der Anschaulichkeit auf eine Skala von 0 bis 100 transformiert (vergleiche Abbildung 3-12).

Die Datenanalyse läuft nach einem Schema ab, das alle wichtigen Aspekte der Analyse der Kundenzufriedenheit und Kundenbindung behandelt:

Vorgehensweise bei der Datenanalyse im Rahmen der Messung der Kundenzufriedenheit und Kundenbindung:

1. Verdichtung der Antworten zu Leistungsparametern und Indizes unter Prüfung der Reliabilität
2. Berechnung des KZI und des KLI (global)
3. Berechnung des KZI und des KLI (differenziert)
4. Berechnung der Mittelwerte der Zufriedenheit mit einzelnen Leistungsparametern (global)
5. Berechnung der Mittelwerte der Zufriedenheit mit einzelnen Leistungsparametern (differenziert)
6. Berechnung der Mittelwerte der Zufriedenheit mit einzelnen Leistungskriterien (global)
7. Berechnung der Mittelwerte der Zufriedenheit mit einzelnen Leistungskriterien (differenziert)
8. Berechnung der Wichtigkeit einzelner Leistungsparameter zur Bildung von Kundenzufriedenheit und Kundenbindung (CUSTOR-SDF und CUSTOR-LDF)
9. Durchführung spezieller Analysen, wie zum Beispiel Imagewerte, Benchmarking-Informationen, Vergleichsanalysen (CUSTOR-IMAGE, CUSTOR-BENCH, CUSTOR-TREND), und von Analysen, die bestimmte Aspekte auf Kundenwunsch näher beleuchten sollen

---

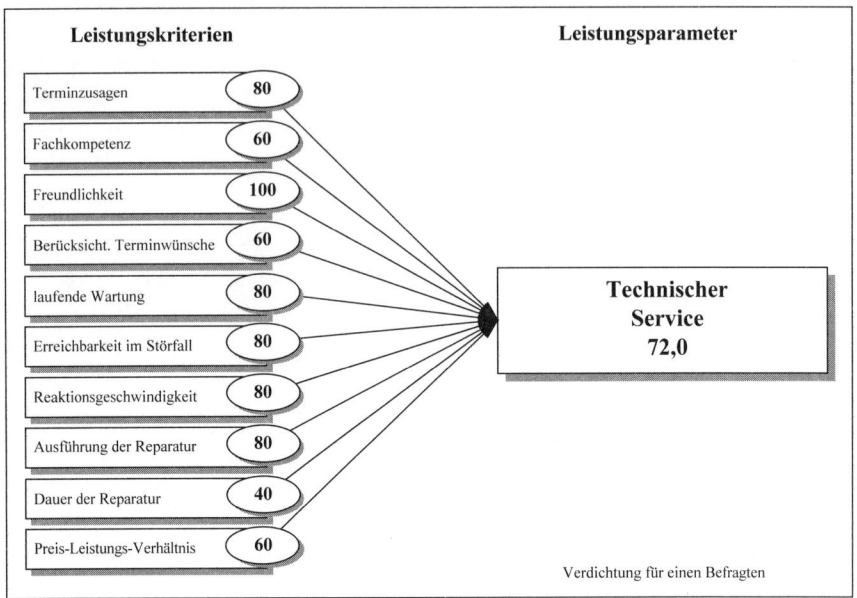

Abbildung 3-13: Verdichtung der Zufriedenheitsurteile eines Befragten am Beispiel eines Herstellers von Elektromotoren

Schritt 1: Wie bereits in Abschnitt 3.2.3 dargestellt, wird die Zufriedenheit mit einzelnen Leistungsparametern durch die Aufspaltung in einzelne Leistungskriterien erfaßt. Analog wird, wenngleich mit standardisierten Skalen, auch bezüglich des KZI und des KLI verfahren. Dies bedingt, daß in einem ersten Schritt durch Mittelwertbildung über die Einzelfragen eine Verdichtung der Urteile vorgenommen werden muß. Abbildung 3-13 verdeutlicht diesen Prozeß für einen Befragten am Beispiel des technischen Service eines Herstellers von Elektromotoren.

Begleitend wird hierbei geprüft, inwieweit diese Mittelwertbildung mit einem zu starken Informationsverlust verbunden ist (Prüfung der Reliabilität). Hierzu existieren erprobte statistische Verfahren, deren Vorstellung an dieser Stelle jedoch zu weit führen würde.

Schritt 2: Nach Abschluß dieser Vorarbeiten werden zunächst die Gesamtzufriedenheit des Kunden sowie seine Bindung an das Unternehmen betrachtet. Diese werden in Form eines Kundenzufriedenheits- beziehungsweise Kundenbindungsindex (KZI beziehungsweise KLI) dargestellt.

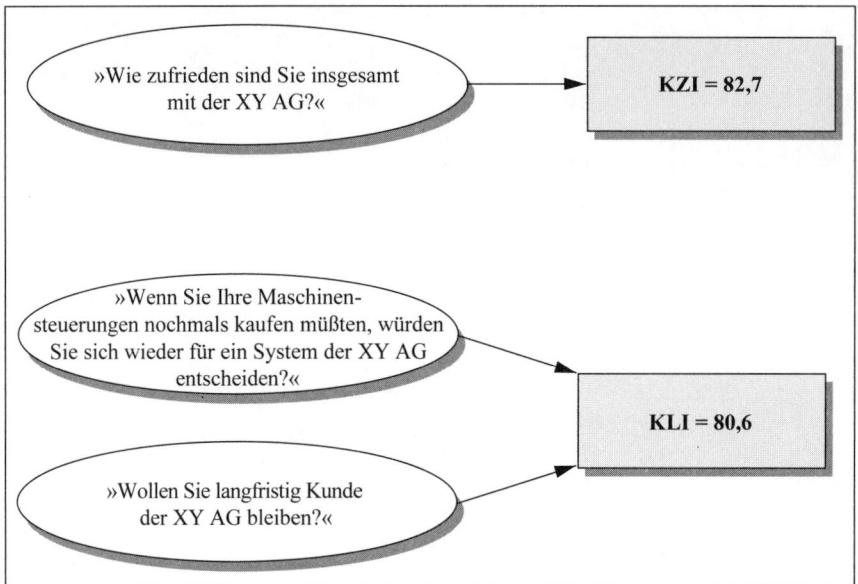

Abbildung 3-14: KZI und KLI am Beispiel eines Herstellers von Maschinensteuerungen

Wir werden im folgenden die jeweiligen Auswertungsschritte anhand eines konkreten Praxisbeispiels darstellen. Es handelt sich dabei um Ergebnisse aus der Kundenzufriedenheitsmessung eines Herstellers von Maschinensteuerungen. Abbildung 3-14 zeigt zunächst die Indizes KZI und KLI für dieses Unternehmen. Sie fallen recht hoch aus.

Interessant ist in diesem Zusammenhang die Zusammenführung von Kundenzufriedenheit und Kundenbindung in der KZI-KLI-Matrix aus dem Modul CUSTOR-PROFILE (vergleiche auch Abbildung 3-15, die diese Matrix für den Hersteller von Maschinensteuerungen zeigt). Sicherlich wird in den meisten Fällen – wie eingangs in Kapitel 1 dargestellt – eine hohe Kundenzufriedenheit mit einer hohen Kundenbindung sowie eine niedrige Zufriedenheit mit geringer Kundenbindung verbunden sein. Dies ist im Beispiel mit 68 beziehungsweise 14 Prozent der Kunden auch der Fall. Es sind jedoch auch Situationen denkbar, in denen bei hoher Zufriedenheit eine geringe Bindung vorliegt. Insbesondere bei diesen Fällen ist ein erhebliches Kundenbindungspotential gegeben. Hier kann ein aktives und effektives Kundenbindungsmanagement ansetzen, wie es weiter unten beschrieben wird.

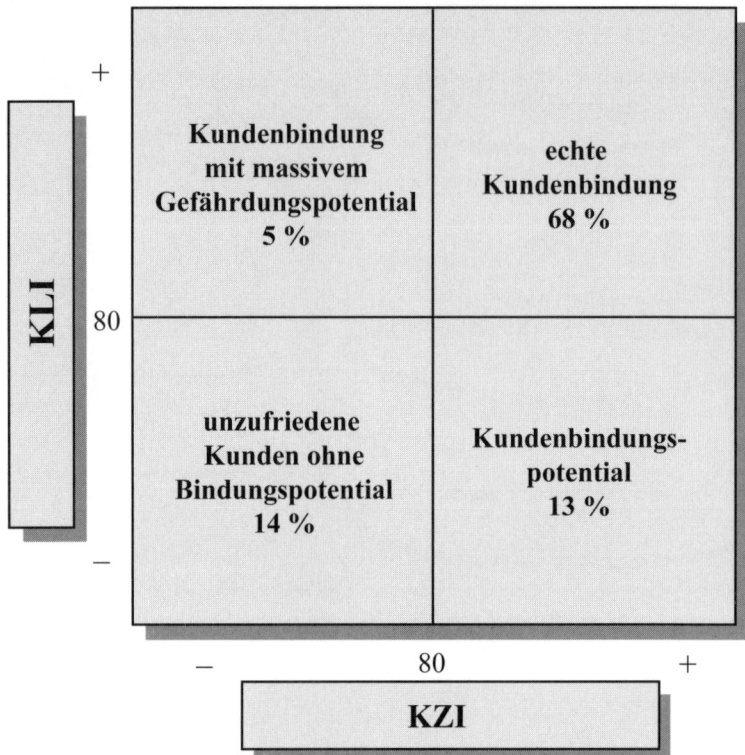

Abbildung 3-15: Die KZI-KLI-Matrix am Beispiel eines Herstellers von Maschinensteuerungen

Im Fall eines niedrigen KZI liegt offensichtlich ein Leistungsproblem, unter Umständen auch ein Kommunikationsproblem des Unternehmens vor. Optimierungsansätze sollten dementsprechend vor allem auf eine Leistungsverbesserung abzielen. Üblicherweise wird eine prozentuale Verteilung der befragten Kunden auf die einzelnen Felder in Abbildung 3-15 vorgenommen. Idealerweise sollte der überwiegende Teil der Kunden im Feld »Echte Kundenbindung« angesiedelt sein. Bei Unternehmen, die diesbezüglich nur geringe Probleme haben, sollten dies mindestens 80 Prozent der Kunden sein. Liegt in einem der beiden Felder »Kundenbindung mit massivem Gefährdungspotential« oder »Kundenbindungspotential«, wie in unserem Beispiel bezüglich letzterer Kategorie, die Zahl der Kunden über fünf Prozent, so sollten hier konkrete Maßnahmen der Leistungsverbesserung beziehungsweise Kundenbindung eingeleitet werden.

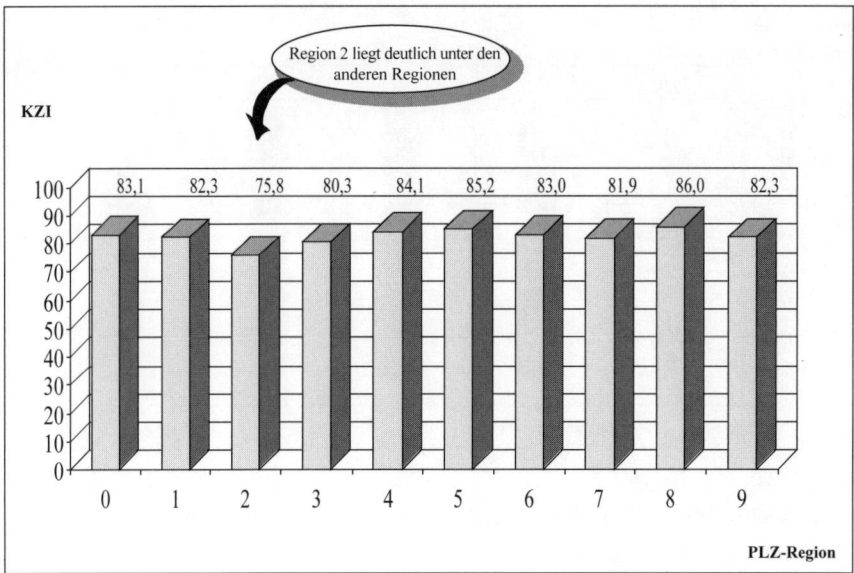

Abbildung 3-16: Detaillierte Analyse des KZI am Beispiel eines Herstellers von Maschinensteuerungen

Schritt 3: Im nächsten Schritt schließt sich eine detaillierte Analyse des KZI und des KLI nach zuvor festgelegten Differenzierungskriterien an. Solche Differenzierungskriterien können beispielsweise Region, Kundenart oder Umsatzbedeutung eines Kundenunternehmens, aber auch Alter, Einkommen oder Geschlecht eines Endkunden sein. Abbildung 3-16 zeigt die Ausprägung des KZI differenziert anhand der Postleitzahlenregion.

Häufig kann bereits diese Detailanalyse auf globaler Ebene erhebliche Einblicke in Defizite gewähren.

Schritte 4 bis 7: Aussagekräftige Analysen von Defiziten sind nur möglich, wenn die unterschiedlichen Leistungsparameter und -kriterien mit dem unter Einhaltung statistischer Anforderungen höchstmöglichen Detaillierungsgrad untersucht werden. Dies sollte zunächst global (für alle Befragten) und dann differenziert vorgenommen werden. Häufig wird in diesem Zusammenhang die Frage gestellt, wie bestimmte Kundenzufriedenheitswerte zu interpretieren sind, welche Bedeutung also beispielsweise ein Wert von 72,8 hat. Aus umfangreicher Projekterfahrung lassen sich einige grobe Richtwerte ableiten. So sind Zufriedenheitswerte unter 70 in nahezu allen Fällen als schlecht einzustufen, Verbesserungs-

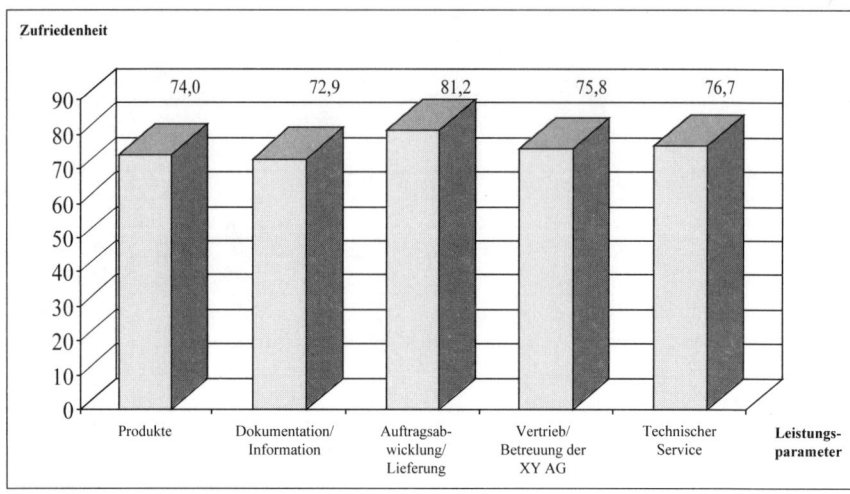

Abbildung 3-17: Zufriedenheit (global) mit Leistungsparametern am Beispiel eines Herstellers von Maschinensteuerungen

maßnahmen sollten sofort eingeleitet werden. Werte zwischen 70 und 75 sind als unterdurchschnittlich zu bezeichnen. Auch hier erscheinen sofortige Maßnahmen angeraten. Liegt die Kundenzufriedenheit zwischen 75 und 80, so sind das in der Regel akzeptable Werte, die Einleitung von Maßnahmen ist nicht unbedingt erforderlich, sollte jedoch bei wichtigen Leistungsparametern in Betracht gezogen werden. Bei einer Kundenzufriedenheit über 80 liegen sehr gute, über 85 exzellente Werte vor. Hier sollten nur in Ausnahmefällen Maßnahmen ergriffen werden. Bei Leistungsbestandteilen, die sich später als weniger wichtig herausstellen, sollte man im Gegenteil sogar daran denken, diese auf ihre Wirtschaftlichkeit zu überprüfen. Abbildung 3-17 zeigt eine solche Analyse zunächst global für alle Leistungsparameter, die im Rahmen der Kundenzufriedenheitsmessung des Herstellers von Maschinensteuerungen abgefragt wurden. Zu erkennen ist, daß insbesondere die Dokumentation/Information und die Produkte schlecht abschneiden.

Die folgende Abbildung 3-18 bricht den besonders schwach beurteilten Bereich der Dokumentation/Information auf die einzelnen Leistungskriterien herunter. Erkennbar ist, daß für die schlechte Bewertung vor allem die fehlende Regelmäßigkeit und Verständlichkeit verantwortlich sind.

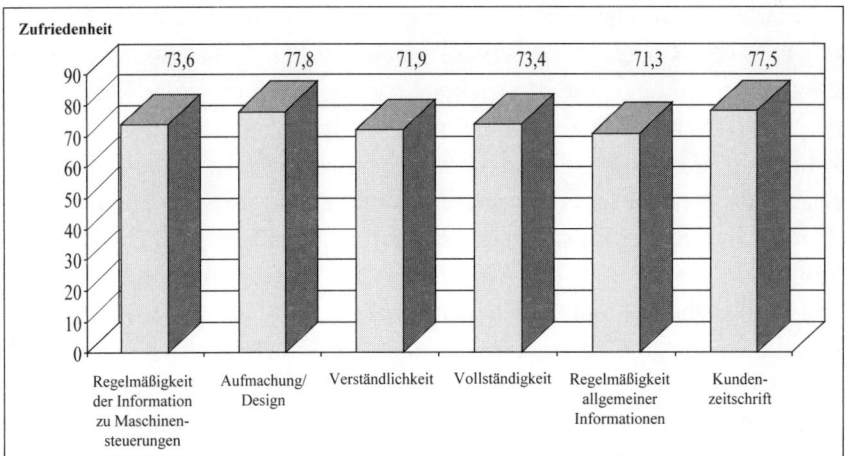

Abbildung 3-18: Zufriedenheit mit der Dokumentation und Information am Beispiel eines Herstellers von Maschinensteuerungen

Schritt 8: Die *Wichtigkeit einzelner Leistungsparameter* für die Bildung von Kundenzufriedenheit und Kundenbindung läßt sich auf zwei Arten analysieren. Zum einen ist eine direkte Erfassung der Wichtigkeit möglich. Bei dieser Form werden die Befragten gebeten, die Wichtigkeit eines Leistungsbestandteiles direkt entweder durch Bildung einer Rangfolge oder durch Einstufung auf einer Skala von »sehr wichtig« bis »unwichtig« anzugeben. Aus mehreren Gründen ist von dieser Vorgehensweise jedoch abzuraten:

- Es wird für die Befragten mit zunehmender Zahl der Leistungsbestandteile immer schwieriger, eine konsistente und valide Einstufung vorzunehmen.

- Es besteht aus diesem Grund eine Tendenz, alle Leistungsparameter als »sehr wichtig« beziehungsweise in etwa von mittlerer Wichtigkeit einzustufen.

- Es besteht häufig eine Tendenz, sozial erwünschte Faktoren in ihrer Bedeutung zu überschätzen.

- Dagegen werden Faktoren, die weitgehend als selbstverständlich erachtet werden, in ihrer Wichtigkeit häufig unterbewertet.

- Im Business-to-Business-Bereich ist darüber hinaus auch damit zu rechnen, daß Befragte »politische« Antworten, etwa bezüglich der Bedeutung des Preises, geben.

Aus diesen Gründen ist eine indirekte Berechnung der Wichtigkeit (CUSTOR-SATISFACTION DRIVING FACTORS) vorzuziehen. Sie wird durch die Anwendung einer speziellen statistischen Methode – der Kausalanalyse – ermöglicht. Diese setzt die Zufriedenheiten mit einzelnen Leistungsbestandteilen mit dem Urteil zur Gesamtzufriedenheit (KZI) in Beziehung. Besteht nun ein starker Zusammenhang zwischen der Zufriedenheit mit einem Leistungsbestandteil und der Gesamtzufriedenheit, kann man von einer hohen Wichtigkeit des Leistungsbestandteiles ausgehen. Besteht nur ein schwacher Einfluß, so ist die Bedeutung eines Parameters für die Bildung der Gesamtzufriedenheit nur gering. Die Kausalanalyse bietet darüber hinaus die Möglichkeit, durch die Standardisierung der Ergebnisse Wichtigkeiten in Prozentwerten anzugeben und somit direkt vergleichbar zu machen (siehe auch die beispielhafte Darstellung für den Hersteller von Maschinensteuerungen in Abbildung 3-19). In der Regel erlaubt die Analyse die Konzentration auf einige wenige entscheidende Leistungsparameter. Analog zur Berechnung der Wichtigkeit von Leistungsparametern zur Bildung von Kundenzufriedenheit können auch die CUSTOR-LOYALTY DRIVING FACTORS (Leistungsbestandteile mit hoher Wichtigkeit zur Bildung von Loyalität) ermittelt werden.

Aus den jetzt errechneten Angaben kann das sogenannte Kundenzufriedenheitsprofil aufgestellt werden (vergleiche Abbildung 3-20), das

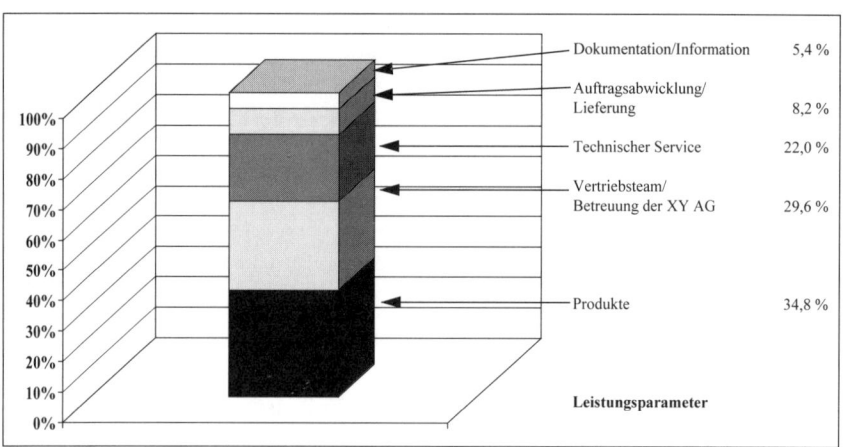

Abbildung 3-19: Darstellung der Wichtigkeit von Leistungsparametern als Ergebnis der Kausalanalyse (Beispiel eines Herstellers von Maschinensteuerungen)

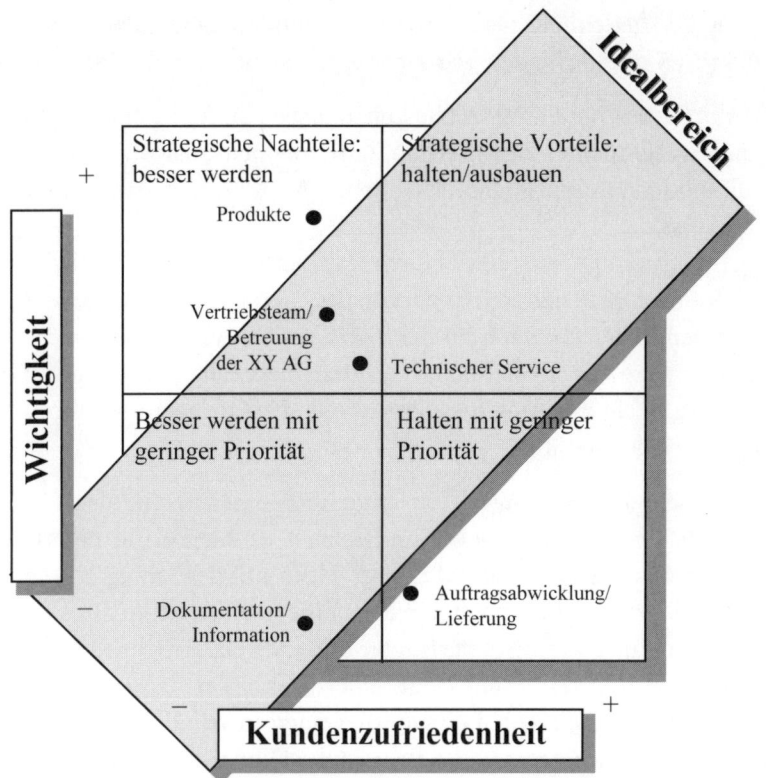

Abbildung 3-20: Das Kundenzufriedenheitsprofil am Beispiel eines Herstellers von Maschinensteuerungen

einen Zusammenhang zwischen der (zuvor errechneten) Wichtigkeit bestimmter Leistungsbestandteile und der diesbezüglichen Leistungsstärke des Unternehmens schafft. Durch die Position im Profil können für die einzelnen Parameter strategische Implikationen abgeleitet werden. Im idealen Bereich bewegt man sich, wenn die Leistungsstärke bei wichtigen Leistungsbestandteilen hoch, bei weniger wichtigen Bestandteilen dementsprechend (eventuell) nicht so hoch ist. Dieser Logik folgend, sollten Maßnahmen zur Leistungsverbesserung bei den Leistungsbestandteilen eingeleitet werden, die sich links oben im Bereich der strategischen Nachteile befinden.

Interessant ist in diesem Zusammenhang die Analyse der betrachteten Leistungsbestandteile bezüglich der Struktur ihres Einflusses auf die Bildung von Zufriedenheit. Dabei können drei unterschiedliche Kategorien von Faktoren unterschieden werden (vergleiche auch Abbildung 3-21):

- *Basisanforderungen* sind solche Leistungsbestandteile, deren Erfüllung keinen wesentlichen Zuwachs an Zufriedenheit auslöst, deren Nichterfüllung jedoch mit einem erheblichen Maß an Unzufriedenheit verbunden ist.
- *Begeisterungsfaktoren* sind Leistungsbestandteile, deren Nichterfüllung keine Unzufriedenheit hervorruft, deren Erfüllung jedoch mit einem deutlichen Anwachsen der Zufriedenheit verbunden ist.
- *Leistungsfaktoren* schließlich verlaufen diesbezüglich weitgehend linear, ihre Nichterfüllung löst demzufolge Unzufriedenheit, ihre Erfüllung Zufriedenheit aus.

Die empirische Behandlung dieser Frage ist weniger trivial, als es auf den ersten Blick erscheinen mag. Grundsätzlich ist hierzu die nichtlineare Regressionsanalyse geeignet. Mit ihrer Hilfe können obige Kurvenverläufe modelliert und überprüft werden. Eine weitere Möglichkeit ist die Gegenüberstellung von direkt erfragter und indirekt errechneter Wichtigkeit. Zuvor wurde dargestellt, daß eine direkte Erfragung zur Bestimmung der Wichtigkeit von Leistungsparametern zur Bildung von Kundenzufriedenheit wenig geeignet ist. Dennoch enthält die diesbezügliche Aussage der Kunden wichtige Informationen für das Unternehmen.

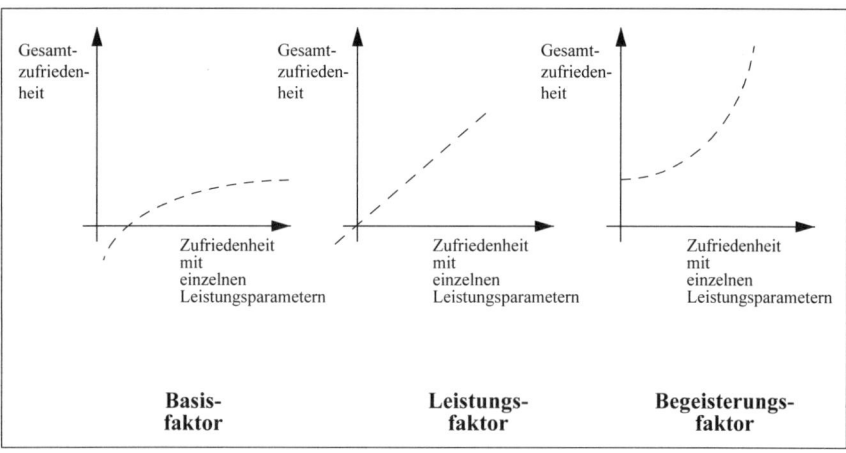

Abbildung 3-21: Drei Typen von die Kundenzufriedenheit beeinflussenden Faktoren

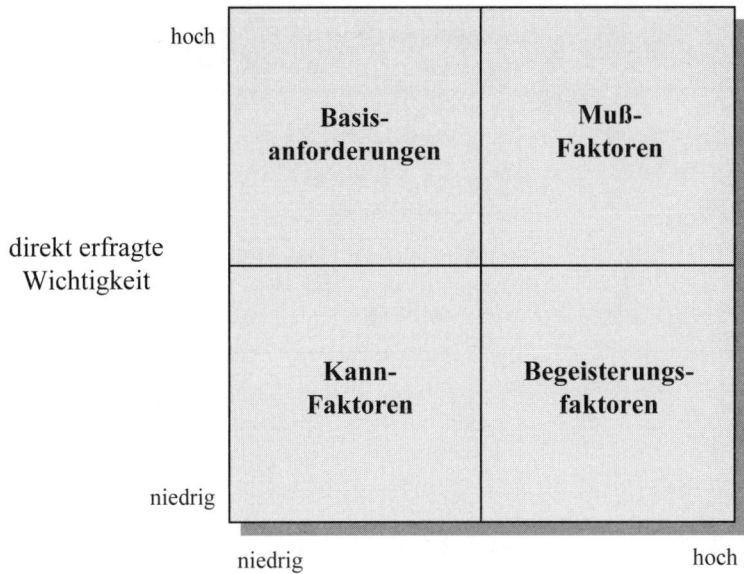

Abbildung 3-22: Gegenüberstellung von direkt erfragter und indirekt errechneter Wichtigkeit

Durch die Kombination von direkt erfragter und indirekt errechneter Wichtigkeit lassen sich nämlich Rückschlüsse auf Basisanforderungen oder Begeisterungsfaktoren ziehen. In den Fällen, in denen nur eine geringe Bedeutung direkt geäußert wird, indirekt jedoch eine hohe Bedeutung errechnet wird, können versteckte Chancen (Begeisterungsfaktoren) für das Unternehmen liegen, die bei gezielter Bearbeitung erschlossen werden (vergleiche Abbildung 3-22). Im umgekehrten Fall einer hohen direkt geäußerten Wichtigkeit, einer indirekt berechnet jedoch geringen Wichtigkeit läge eine Basisanforderung vor. Dieser Leistungsbestandteil hat einen hohen Aufmerksamkeitswert für die Kunden und muß somit hohen Qualitätsansprüchen genügen.

Schritt 9: Abschließend bestehen je nach Anlage der Untersuchung noch weitere Analysemöglichkeiten:

• Mit Hilfe von CUSTOR-BENCH lassen sich in begrenztem Umfang *Benchmarking-Informationen* erheben. Dies kann entweder durch den

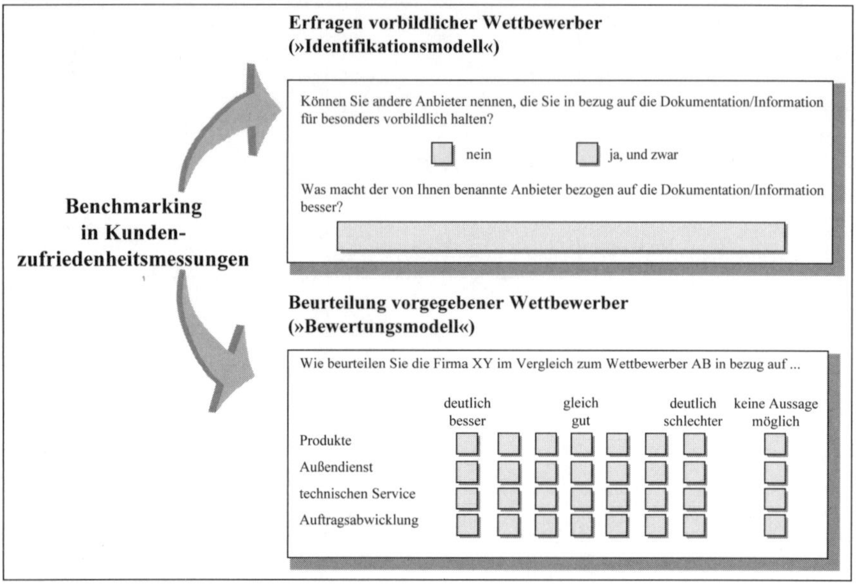

Abbildung 3-23: Erhebung von Benchmarking-Informationen

direkten Vergleich mit bestimmten Wettbewerbern geschehen (»Bewertungsmodell«) oder durch die Erfragung von besonders vorbildlichen Wettbewerbern (»Identifikationsmodell«). Abbildung 3-23 stellt beide Modelle gegenüber.

Das Bewertungsmodell hat den unmittelbaren Vorteil, daß ein direkter Vergleich möglich ist, aus dem sich konkrete Maßnahmen ableiten lassen.

Da die Bildung von Kundenzufriedenheit ohnehin in gewissem Umfang von der Konkurrenzleistung (durch deren Einfluß auf die Ausbildung der Erwartungshaltung) abhängt, können in beiden Fällen die so erhobenen Informationen jedoch allenfalls zusätzliche Bedeutung für die Analyse der Daten haben. Eine systematische Konkurrenzanalyse beziehungsweise ein eigenständiges Benchmarking ersetzt CUSTOR-BENCH nicht.

• Mit Hilfe der Methode des Conjoint Measurement (CUSTOR-CONJOINT) können, bei entsprechender Anlage der Untersuchung, Nutzenwerte für Ausprägungen von Leistungsbestandteilen berechnet werden.[7] Mit diesem Wissen ist es dann möglich zu entscheiden, welches Mindestleistungsniveau bezüglich eines Leistungsbestandteiles erreicht

---

7 Vgl. Sebastian et al. (1997).

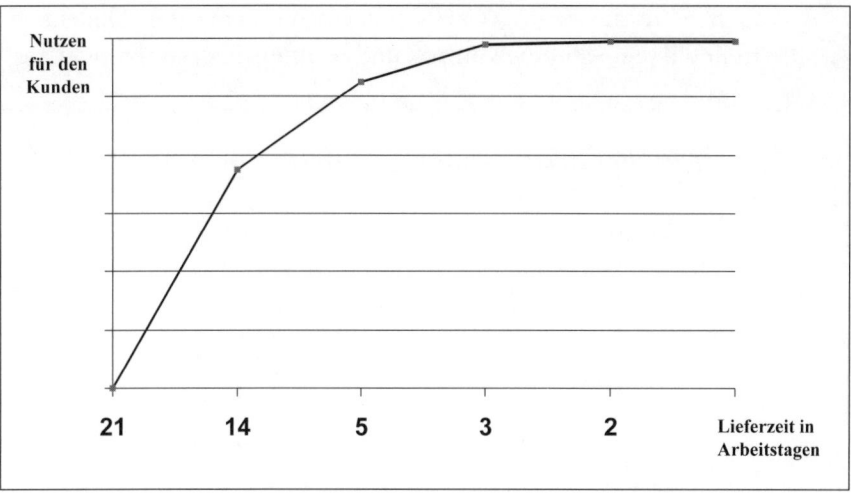

Abbildung 3-24: Ergebnis einer Custor-Conjoint *am Beispiel eines PC-Herstellers*

werden muß beziehungsweise welches Leistungsniveau ausreichend ist. Abbildung 3-24 verdeutlicht dies am Beispiel der Lieferzeit eines PC-Herstellers im Firmenkundengeschäft. Eine Verkürzung der Lieferzeit bis auf fünf Arbeitstage ist mit einem relativ hohen Nutzenzuwachs verbunden. Danach wächst der Nutzen nur noch schwach. Die Empfehlung an dieses Unternehmen muß also lauten, eine Lieferzeit von fünf Arbeitstagen anzustreben.

- Bei wiederholter Durchführung einer Messung können Betrachtungen im *Längsschnitt* Veränderungen und Trends in der Kundenzufriedenheit und Kundenbindung aufzeigen (Custor-Trend). Dies gilt sowohl für die globalen Indizes KZI und KLI als auch für einzelne Leistungsparameter und -kriterien. Von besonderem Interesse ist dies auch im Hinblick auf die Erreichung bestimmter Zielwerte, die man sich auf Basis früherer Untersuchungen gesetzt hat.

- Häufig bietet es sich an, begleitend das Unternehmensimage zu erheben (Custor-Image). Dies ist wegen der prinzipiellen Gleichartigkeit der Erhebung relativ problemlos möglich und kann durchaus zusätzliche Erkenntnisse über Probleme des Unternehmens im Hinblick auf den Umgang mit seinen Kunden bringen. Auch das Image wird mit Hilfe einer 6-Punkt-Skala als Grad der Zustimmung zu einer Aussage der

Art: »Ich halte die Firma XY für innovativ« gemessen. Skalenend-
punkte sind dabei »stimme voll zu« und »stimme überhaupt nicht zu«.

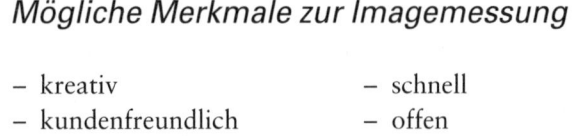

Mögliche Merkmale zur Imagemessung

– kreativ	– schnell
– kundenfreundlich	– offen
– serviceorientiert	– freundlich
– kundenorientiert	– kompetent
– umweltbewußt	– anonym
– innovativ	– arrogant
– bürokratisch	– vertrauenswürdig
– flexibel	

Es empfiehlt sich, Imagemerkmale mit positiver und negativer Belegung
zu mischen, um einen Automatismus seitens der Beantworter beim Aus-
füllen zu vermeiden. Die Darstellung des Images erfolgt üblicherweise in
einem Imageprofil, wie es in Abbildung 3-25 beispielhaft für eine größere
Druckerei dargestellt ist.

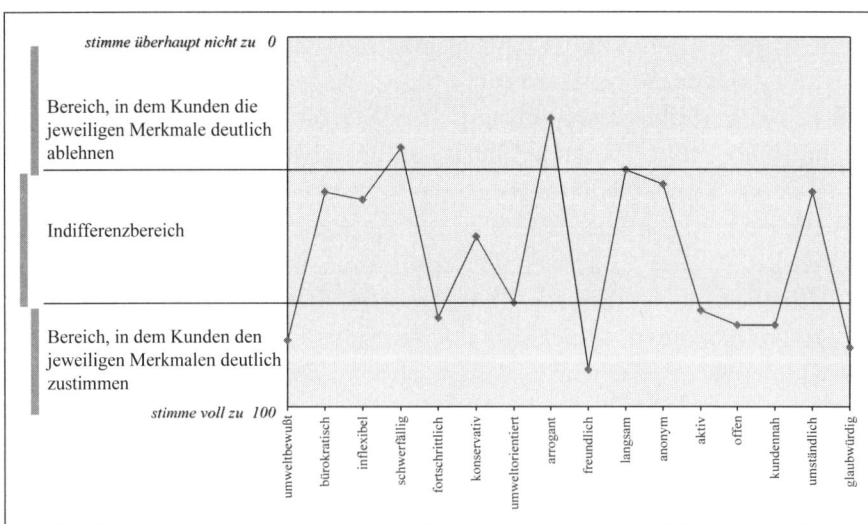

Abbildung 3-25: Das Imageprofil (CUSTOR-IMAGE) einer Großdruckerei

Die Ergebnisse einer Messung der Kundenzufriedenheit und Kundenbindung werden üblicherweise in einem ausführlichen Kundenzufriedenheitsbericht zusammengestellt. Leider enden jedoch die Bemühungen der
Unternehmen häufig an dieser Stelle. Deswegen legt das CUSTOR-System
mit der dritten Stufe bewußt hohen Wert auf die *Optimierung der Kundenzufriedenheit und -bindung*. Dies ist Gegenstand der folgenden Kapitel 4 bis 7.

4. Leistungsoptimierung:
Die ersten Schritte auf dem Weg
zur Kundenorientierung

An erster Stelle zur Erhöhung der Kundenorientierung des Unternehmens stehen konkrete Maßnahmen zur Leistungsverbessserung (vergleiche auch Abbildung 4-1).

Maßnahmen müssen insbesondere dort in die Wege geleitet werden, wo bei gleichzeitig hoher Wichtigkeit ein Leistungsbestandteil ein niedriges Kundenzufriedenheitsurteil (beginnend bei Werten unter 80, insbe-

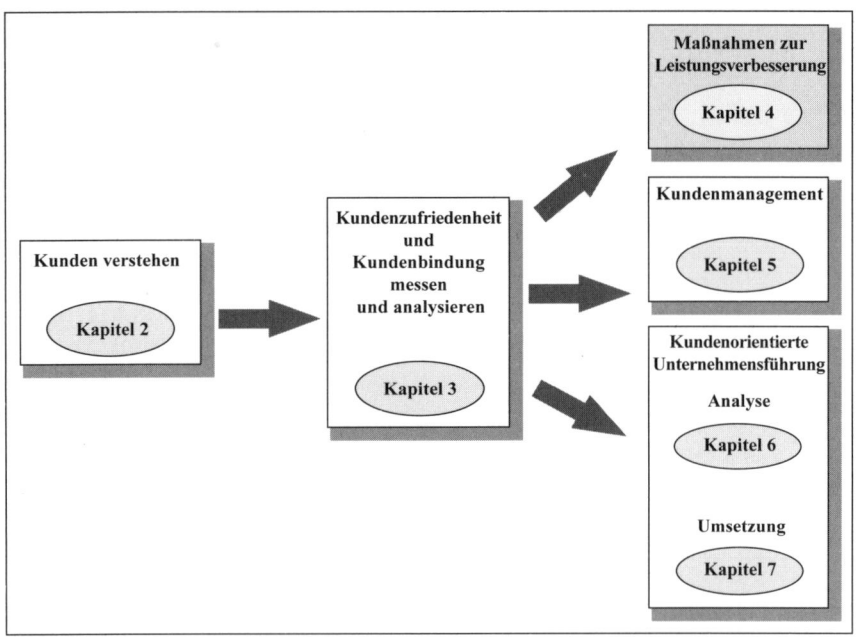

Abbildung 4-1: Einordnung von Kapitel 4 in das CUSTOR-System

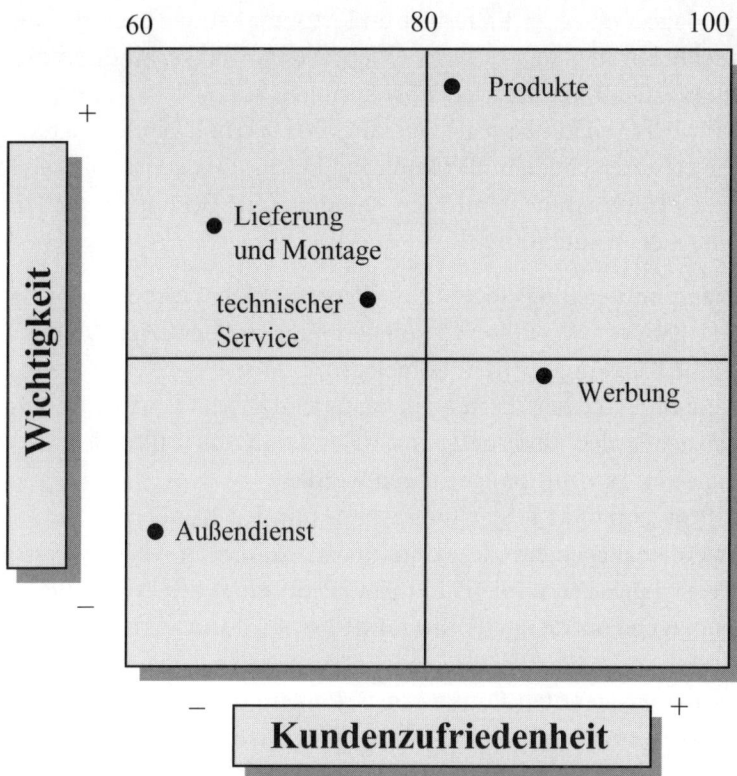

Abbildung 4-2: Kundenzufriedenheitsprofil am Beispiel eines Herstellers von Büroeinrichtungsgegenständen

sondere jedoch bei Werten unter 75) erfährt. Als Instrument zur Ermittlung des Handlungsbedarfs wurde ausgangs des vorigen Kapitels das Kundenzufriedenheitsprofil (aus CUSTOR-PROFILE) vorgestellt. Abbildung 4-2 zeigt beispielhaft ein solches Kundenzufriedenheitsprofil für einen Hersteller von Büroeinrichtungsgegenständen.

Das Kundenzufriedenheitsprofil zeigt, daß dieses Unternehmen keinen echten strategischen Vorteil besitzt. Zwar liegen die Produkte noch knapp im Quadranten rechts oben, die Tatsache, daß es sich um den mit Abstand wichtigsten Leistungsbestandteil handelt, legt jedoch nahe, hier punktuelle Maßnahmen der Leistungsverbesserung zu ergreifen. Eine Detailanalyse der Leistungskriterien erbrachte Probleme vor allem bei der Funktionalität und dem Design. Strategischer und sofortiger Handlungsbedarf existiert dagegen bei der Lieferung und Montage sowie beim technischen Service. Hier treten relativ hohe Wichtigkeiten in Verbindung mit vergleichsweise niedrigen Zufriedenheitsurteilen auf.

Bei Einzelmaßnahmen zur Leistungverbesserung sind generell zwei Bereiche zu unterscheiden: das konkrete Leistungsangebot und die Interaktion des Unternehmens mit den Kunden. Zur Behebung der Defizite existieren vier Ansatzpunkte:

1. Defizite im Leistungsangebot des Unternehmens werden in CUSTOR-PERFORMANCE WORKSHOPS aufgearbeitet und bewertet. Maßnahmen zu ihrer Behebung werden festgelegt.
2. Ein häufiges Defizit besteht in mangelnder Kundenorientierung der Mitarbeiter des Unternehmens. Dies kann mit Hilfe des CUSTOR-EMPLOYEE TRAINING angegangen werden.
3. Ein Problempunkt in der Interaktion mit den Kunden ist oft das Beschwerdemanagement des Unternehmens, das in vielen Messungen schlecht bewertet wird. Zur Installation eines effektiven Beschwerdemanagements dient das Modul CUSTOR-COMPLAINT MANAGEMENT SYSTEM.
4. Die zuvor genannten Punkte, insbesondere die Maßnahmen zur Leistungsverbesserung, sollten mittels eines Qualitätscontrolling im Rahmen des CUSTOR-QUALITY MONITORING SYSTEM überwacht werden.

Die vier Abschnitte dieses Kapitels befassen sich in dieser Reihenfolge mit den vier Bereichen. Während es bei dem ersten Ansatzpunkt um die Behebung konkreter Leistungsdefizite geht, hat der zweite Abschnitt die grundsätzliche Verhaltensbeeinflussung der Mitarbeiter zum Gegenstand. Die letzten beiden Ansatzpunkte beschäftigen sich mit der Gestaltung unterstützender Systeme.

4.1 Systematische Mängelbehebung: Die notwendige Basisarbeit

Ausgangspunkt für alle Maßnahmen ist der Kundenzufriedenheitsbericht, der Hinweise darauf gibt, wo Defizite im Hinblick auf die Leistung des Unternehmens und seine Kundenorientierung liegen. Im ersten Schritt sollten die so erkannten Defizite in einem CUSTOR-PERFORMANCE WORK-SHOP aufgearbeitet und kategorisiert werden. Die Workshops können darüber hinaus dazu dienen, eine breitere Basis von Mitarbeitern in die Umsetzung einzubinden. In einigen Fällen ist es jedoch auch in einem CUSTOR-PERFORMANCE WORKSHOP nicht möglich, alle Defizite abschließend zu klären. Deshalb ist es unter Umständen hilfreich, zusätzliche Informationen zu erheben, um in einem zweiten CUSTOR-PERFORMANCE WORKSHOP das Defizit genauer beschreiben und lokalisieren zu können.

Es ist unerläßlich, den Fortschritt jeder Maßnahme einer laufenden Kontrolle zu unterwerfen. Dies kann in Verbindung mit dem weiter unten dargestellten CUSTOR-QUALITY MONITORING SYSTEM geschehen. Bestandteil eines Maßnahmencontrolling kann auch eine Folgemessung der Kundenzufriedenheit und Kundenbindung sein. In einem nicht zu großen Abstand (ideal sind unseres Erachtens etwa ein bis maximal zwei Jahre) wird so beurteilt, welche Fortschritte im Hinblick auf die Kundenzufriedenheit und Kundenbindung erreicht worden sind. Abbildung 4-3 stellt die Einbindung der CUSTOR-PERFORMANCE WORKSHOPS im Rahmen des aktiven Managements der Kundenzufriedenheit und Kundenbindung dar.

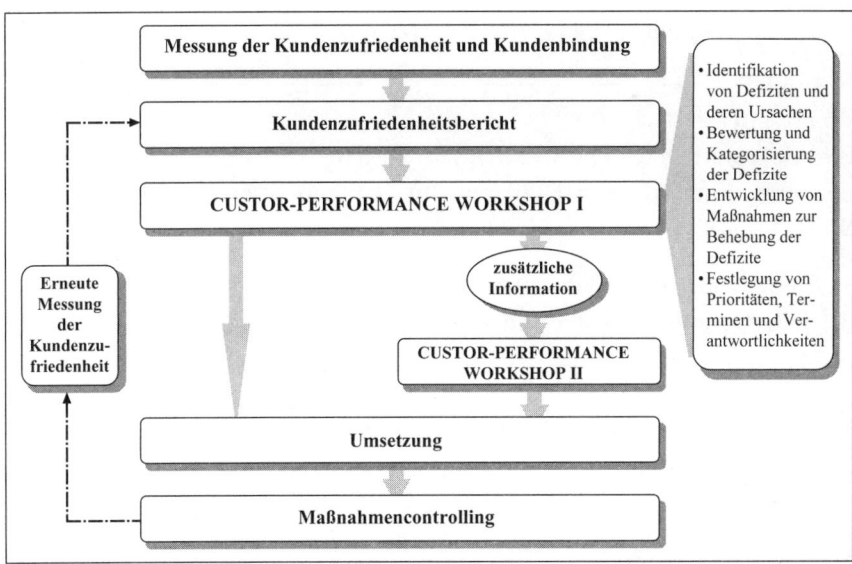

Abbildung 4-3: Einbindung der CUSTOR-PERFORMANCE WORKSHOPS

Wie läuft nun ein CUSTOR-PERFORMANCE WORKSHOP ab? Es ist zunächst einmal unerläßlich, sich bei seiner Durchführung an einige grundlegende Regeln zu halten:

Durchführungsregeln eines *CUSTOR-PERFORMANCE WORKSHOP*

1. Der Workshop sollte nicht zu viele Teilnehmer haben. Maximal acht bis zehn Teilnehmer sollten genügen.
2. Der Workshop sollte von einem klar Verantwortlichen mit Entscheidungsbefugnis geleitet werden.
3. Die Moderation sollte durch einen intimen Kenner des Kundenzufriedenheitsberichts vorgenommen werden.
4. Mitarbeiter aus allen als defizitär erkannten Unternehmensbereichen sollten am Workshop teilnehmen. Auch die Beteiligung von Mitarbeitern aus Bereichen, die gut abgeschnitten haben, ist ratsam, da sie oft wertvolle Hinweise und Verbesserungsvorschläge geben können.
5. Jeder Teilnehmer am Workshop sowie jeder Verantwortliche im Rahmen der Maßnahmenumsetzung sollte eine Dokumentation mit verbindlichen Handlungsanweisungen bekommen.

Ein CUSTOR-PERFORMANCE WORKSHOP dauert im Regelfall einen Tag, bei sehr umfangreichen Defiziten durchaus auch länger. Innerhalb des Workshops werden

1. Defizite und deren Ursachen identifiziert,
2. diese Defizite bewertet und kategorisiert,
3. wo nötig und möglich, Maßnahmen zur Behebung der Defizite entwickelt und
4. Entscheidungen über die Maßnahmendurchführung, die Priorität einzelner Maßnahmen sowie Termine und Verantwortlichkeiten festgelegt.

Schritt 1: Es empfiehlt sich, vor Beginn des CUSTOR-PERFORMANCE WORKSHOP die aus dem Bericht ersichtlichen Defizite in einer Liste zusammenzutragen. Dies erleichert die spätere Abarbeitung im Workshop erheblich. Der Workshop selbst sollte mit einer ausführlichen Diskussion der Defizite beginnen. So wird jeder Teilnehmer mit den Defiziten vertraut und die spätere Bewertung erleichtert. Ein wichtiger Punkt in der Diskussion über die Defizite ist die Bestimmung ihrer Ursachen. Nur wenn die Ursachen eines Defizits bekannt sind, können auch wirksame Gegenmaßnahmen ergriffen werden. Ein Beispiel mag dies verdeutlichen. Ein kleinerer Dienstleister stellte fest, daß sich im Rahmen einer Kundenzufriedenheitsbefragung viele Kunden darüber beschwerten, daß in der Telefonzentrale des Unternehmens trotz lang andauernden Klingelns das Telefon nicht abgehoben wurde. Eine Kontrolle erbrachte jedoch, daß eingehende Telefonate spätestens nach dem vierten Klingeln entgegengenommen wurden. Eine nähere Untersuchung ergab, daß bei einer Belegung aller Leitungen durch ausgehende Telefonate eingehende Telefonate ein Freizeichen bekamen, das Telefon in der Zentrale aber wegen der Belegung aller Leitungen nicht läutete. Das Beispiel verdeutlicht, daß es häufig mit einfachen Schuldzuweisungen, etwa der Art »Die Leute in der Telefonzentrale sind schuld«, nicht getan ist.

Schritt 2: Sind alle Defizite und ihre Ursachen erkannt, müssen sie bewertet werden. Hierzu werden die Defizite in vier Kategorien eingeteilt, die in Abbildung 4-4 dargestellt sind.

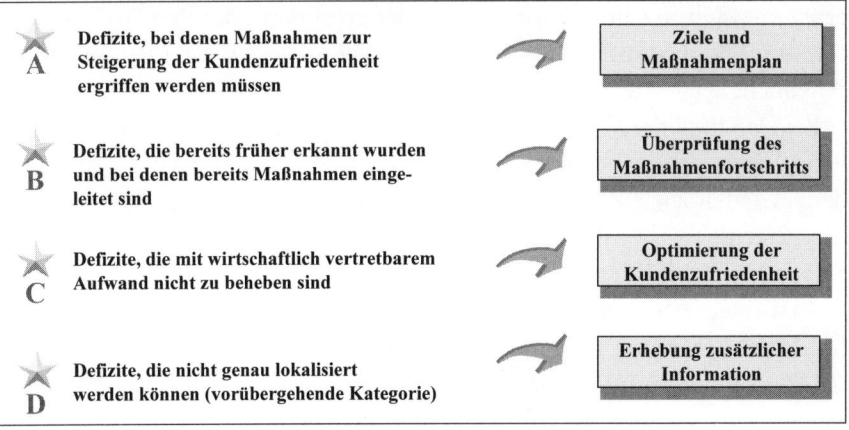

Abbildung 4-4: Kategorisierung von Defiziten

Für Defizite der Kategorie A werden im weiteren Verlauf des Custor-
Performance Workshop Maßnahmen erarbeitet. Defizite der Kategorie
B sind bereits bekannt. Maßnahmen zu deren Verbesserung wurden eingeleitet. Dort liegt die Aufgabe vor allem darin, den Maßnahmenfortschritt
zu überprüfen und gegebenenfalls zu korrigieren. So war bei einem
Maschinenbauunternehmen, dessen Vertrieb in acht regionale Niederlas-
sungen aufgeteilt ist, seit langem bekannt, daß die Niederlassung Stuttgart
relativ schlechte Ergebnisse aufwies. Eine Messung der Kundenzufriedenheit bestätigte dies eindrucksvoll. Da aber die Niederlassungsleitung
bereits neu besetzt und die besonders schlecht beurteilten Geschäftspro-
zesse bereits gestrafft worden waren, konnte hier auf die Definition neuer
Maßnahmen verzichtet werden. Es wurde lediglich der Auftrag an den
Vertriebsleiter erteilt, den Maßnahmenfortschritt zu prüfen.

Problematisch sind Defizite der Kategorie C. Eine Behebung solcher
Defizite ist mit wirtschaftlich vertretbarem Aufwand nicht zu realisieren.
Bei einer Regionalzeitung monierten die Kunden in bestimmten Teilen des
Verbreitungsgebiets die späte Zustellung. Eine frühere Zustellung ist
jedoch aus produktionstechnischen Gründen unmöglich. Eine weitere
Verbesserung wäre nur mit der Einrichtung eines neuen Produktionsstand-
ortes erreichbar gewesen. Dies aber war aus Kostengründen nicht sinnvoll. Hier bleibt im wesentlichen nur eine Politik der kleinen Schritte,
indem gezielt an einer kontinuierlichen Verbesserung im Rahmen der
Möglichkeiten gearbeitet wird. Auch sollte daran gedacht werden, den
Kunden aktiver die Gründe des Defizits zu vermitteln. So startete die oben
erwähnte Zeitung eine Kampagne, in der den Lesern der Produktionspro-
zeß aufgezeigt wurde. Dies erhöhte das Verständnis für die Zustellzeit
erheblich.

Bei Defiziten der Kategorie D ist eine eindeutige Zuordnung nicht möglich. Wegen der oft nötigen Beschränkung der Zahl von Fragen in Kundenzufriedenheitsmessungen ist es nicht ungewöhnlich, daß gewisse
Aspekte nicht abschließend beurteilt werden können. Um das Defizit
einer der obigen Kategorien zuordnen zu können, müssen zusätzliche Informationen erhoben werden. So stellte ein Verlag bei einer Kundenzufriedenheitsmessung fest, daß ein bestimmter Bereich einer Wochenzeit-
schrift von den Kunden relativ stark bemängelt wurde. Ansatzpunkte zur
Verbesserung waren aus der Messung der Kundenzufriedenheit nur bedingt zu entnehmen. Zur Beschaffung zusätzlicher Informationen ent-

schloß man sich zur Durchführung einiger Fokusgruppen mit Lesern, um dieser Frage detailliert nachzugehen. Ist auf Basis der Erhebung zusätzlicher Informationen die Ursache eines Defizits der Kategorie D geklärt, so kann dieses Defizit einer der anderen Kategorien zugeordnet werden. Insofern handelt es sich bei der Kategorie D um eine vorübergehende Kategorie.

Schritt 3: Besonderes Augenmerk wird im Rahmen des CUSTOR-PERFORMANCE WORKSHOP der Maßnahmenentwicklung bezüglich der A-Defizite gewidmet. Eine Kundenzufriedenheitsstudie bei einem Maschinenbauer ergab, daß der Großteil der Kunden mit der Dauer der Auftragsbearbeitung unzufrieden war. Eine nähere Analyse der Prozesse bei der Auftragsbearbeitung im Rahmen der Diskussion über die Ursachen dieses Defizits ergab, daß die zum Zeitpunkt der Kundenbefragung ermittelte durchschnittliche Auftragsbearbeitungszeit von 13 Tagen zu 85 Prozent aus Liegezeiten bestand. Ein Optimierungsprogramm zur Beschleunigung der Auftragsbearbeitung konnte diese Liegezeiten durch die Einführung neuer Routinen drastisch senken. Dies resultierte in einer durchschnittlichen Auftragsbearbeitungszeit von nur noch drei Tagen. Zur Festlegung von Maßnahmen ist es durchaus sinnvoll, Alternativen zusammenzutragen und abzuwägen. Unter Umständen ist eine Entscheidung auch erst zu einem späteren Zeitpunkt möglich, da zusätzliche Informationen über Kosten und Nutzen eingeholt werden müssen. In Tabelle 4-1 (s. S. 106) sind einige weitere Beispiele für Maßnahmen zur Leistungsverbesserung aufgeführt, die in CUSTOR-PERFORMANCE WORK-SHOPS entwickelt und anschließend umgesetzt wurden.

Schritt 4: Im letzten Schritt eines CUSTOR-PERFORMANCE WORKSHOP müssen Termine und Verantwortlichkeiten für die einzelnen Maßnahmen festgelegt werden. Hierbei ist es in jedem Fall sinnvoll, auf die vorige Diskussion der Defizite und ihrer Ursachen zurückzugreifen. Eine gewisse Prioritätenzuordnung ist zumeist bereits aus der Natur der Defizite erkennbar. Auch aus dem Kundenzufriedenheitsprofil sind Prioritäten abzuleiten. Maßnahmen sollten natürlich zunächst bei Defiziten eingeleitet werden, die sich auf Leistungsparameter mit hoher Wichtigkeit, aber vergleichsweise niedriger Kundenzufriedenheit beziehen. Neben der Terminfestlegung muß für jede Maßnahme ein Verantwortlicher für deren Umsetzung bestimmt werden. Abschließend sollte ein Maßnahmenplan aufgestellt werden, der die Ergebnisse des CUSTOR-PERFORMANCE WORK-

Tabelle 4-1: Beispiele für Einzelmaßnahmen zur Leistungssteigerung

Branche	*Maßnahme*
Großhandel	Revision der Sonderangebotspolitik, Schulungen für den Außendienst wurden eingeführt
Bank	Neukonzeption der Anlageberatung
Maschinenbau	Eine Steigerung der Bedienungsfreundlichkeit der Produkte wurde in die Wege geleitet
Medizintechnik	Beratungsleitungen zu Änderungen im Gesundheitswesen wurden in das Angebot aufgenommen
Versicherung	Ein Programm zur Steigerung der Erreichbarkeit der Kundenberater wurde eingeleitet
Hausgeräte	Ein Kundenclub zur Sicherstellung der Informationsversorgung der Kunden wurde ins Leben gerufen
Maschinenbau	Eine zweite, deutlich günstigere Produktlinie mit deutlich »abgespecktem« Leistungsumfang wurde eingeführt
Chemie	In einzelnen regionalen Verkaufsniederlassungen wurden personelle Konsequenzen gezogen

Problemfeld	Bewertung	Maßnahme	Termin und Verantwortung
Mitarbeiterfreundlichkeit im Kundenkontakt in Filiale XYZ	wichtiges Problem (Kategorie A)	Mitarbeiterschulung	bis MM.JJ. alle Mitarbeiter mit Kundenkontakt schulen, Verantwortung: Filialleiter XYZ
Buchungsdauer zu lange	bekannt, mit wirtschaftlichem Aufwand nicht zu beheben (Kategorie C)	keine	
Prüfung von Kreditwünschen zu lange	bekanntes Problem (Kategorie B)	Erhöhung des Entscheidungsspielraums für Sachbearbeiter eingeleitet	
Auslandsüberweisungen zu teuer	wichtiges Problem (Kategorie A)	Senkung der Bearbeitungsgebühr für bestimmte Kunden	Abteilung Auslandsgeschäft arbeitet bis MM.JJ. einen diesbezüglichen Gebührenplan aus

Abbildung 4-5: Beispiel eines Maßnahmenplans (Firmenkundengeschäft einer Bank)

SHOP niederlegt. Abbildung 4-5 zeigt einen solchen Maßnahmenplan beispielhaft für das Firmenkundengeschäft einer Bank.

4.2 Auf die Menschen kommt es an

Probleme in der Kundenorientierung liegen oft in der Einstellung der Mitarbeiter sowie ihrer Interaktion mit den Kunden begründet. Solche Ver-
haltensprobleme der Mitarbeiter sind recht grundsätzlicher Natur. Hier
ist es mit einfachen Maßnahmen der Leistungsverbesserung nicht getan.
Häufig ist vielmehr ein spezielles CUSTOR-EMPLOYEE TRAINING anzuwenden, das den Mitarbeitern gezielt kundenorientiertes Verhalten nahe-
bringt.

Probleme der Mitarbeiter in der Interaktion mit den Kunden können in
mehrerlei Hinsicht auftreten.

1. Der *Kundenkontakt* kann zum einen *telefonisch* stattfinden. Kundenorientierter Umgang der Mitarbeiter im Telefonkontakt betrifft nicht
   nur die Freundlichkeit im Gespräch mit den Kunden, sondern auch
   Aspekte wie Schnelligkeit, Kompetenz bei Fragen und ähnliches. Es ist
   nicht tragbar, wenn ein Kunde nach zehnmaligem Klingeln mit einem
   unfreundlichen Mitarbeiter am Telefon konfrontiert wird, der auf Fragen ausweichend antwortet und auf der Suche nach einem kompeten-
   ten Gesprächspartner den Kunden mehrfach im Haus verbinden muß.
   Jeder Telefonkontakt eines Mitarbeiters des Unternehmens mit einem
   Kunden sollte nach folgenden Prinzipien ablaufen:

Prinzipien des Telefonkontakts mit Kunden

- Bleiben Sie in jeder Situation freundlich.
- Nehmen Sie das Telefon schnell ab. Ein Kunde darf keinesfalls
  bereits durch langes Warten am Telefon verprellt werden.
- Identifizieren Sie sich dem Kunden gegenüber.
- Hören Sie dem Kunden zu.

- Sprechen Sie den Kunden individuell und persönlich an. Dies gibt dem Kunden das Gefühl, daß man ihn kennt und ernst nimmt.

***

- Alle Mitarbeiter, insbesondere jedoch diejenigen der Telefonzentrale, müssen sehr gut über Ansprechpartner im Haus Bescheid wissen.
- Alle Mitarbeiter sollten über eine gewisse Sachkenntnis bezüglich der Produkte und Dienstleistungen des Unternehmens verfügen.

Werden diese Regeln eingehalten, sollte es im Telefonkontakt kaum Probleme geben. Ein erster Schritt im CUSTOR-EMPLOYEE TRAINING ist das Gespräch mit jedem Mitarbeiter, der regelmäßigen Kontakt am Telefon mit Kunden hat. Dabei werden die Defizite aufgezeigt und obige Verhaltensregeln nahegebracht. Auch eine Unterlage, die die Verhaltensregeln niederlegt und Ansprechpartner im Haus auflistet, ist sinnvoll. So existiert bei der Firma Kärcher, einem Hersteller von Reinigungsgeräten, eine eindeutige Anweisung, die unter anderem vorschreibt, das Telefon spätestens nach dem dritten Klingeln abzunehmen.[1] Bringt dieser erste Schritt nicht die gewünschten Ergebnisse, sollte ein Telefontraining, wie es auch Bestandteil des CUSTOR-EMPLOYEE TRAINING ist, durchgeführt werden. Dies kann mit einem Workshop über die Produkte und Dienstleistungen des Unternehmens verbunden werden, um Sachkompetenz der Mitarbeiter aufzubauen.

2. Auch im *persönlichen Kundenkontakt* ist Freundlichkeit das oberste Gebot. Dies sollte selbstverständlich sein, die Realität in vielen deutschen Unternehmen ist jedoch anders. Der Kunde, der in einem Autohaus minutenlang mit Nichtbeachtung beschieden wird, oder der Kaufhauskunde, der auf eine Frage mit einem übellaunigen »da drüben bei …« in eine unbestimmte Richtung geschickt wird, ist häufig die Regel. Wie wichtig die Freundlichkeit des Personals ist, zeigt eine Studie unter Restaurantbesuchern: Fast jeder zweite klagt über unfreundliches und arrogantes Personal.[2] Auch der persönliche Umgang mit Kunden sollte von Prinzipien geleitet sein, die sich nicht

---

1 Vgl. Schnitzler (1996), S. 87.
2 Vgl. o. V. (1997), S. 17.

wesentlich von denen des telefonischen Kontaktes unterscheiden. Defizite im persönlichen Kundenkontakt können zielgerichtet mit einem CUSTOR-EMPLOYEE TRAINING behoben werden, das speziell auf diese Probleme ausgerichtet ist.

3. Kundenorientierung in diesem Bereich bezieht sich auch auf die *Kundenorientierung des Verkaufens* an sich. Ein kundenorientiert geführtes Verkaufsgespräch zeichnet sich dadurch aus, daß man zunächst einmal Zeit darauf verwendet, den Problemlösungsbedarf des Kunden zu erfassen. Die Situation ist jedoch häufig eine andere. So zeigte eine kürzliche Studie, daß das Verkaufspersonal im Handel im Schnitt nur etwa ein Drittel seiner Arbeitszeit im direkten Kundenkontakt verbringt. Dabei ist eigentlich unumstritten, daß mehr Kundenkontakt lohnend für das Unternehmen ist. Dieselbe Studie ergab, daß der durchschnittliche Einkauf bei vorheriger Beratung mit 76 D-Mark weitaus höher liegt als ohne Beratung (47 D-Mark).[3] Während des Gesprächs kann man gezielt auf die Problemlösungsmöglichkeiten hinweisen. Es kommt darauf an, die für den Kunden bedarfsoptimale und nicht die für das Unternehmen gewinnoptimale Lösung zu finden. Darüber hinaus sollte man sich auch vor falschen Versprechungen hüten, sei es bezüglich des Produktes selbst oder weiterer Serviceleistungen. So wirbt ein Koblenzer Autohaus im Schaufenster mit Plakaten »Mietwagen hier und sofort«. Als ein Kunde nach einer Panne, die einen mehrtägigen Reparaturaufenthalt in der Werkstatt erforderte, diesen Service in Anspruch nehmen wollte, wurde ihm beschieden, daß der Wunsch nach einem Mietwagen eine Woche vorher anzumelden sei.

4. Direkt verbunden mit den zuvor angesprochenen Aspekten der Kundenorientierung ist auch eine gewisse *Selbstorganisation* der Mitarbeiter. Häufig entstehen Probleme im Umgang mit den Kunden aus Streßsituationen. Ein schlecht organisierter Mitarbeiter läßt häufig Dinge liegen oder bearbeitet sie mit erheblicher Verzögerung. Kunden werden dann in der täglichen Arbeit mehr und mehr als störender Faktor empfunden. Dies muß nicht sein. Häufig sind eigene Arbeitsabläufe bereits mit der Anwendung einiger einfacher Hilfsmittel besser zu organisieren. Das CUSTOR-EMPLOYEE TRAINING greift hierbei auf das

---

3 Vgl. Drosten/Knüwer (1997), S. 34.

vom Institut für Beratung und Training entwickelte PEP-Personal Effi-
ciency Program zurück, das der Steigerung der persönlichen Effizienz
dient.[4] PEP zeichnet sich durch einige einfache Regeln aus:

Prinzipien des PEP-Personal Efficiency Program[5]

- Schieben Sie Dinge nicht auf, erledigen Sie sie sofort.
- Finden Sie das eigene, für Sie optimale Organisationssystem und halten Sie sich daran.
- Arbeiten Sie Routinearbeit auch wirklich durch Routinen ab.
- Planen Sie Dinge aktiv und vorausschauend und halten Sie sich an den Plan.
- Unterbrechen Sie Arbeiten nach Möglichkeit nicht.
- Erledigen Sie Dinge beim ersten Mal korrekt. Fehlervermeidung ist besser als Fehlerkorrektur.
- Erledigen Sie die unangenehmste Aufgabe des Tages zuerst.

Gelingt es, die Umsetzung dieser Regeln im Unternehmen zu forcieren,
so wird dies die Selbstorganisation und somit auch die Kundenorientierung der Mitarbeiter nachhaltig steigern. Zur Einführung von PEP
sind prinzipiell zwei Vorgehensweisen denkbar:

- Zum einen kann ein Workshop im Rahmen eines CUSTOR-EMPLOYEE TRAINING durchgeführt werden. Dies ist jedoch, da es sich gerade bei der Organisation der täglichen Arbeit um eine sehr individuelle Angelegenheit handelt, oftmals schwierig zu realisieren.
- Deutlich effektiver ist es unseres Erachtens, mit jedem betroffenen Mitarbeiter in einem persönlichen Gespräch seinen individuellen Arbeitsablauf zu analysieren und auf dieser Basis die PEP-Prinzipien individuell für ihn anzuwenden.

---

4 Vgl. IBT (1996).
5 Vgl. IBT (1996), S. 11 ff.

4.3 Beschwerden sind eine Chance

Der dritte Ansatzpunkt auf dem Weg zu mehr Kundenorientierung liegt in der Behandlung von Beschwerden durch das Unternehmen. Ist ein Kunde mit einer Leistung unzufrieden, bleiben ihm prinzipiell drei Handlungsmöglichkeiten: Abwanderung, Inaktivität oder Widerspruch in Form einer Beschwerde. Die Beschwerdebereitschaft hängt dabei stark von Faktoren wie Kosten-Nutzen-Erwartung, Produktmerkmalen, Problemmerkmalen sowie der Persönlichkeit des Kunden ab.[6] Ist ein Produkt beispielsweise sehr hochwertig und hat es den Kunden viel gekostet, so ist er in der Regel eher zu einer Beschwerde bereit.

Viele Unternehmen verstehen Beschwerden als unqualifizierte Kritik. Dabei verkennen sie, daß ein Fehler von den meisten Kunden toleriert wird – vorausgesetzt das Unternehmen reagiert gut und schnell. Mitarbeiter fühlen sich jedoch häufig persönlich angegriffen und reagieren dementsprechend inadäquat. Dies ist bedauerlich, stellen Beschwerden doch eine exzellente Möglichkeit dar, aus den Fehlern zu lernen und den Kunden durch die schnelle Behebung des Beschwerdegrundes zu halten. Eine gute Reaktion auf Beschwerden setzt vor allem ein gutes und eingespieltes Beschwerdemanagement voraus. Dies ist nicht selbstverständlich, wie das erste der folgenden Beispiele zeigt:

• Ein bekannter Hersteller von Haushaltsgeräten lieferte bei der Auslieferung einer Waschmaschine die Bedienungsanleitung nur in den Sprachen Russisch, Japanisch und Koreanisch mit. Der Käufer wandte sich an die örtliche Niederlassung sowie das Fachgeschäft, in dem die Waschmaschine gekauft wurde, mit der Bitte, eine Bedienungsanleitung in Deutsch zu liefern. Nach einer neuerlichen Beschwerde bei der Niederlassung traf nach sieben Wochen eine *Montageanleitung* (in Deutsch) beim Kunden ein. Erst als sich der Kunde mit einem scharfen Brief direkt an den Vertriebsleiter wandte, konnte er drei Monate nach dem Kauf der Waschmaschine die deutsche Bedienungsanleitung in Empfang nehmen. Diese wurde mit einem vorgedruckten Brief zugesandt, der die vorige Beschwerde mit keinem Wort erwähnte.

• Bei einer Bank werden zentral alle Beschwerden bearbeitet. Zur Be-

---

6 Vgl. Bruhn (1987), S. 124 ff. oder Stauss/Seidel (1996), S. 47 ff.

schwerde gibt es drei Wege. Zum ersten kann eine Beschwerde bei jedem Mitarbeiter vorgebracht werden. Zum zweiten existiert ein zentrales Beschwerdetelefon. Als dritte Möglichkeit werden jedem Kunden bei Aufnahme der Geschäftsbeziehung einige bereits an die zentrale Beschwerdestelle adressierte Briefumschläge ausgehändigt. Auf eine Beschwerde bezüglich eines nicht funktionierenden Geldausgabeautomaten reagierte die Bank innerhalb von zwei Tagen mit einem sehr freundlichen Brief und erstattete die dem Kunden entstandenen Fremdgebühren umgehend zurück.

- Als drittes Beispiel dient ein größeres Hotel der Oberklasse. Dieses verfügt zwar über kein institutionalisiertes Beschwerdemanagementsystem, nimmt Beschwerden unter anderem jedoch aktiv in Fragebögen auf, die in jedem Zimmer ausliegen. Auf eine Beschwerde wegen eines schlechten Check-in reagierte die Direktion prompt mit einem persönlichen Entschuldigungsbrief und der Offerte einer Preisreduktion beim nächsten Aufenthalt in diesem Hotel.

Die drei Beispiele zeigen deutlich, welches Prinzip hinter einem aktiven Beschwerdemanagement stehen sollte: Den Kunden und seine Beschwerde ernst nehmen und schnell auf die Beschwerde reagieren. Wie das Beschwerdemanagementsystem dabei organisiert ist und ob das Unterneh-

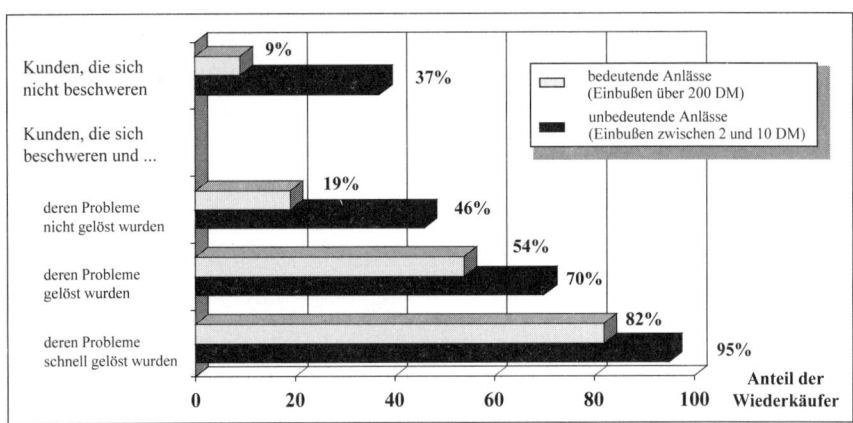

Abbildung 4-6: Der Zusammenhang zwischen Beschwerden und Wiederkauf[7]

---

7 Vgl. National Consumer Survey, USA (1994).

men überhaupt über ein institutionalisiertes Beschwerdemanagementsystem verfügt, ist dabei zunächst einmal zweitrangig.

Ein unzufriedener Kunde, der sich nicht beschwert, ist für das Unternehmen nahezu verloren. Untersuchungen in den USA zeigen, daß nur neun Prozent dieser Kunden langfristig Kunden des Unternehmens bleiben. Gelingt es jedoch, die Beschwerde des Kunden schnell zu lösen, bleiben immerhin 82 bis 95 Prozent dem Unternehmen langfristig treu (vergleiche Abbildung 4-6).

Dem aufgezeigten Nutzen eines Beschwerdemanagementsystems stehen natürlich dessen Kosten gegenüber. Die Befürchtung, die Kosten würden den recht schwer quantifizierbaren Nutzen des Beschwerdemanagementsystems übersteigen, erweisen sich jedoch oft als unbegründet, da es gerade das Ziel eines solchen Systems ist, die Kosten, die durch Unzufriedenheit und die Beschwerdebearbeitung entstehen, durch eine entsprechende Organisation zu minimieren.[8]

Ein Beschwerdemanagementsystem weist mehrere Komponenten auf, die durchaus unterschiedlich implementiert sein können. Es sind dies (vergleiche auch Abbildung 4-7):

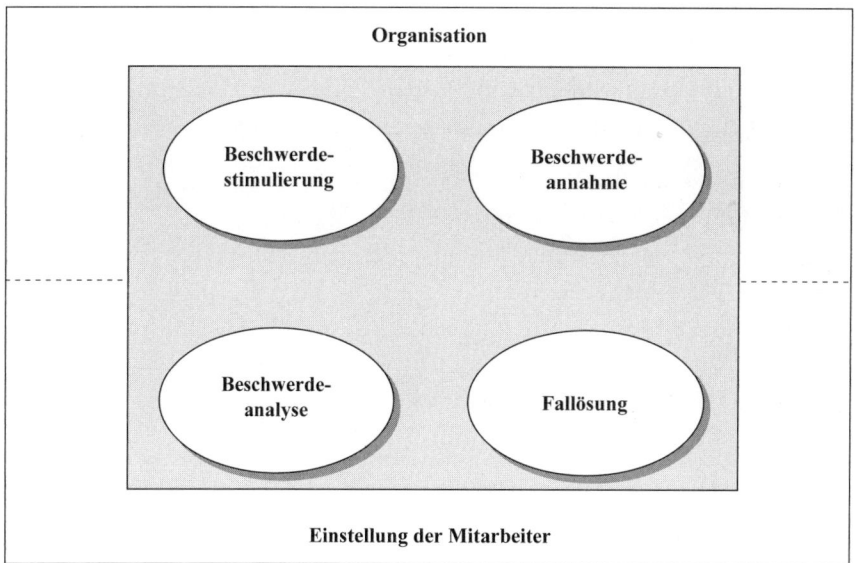

Abbildung 4-7: Komponenten eines Beschwerdemanagements

---

8 Vgl. Bruhn (1987), S. 126.

1. Beschwerdestimulierung,
2. Beschwerdeannahme,
3. individuelle Fallösung sowie
4. Beschwerdeanalyse mittels eines Informationssystems und in Verbindung damit auch die Behebung systematischer Ursachen.

In unmittelbarem Zusammenhang damit sind die Fragen einer Einstellungsänderung der betroffenen Mitarbeiter sowie der organisatorischen Zuständigkeiten als zwei weitere quasi systemübergreifende Punkte zu sehen. Das Modul CUSTOR-COMPLAINT HANDLING SYSTEM hat die Einrichtung von individuellen Beschwerdemanagementsystemen zum Gegenstand. Da dies jedoch eine sehr unternehmensindividuelle Aufgabe ist, können im folgenden nur die groben Züge und Aufgaben eines solchen Beschwerdemanagementsystems dargestellt werden.

Komponente 1: Beschwerdestimulierung

Da sich üblicherweise nur ein geringer Teil der unzufriedenen Kunden beschwert, muß das Unternehmen einen möglichst hohen Anteil der unzufriedenen Kunden zu einer Beschwerde stimulieren. Es müssen Beschwerdekanäle zur einfachen Artikulation der Unzufriedenheit geschaffen werden. Hierzu gibt es eine Reihe von Maßnahmen:[9]

- kostenlose oder doch zumindest günstige Beschwerdetelefone (01 30- beziehungsweise 01 80-Nummern),
- Einrichtung von zentralen Anlaufstellen (zum Beispiel Verbraucherabteilung, Verbraucherberatung),
- Hinweise auf Beschwerdemöglichkeiten auf der Produktverpackung oder in der Werbung sowie
- Beigabe von Beschwerdeformularen oder ähnlichem zum Produkt oder zur Produktbeschreibung/Gebrauchsanweisung.

Dem Kunden muß klar kommuniziert werden, wo und wie er sich beschweren kann. Dabei sollte durchaus über eine zentrale Beschwerdeabteilung nachgedacht werden. Natürlich sollte sich nach wie vor auch jeder einzelne Mitarbeiter für Beschwerden verantwortlich fühlen.

---

9 Vgl. Stauss/Seidel (1996), S. 73 ff.

Komponente 2: Beschwerdeannahme

Die Gestaltung der Beschwerdeannahme betrifft zwei Aspekte:

- den Erstkontakt mit dem Kunden und
- die Erfassung der relevanten Daten.

Der *Erstkontakt mit dem Kunden* ist ein sehr kritisches Ereignis, weil durch einen negativen Verlauf die Unzufriedenheit des Kunden, die durch den Beschwerdeanlaß ausgelöst wurde, noch gesteigert werden kann.[10] Deswegen ist es wichtig, den Mitarbeitern klare Verhaltensrichtlinien an die Hand zu geben. Optimal ist auch hier die Einrichtung einer zentralen Beschwerdestelle mit dementsprechend geschulten Mitarbeitern. Vor allem auf folgende Aspekte kommt es bei der Entgegennahme einer Beschwerde an:

Verhalten bei der Annahme einer Beschwerde

- Bleiben Sie immer freundlich.
- Geben Sie dem Kunden das Gefühl, daß seine Beschwerde ernst genommen wird.
- Zeigen Sie dem Kunden auf, daß seine Beschwerde nach einem vorgeschriebenen Prozedere sofort weitergeleitet wird.
- Geben Sie dem Kunden eine Bestätigung, daß seine Beschwerde angenommen wurde.
- Kommunizieren Sie dem Kunden klar, wer für die Behebung seiner Beschwerde zuständig ist und wer sich bei ihm melden wird.
- Geben Sie dem Kunden einen Termin, bis zu dem eine Reaktion erfolgt.

Sinnvoll ist es, wenn dem annehmenden Mitarbeiter dabei ein Informationssystem zur Verfügung steht, das Einblicke in vergangene Kundenkontakte gibt.

---

10 Vgl. Stauss/Seidel (1996), S. 64.

Die schnelle, vollständige und strukturierte *Erfassung der Beschwerde-daten* erlaubt die Auswertung in einem Beschwerdeinformationssystem. So kann man Beschwerdehäufigkeiten erkennen und bei systematischen Ursachen Maßnahmen zu deren Behebung ergreifen. In der Regel wird man hierzu ein Standardformular verwenden. Stauss/Seidel (1996) gliedern die zu erfassenden Daten in

- Informationen zum Inhalt der Beschwerde, das heißt
  - Informationen über das zugrundeliegende Problem (zum Beispiel Art, Umstände des Vorfalls, Erst- oder Folgebeschwerde, Dringlichkeit, Wünsche des Kunden),
  - Informationen über den Beschwerdeführer (zum Beispiel Stammdaten, Ausmaß der Verärgerung),
  - Informationen über das Beschwerdeobjekt (zum Beispiel Produkt/Dienstleistung des Unternehmens, Preis, Lieferzeit),
- Informationen zur Bearbeitung der Beschwerde, das heißt
  - Informationen über die Beschwerdeannahme (zum Beispiel Datum, Beschwerdeweg, Adressat),
  - Informationen über die Fallösung (zum Beispiel Zusagen, angedachte und realisierte Problemlösung),
  - organisatorische Daten zur Fallösung (zum Beispiel verantwortlicher Mitarbeiter, Bearbeitungsprozeß).

Komponente 3: Individuelle Fallösung

Die individuelle Fallösung soll durch eine zügige und angemessene Behebung des Beschwerdegrundes die Zufriedenheit des Kunden wiederherstellen. Hierbei sind zwei grundlegende beschwerdepolitische Fragestellungen zu beachten. Zum einen ist dies die Politik bei der Anerkennung einer Beschwerde. Die generelle Anerkennung von Beschwerden ohne vorherige Prüfung findet häufig bei personenbezogenen Dienstleistungen Anwendung. Demgegenüber ist bei sachbezogenen Leistungen (beispielsweise Service- oder Produktleistungen) zumeist eine vorherige Prüfung der Berechtigung der Beschwerde anzuraten. Die Prüfung kann auch erste Hinweise auf den Grad der Unzufriedenheit des Kunden geben.

Im Hinblick auf die Art der Lösung kann zwischen einer Standardlösung und der individuellen Lösung des Problems unterschieden werden.

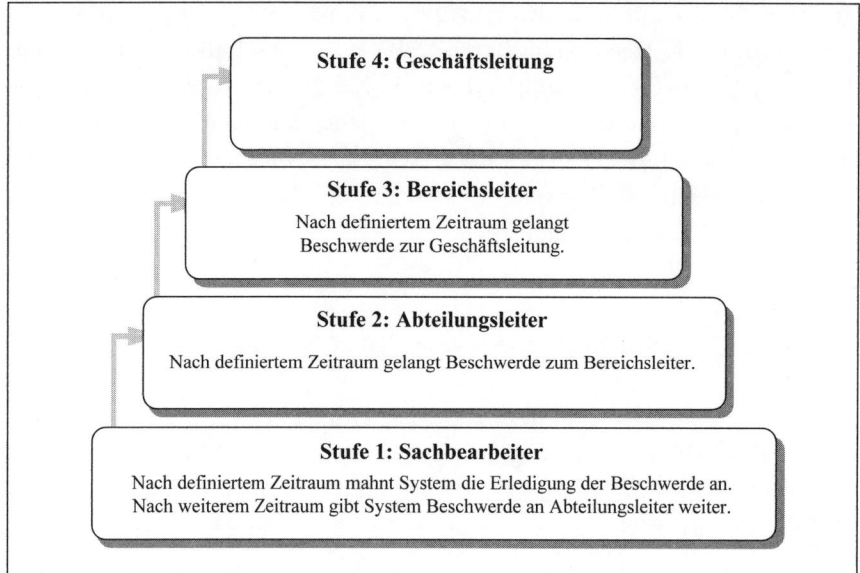

Abbildung 4-8: Mahn- und Eskalationssystem im Beschwerdemanagement

Erstere ist bei relativ häufigen Beschwerdeursachen angebracht. Eine Standardreaktion führt bei relativ geringen Kosten im Regelfall zu einer schnellen Lösung des Problems. Jedoch besteht das Risiko, den Kundenerwartungen bei der Beschwerdebearbeitung nicht gerecht werden zu können. Deswegen ist fallweise eine individuelle Reaktion vorzuziehen. Da die individuelle Lösung jedoch vergleichsweise kostenintensiv ist, ist sie nur bei seltenen, komplexen oder sehr wichtigen Fällen (zum Beispiel bei einem umsatzstarken Kunden) angebracht.

Um problemadäquat handeln zu können, sollten die Mitarbeiter in der Beschwerdebearbeitung über einen gewissen Handlungsspielraum verfügen können (vergleiche auch die diesbezüglichen Ausführungen zum Modul Custor-Empower im Abschnitt 7.2.2). Ein weiterer wichtiger Aspekt ist die Dauer der Bearbeitung. Sie wird häufig von Kunden als völlig unzureichend eingeschätzt. Um hier intern zu einer Beschleunigung zu kommen, ist ein Mahn- und Eskalationssystem, wie es in Abbildung 4-8 gezeigt ist, sinnvoll. Bei Überschreitung einer definierten, kurzen Bearbeitungszeit wird der Bearbeiter angemahnt. Setzt sich die Verzögerung fort, werden übergeordnete Hierarchiestufen von der Verzögerung in Kenntnis gesetzt.[11] Ihnen fällt dann die Aufgabe zu, umgehend für eine Bearbeitung zu sorgen. Die Kette kann im Extremfall bis zur Geschäftsleitung reichen. Hervorragende Erfahrungen hat Rank Xerox mit diesem System gemacht. Das Eskalationssystem ist so angelegt, daß nach jeweils 48 Stunden die Beschwerde eine Stufe höher wandert. Auf diese Weise ist gelungen, den Anteil der in 48 Stunden gelösten Beschwerden von zehn Prozent auf jetzt 90 Prozent zu steigern.[12]

Komponente 4: Beschwerdeanalyse

Die Beschwerdeanalyse dient dazu, entscheidungsrelevante Informationen für die Einleitung von Verbesserungen aufzubereiten und Informationen bereitzustellen, die eine bessere Reaktion auf Beschwerden ermöglichen. Darüber hinaus verfolgt die konsequente Anwendung einer Beschwerdeanalyse auch die Erhöhung der allgemeinen Kundenkenntnis (vergleiche auch die Ausführungen in Kapitel 2). Bezüglich der Details der Beschwerdeanalyse sei auf Kapitel 2 verwiesen.

Komponente 5: Einstellung der Mitarbeiter

Von grundlegender Natur ist die Einstellung der Mitarbeiter zu Kundenbeschwerden. Wie bereits zuvor thematisiert, bestehen hier bei vielen Unternehmen erhebliche Defizite. Die Mitarbeiter müssen lernen, daß Beschwerden kein persönlicher Angriff gegen sie, sondern eine Chance für das Unternehmen sind. Diese Einstellungsänderung ist ein langwieriger Prozeß, der im Regelfall durch Trainings, etwa in Form von Workshops im Rahmen eines CUSTOR-EMPLOYEE TRAINING, unterstützt werden muß.

---

11 Vgl. Stauss/Seidel (1996), S. 147 ff.
12 Vgl. Drosten/Knüwer (1997), S. 36.

Komponente 6: Organisatorische Aspekte
des Beschwerdemanagements

Ein weiteres grundsätzliches Problem bei der Gestaltung eines Beschwerdemanagementsystems ist die Regelung der organisatorischen Zuständigkeit. Grundsätzlich ist sowohl eine zentrale als auch eine dezentrale Organisation des Beschwerdemanagements möglich. Dabei hat es sich oft als sinnvoll erwiesen, beide Formen der Organisation zu verbinden (vergleiche auch Abbildung 4-9). So sollte die Annahme von Beschwerden grundsätzlich dezentral gestaltet sein, jeder Mitarbeiter soll sich für Beschwerden verantwortlich fühlen. Eine zentrale Instanz für die Erfassung und weitere Bearbeitung der Beschwerden ist jedoch sinnvoll. Diese kann durchaus den Kunden kommuniziert werden. Die zentrale Instanz hat dann die Aufgabe, die Bearbeitung der Beschwerde zu initiieren und zu verfolgen und in diesem Zusammenhang die Fallösung an die jeweilige dezentrale Einheit zu verweisen. Auch die Beschwerdeanalyse sollte zen-

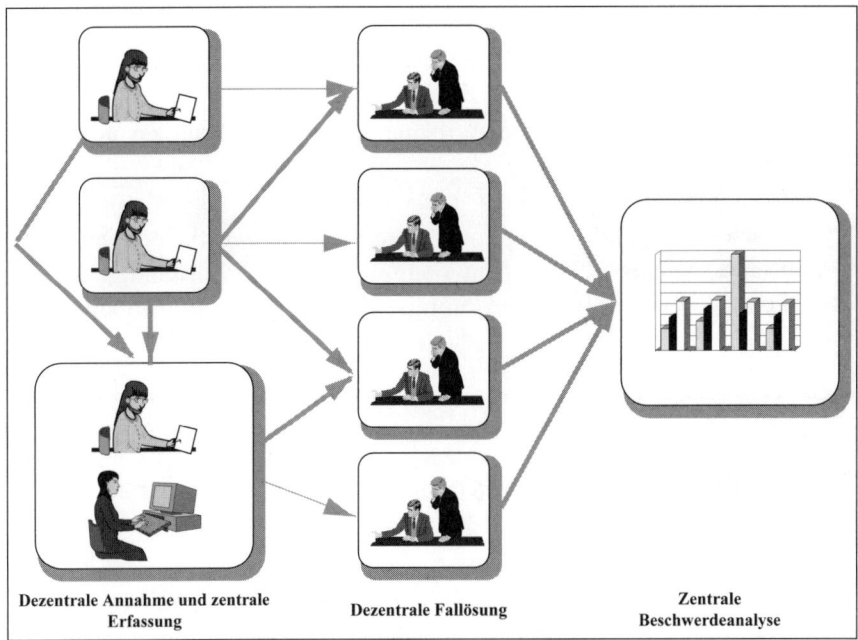

| Dezentrale Annahme und zentrale Erfassung | Dezentrale Fallösung | Zentrale Beschwerdeanalyse |

Abbildung 4-9: Zusammenspiel zentraler und dezentraler Einheiten im Beschwerdemanagement

tral im Unternehmen vorgenommen werden. Nur so kann die Vergleichbarkeit gesichert werden.

Abschließend seien die wichtigsten Charakteristika eines funktionierenden Beschwerdemanagementsystems nochmals zusammengefaßt:[13]

Schlüsselfaktoren eines funktionierenden Beschwerdemanagementsystems

- Einfacher Zugang – den Kunden sollten viele Wege offenstehen, ihre Beschwerden zu artikulieren.
- Schnelle Antwort – die Beschwerde des Kunden muß schnell beantwortet und das Problem schnell gelöst werden.
- Keine Kosten – dem Kunden dürfen durch die Beschwerde keine zusätzlichen Kosten entstehen.
- Verantwortliche Mitarbeiter – die Mitarbeiter müssen autorisiert sein, Beschwerden gegebenenfalls direkt und unbürokratisch lösen zu können.
- Ausgebildete Mitarbeiter – die Mitarbeiter müssen sowohl in technischer als auch in zwischenmenschlicher Hinsicht adäquat ausgebildet sein.
- Einstellungsänderung – Mitarbeiter müssen Beschwerden positiv auffassen.
- Commitment – alle Mitarbeiter müssen sich der Behandlung von Beschwerden und Lösung von Problemen verantwortlich fühlen.
- Kundendatenbank – das Unternehmen muß eine vollständige und aktuelle Kundendatenbank mit Beschwerdeinformationen unterhalten.

4.4 Qualität kennzahlengestützt optimieren

Während die bislang behandelten Aspekte vornehmlich eine externe Blickrichtung haben, hat das in diesem Abschnitt dargestellte CUSTOR-QUALITY MONITORING SYSTEM eine interne Orientierung. Es soll mit

---

13 In Anlehnung an Naumann/Giel (1995), S. 391.

Hilfe von Kennzahlen einen hohen Leistungsstandard sicherstellen. Kennzahlen sollen »in konzentrierter Form über einen zahlenmäßig erfaßbaren Tatbestand informieren«.[14] Ihnen kommen dabei je nach Anwendungsbereich bestimmte Funktionen zu:[15]

1. Operationalisierungsfunktion: Bildung von Kennzahlen zur Operationalisierung von Zielen und Zielerreichung.
2. Anregungsfunktion: laufende Erfassung von Kennzahlen zur Erkennung von Auffälligkeiten und Veränderungen.
3. Vorgabefunktion: Ermittlung von Kennzahlenwerten als Zielgrößen für unternehmerische Teilbereiche.
4. Steuerungsfunktion: Verwendung von Kennzahlen zur Vereinfachung von Steuerungsprozessen.
5. Kontrollfunktion: laufende Erfassung von Kennzahlen zur Erkennung von Soll-Ist-Abweichungen.

Kennzahlen lassen sich nach ihrer Art in absolute Kennzahlen, die einen absoluten Wert darstellen (zum Beispiel Zahl der Beschwerden), und relative Kennzahlen, die einen Wert in Relation zu einem anderen darstellen (zum Beispiel Zahl der Beschwerden pro Mitarbeiter in der zentralen Beschwerdebearbeitung), unterscheiden. Im Umgang mit Kennzahlen sind einige Basisregeln zu beachten:[16]

• Quantifizierbarkeit: Kennzahlen müssen nach einer metrischen Skala definiert sein. Nur so ist es möglich, einzelne Kennzahlen in Bezug zueinander zu setzen.
• Informationsfähigkeit: Kennzahlen müssen den Informationsstand des Managements erhöhen.
• Wirtschaftlichkeit: Die Erhebung der Kennzahlen muß wirtschaftlich vertretbar sein.
• Kombinierbarkeit: Die Einzelbetrachtung von Kennzahlen ist sicherlich sinnvoll, richtige Informationskraft entfalten Kennzahlen häufig jedoch erst im Verbund.

Als sinnvoll erkannte Kennzahlen werden zu einem Kennzahlensystem verbunden. An ein solches Kennzahlensystem im Rahmen des CUSTOR-

---

14 Reichmann/Lachnit (1976), S. 706.
15 Vgl. Weber (1995), S. 188.
16 Vgl. Fieten (1981), S. 24, Horváth (1983) oder Reichmann (1993), S. 16.

QUALITY MONITORING SYSTEM sind – wie an jedes Kennzahlensystem – einige Basisanforderungen zu stellen:

Anforderungen an ein Kennzahlensystem im Rahmen des CUSTOR-QUALITY MONITORING SYSTEM

1. Das Kennzahlensystem muß *übersichtlich* sein. Die gewünschte Information muß schnell und zielgerichtet auffindbar sein.
2. Das Kennzahlensystem muß *überschneidungsfrei* sein. Jede Kennzahl darf nur genau einen Sachverhalt beschreiben.
3. Das Kennzahlensystem muß *flexibel* sein und die Aufnahme neuer Kennzahlen bzw. die Entfernung nicht mehr benötigter Kennzahlen ermöglichen, ohne daß dadurch der Informationsgehalt des Kennzahlensystems leidet.
4. Das Kennzahlensystem muß *genau* sein.
5. Das Kennzahlensystem muß *aktuell* sein.
6. Das Kennzahlensystem muß *vollständig* sein. Alle relevanten Sachverhalte, die zur Qualitätssteuerung nötig sind, müssen abgebildet sein.

Das CUSTOR-QUALITY MONITORING SYSTEM setzt an der Schnittstelle zwischen der Messung der Kundenzufriedenheit und Kundenbindung und der daraufhin eingeleiteten Maßnahmen an (vergleiche auch Abbildung 4-10). Die Messung erbringt üblicherweise eine Reihe von Defiziten, die in einem CUSTOR-QUALITY MONITORING SYSTEM aufgearbeitet und in Maßnahmen überführt werden. Der Fortgang der Maßnahmen wird mit dem CUSTOR-QUALITY MONITORING SYSTEM überwacht: Auf der Basis der Messung werden bezüglich einzelner Leistungsparameter Ziele und Maßnahmen definiert. Kennzahlen, die den Grad der Zielerreichung messen können, sowie deren Ist-Werte werden bestimmt. Zielwerte dieser Kennzahlen werden festgelegt. Der Maßnahmenfortschritt kann dann mit Hilfe dieser Kennzahlen überwacht werden.

Erstes Ziel eines Kennzahlensystems im Rahmen des CUSTOR-QUALITY MONITORING SYSTEM ist es, aufgrund der Messung erkannte Defizite abzubilden. Ein wirklich umfassendes Kennzahlensystem kann sich darin

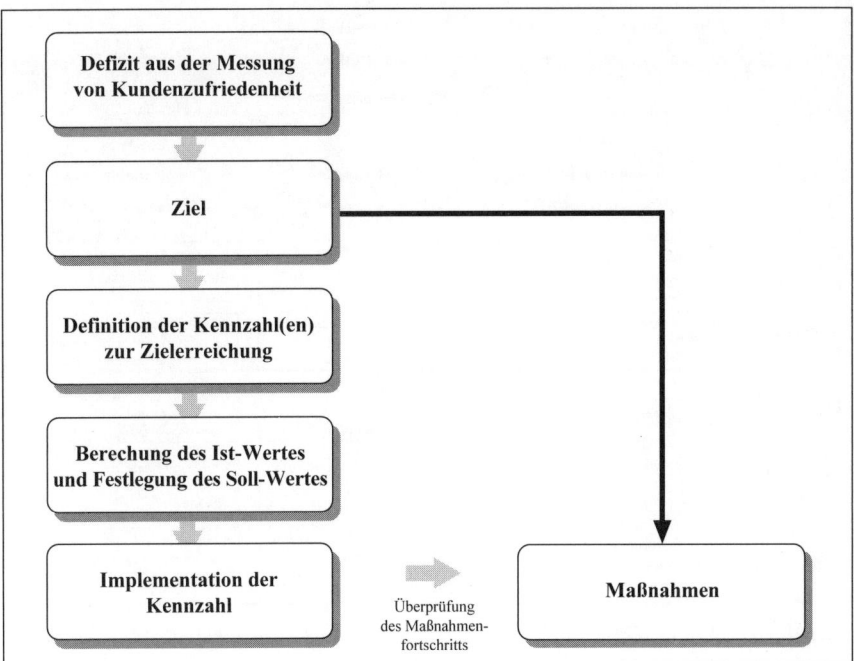

Abbildung 4-10: Vorgehensweise im Rahmen des CUSTOR-QUALITY MONI-
TORING SYSTEM

jedoch nicht erschöpfen. Es muß einen Schritt weiter gehen und alle im
Hinblick auf die Kundenorientierung und Kundenzufriedenheit wichtigen Ansatzpunkte und Leistungsparameter erfassen.

Wir stellen im folgenden den Rahmen für ein umfassendes Kennzahlensystem vor, das für jedes Unternehmen konkret ausgestaltet werden
kann. Ansatzpunkte bezüglich einzelner Bestandteile des Kennzahlensystems finden sich bei allen Leistungsbestandteilen, mit denen das Unternehmen dem Kunden gegenübertritt. Insbesondere sind dies:

- Produkte/Dienstleistungen,
- Auftragsabwicklung,
- Logistik,
- technischer Service und
- Vertrieb/Außendienst.

Fallweise können hierzu natürlich noch weitere Leistungsbestandteile
kommen. Das CUSTOR-QUALITY MONITORING SYSTEM unterscheidet

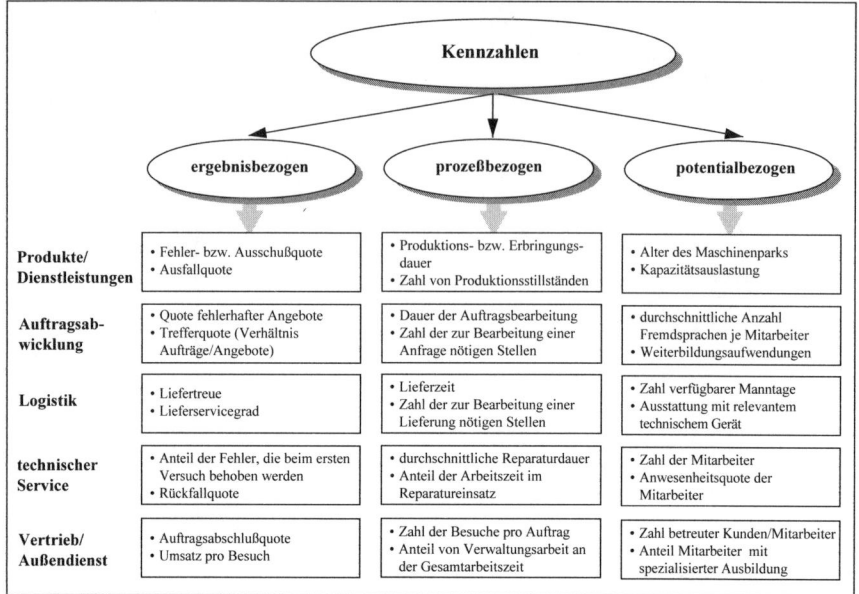

Abbildung 4-11: Beispielhafte Kennzahlen des Custor-Quality Monitoring System

prozeßbezogene Kennzahlen, die den Ablauf eines Prozesses beschreiben
(zum Beispiel eine Durchlaufzeit), ergebnisbezogene Kennzahlen, die das
Ergebnis eines Prozesses beschreiben (zum Beispiel eine Ausschußquote
in der Produktion), und potentialbezogene Kennzahlen, die technische
und Humanpotentiale darstellen (zum Beispiel die Qualifikation von
Mitarbeitern bestimmter Bereiche). In Abbildung 4-11 sind beispielhaft
einige Kennzahlen der verschiedenen Bereiche dargestellt.

In vielen Unternehmen ist die Kennzahlenkultur generell recht stark
ausgeprägt. Auch dürften viele der im Rahmen des Custor-Quality
Monitoring System benötigten Kennzahlen bereits in der einen oder
anderen Form im Unternehmen erhoben werden. Dennoch wird in der
Regel eine Reihe von Kennzahlen nicht erhoben oder nicht adäquat ver-
knüpft.

Bei der Definition eines Kennzahlensystems im Rahmen des Custor-
Quality Monitoring System sollte man darauf achten, daß es nicht zu
komplex wird. Jede Kennzahl darf nur erhoben werden, wenn mit ihr
tatsächlich gearbeitet wird und sie im Hinblick auf die Kundenorientie-

rung und deren Veränderung relevant ist. Um dies sicherzustellen, hat es sich bewährt, hierzu ein Projektteam aus Mitarbeitern aller beteiligten Unternehmensbereiche einzurichten.

Ein gewisser Zeitraum nach der Einführung eines Kennzahlensystems im Rahmen des Custor-Quality Monitoring System sollte als Probezeitraum verstanden werden. Mitarbeiter müssen sich erst an die neue Zahlenkultur gewöhnen, auch die Erhebung der Kennzahlen und der Umgang mit ihnen brauchen etwas Eingewöhnungszeit. Man sollte sich also zu Beginn der Arbeit mit Kennzahlen nicht von einigen Problemen aus dem Ruder bringen lassen.

Allgemein sind beim Umgang und Arbeiten mit Kennzahlen einige grundlegende Regeln zu beachten, die auch hier Anwendung finden sollten. Hält man sich an diese »Spielregeln«, wird dies die Akzeptanz eines Kennzahlensystems im Rahmen des Custor-Quality Monitoring System wesentlich erleichtern. Diese »Spielregeln« sind abschließend nochmals im Überblick dargestellt:[17]

Regeln für das Arbeiten mit Kennzahlensystemen

1. Es empfiehlt sich, sich auf wenige aussagefähige Kennzahlen zu konzentrieren, statt überdimensionierte »Zahlenfriedhöfe« entstehen zu lassen, deren Pflege sich innerhalb kürzester Zeit als extrem aufwendig erweist und deshalb eingestellt wird.

2. Es lohnt sich, in die Akzeptanz von Kennzahlen und Kennzahlensystemen zu investieren. Dies kann vor allem durch die Einbindung der später betroffenen Personen in die Entwicklung des Kennzahlensystems geschehen.

3. Die Transparenz der Ermittlung von Kennzahlen ist für die Beteiligten unbedingt zu gewährleisten. Nur was verstanden wird, wird auch akzeptiert.

4. Die Aussagefähigkeit von Kennzahlen wird durch ihre differenzierte Ermittlung (zum Beispiel nach Kundengruppen, Vertriebsregionen) gesteigert.

---

17 Vgl. Homburg/Daum (1997), S. 80 ff.

5. Kennzahlen entfalten ihre volle Aussagekraft zumeist erst in der dynamischen Betrachtung, d. h. in der kennzahlengestützten Analyse von Veränderungstendenzen. Momentaufnahmen sind in der Regel von begrenzter Managementrelevanz.

6. Die Erhebung von Kennzahlen ist kein Selbstzweck. Jede im Unternehmen verwendete Kennzahl sollte mit entsprechenden Zielsetzungen gekoppelt sein.

5. Kundenmanagement:
Der Abschied vom »Gießkannenprinzip«

Auf dem Weg zu mehr Kundenorientierung können operative Maßnahmen nur ein erster Schritt sein. Eine Reihe von Problemen in der Kundenorientierung liegt jedoch tiefer begründet. Bereits in Kapitel 2 wurde thematisiert, daß viele Unternehmen ihre Kunden nicht oder nur ungenügend kennen. Instrumente zur Erhöhung des Kenntnisstandes wurden vorgestellt. Als Folge dieser Unkenntnis treten häufig Probleme im Kun-

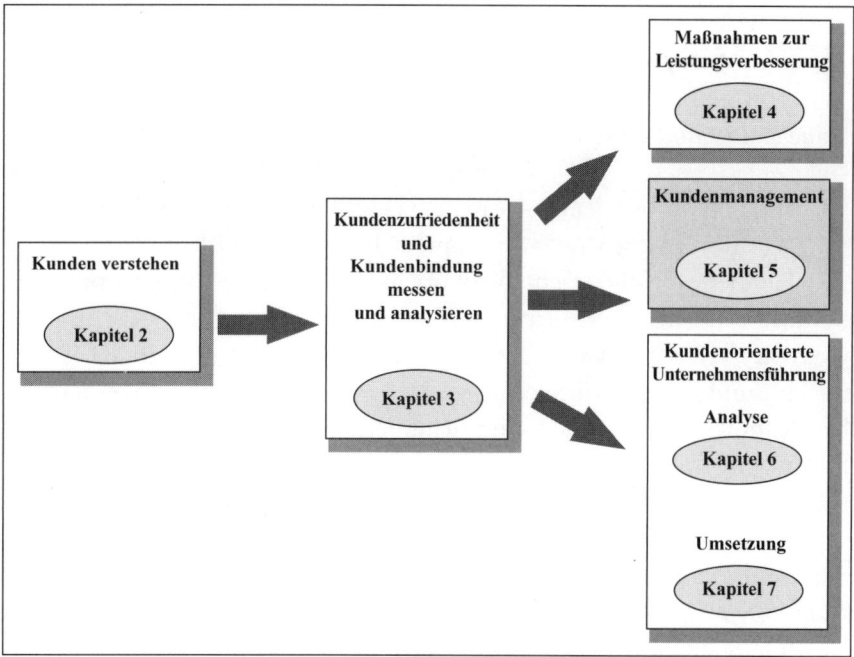

Abbildung 5-1: Einordnung von Kapitel 5 in das Custor-*System*

denmanagement auf. Diese manifestieren sich insbesondere in drei Bereichen:

1. Viele Unternehmen haben eine problematische Kundenstruktur.
2. Eine Fokussierung auf attraktive Kunden findet nur ungenügend statt.
3. Die meisten Unternehmen haben kein durchdachtes und geplantes System der Kundenbindung.

Im folgenden wird aufgezeigt, wie Unternehmen ein zielgerichtetes Kundenmanagement erreichen können (vergleiche Abbildung 5-1).

Die folgenden Abschnitte beschäftigen sich zunächst mit der Frage, wie
die Kundenstruktur eines Unternehmens analysiert und optimiert werden
kann (Abschnitt 5.1). Im Anschluß daran wird mit der CUSTOR-CUSTO-
MER VALUE ANALYSIS aufgezeigt, wie man attraktive Kunden mit einem
hohen Kundenwert identifiziert (Abschnitt 5.2). Den Abschluß bilden in
Abschnitt 5.3 Ausführungen zu Einrichtung und Betrieb von Kundenbindungssystemen.

5.1 Analyse und Optimierung der Kundenstruktur

Dauerhaftes und erfolgreiches Praktizieren hoher Kundenorientierung im
Unternehmen setzt, wie in Kapitel 1 aufgezeigt wurde, wegen der unzwei-
felhaft damit verbundenen Kosten ein gewisses Maß an Kundenfokussierung voraus. Ein zentrales Instrument hierzu ist das Kundenportfolio.
Das Kundenportfolio sucht Antwort auf die Frage nach der optimalen
kundenbezogenen Ressourcenallokation. Mit seiner Hilfe wird in einer
CUSTOR-CUSTOMER VALUE ANALYSIS untersucht, welche Kunden attraktiv sind und welche Mittel auf welche Kunden konzentriert werden sollen. Beim Kundenportfolio wird als unternehmensinterne Dimension die
Lieferantenposition, als unternehmensexterne Dimension die Kundenattraktivität betrachtet (vergleiche auch Abbildung 5-2).

Im Hinblick auf die Operationalisierung der *Kundenattraktivität* ist
der (zum Beispiel jährliche) Bedarf des Kunden ein wesentliches Kriterium. Diese Größe kann auch als relevanter Bedarf bezeichnet werden.
Dabei handelt es sich um das Absatzvolumen, das beim Kunden prinzipiell erzielbar wäre. Ob dieses Absatzvolumen mit nur einem Anbieter

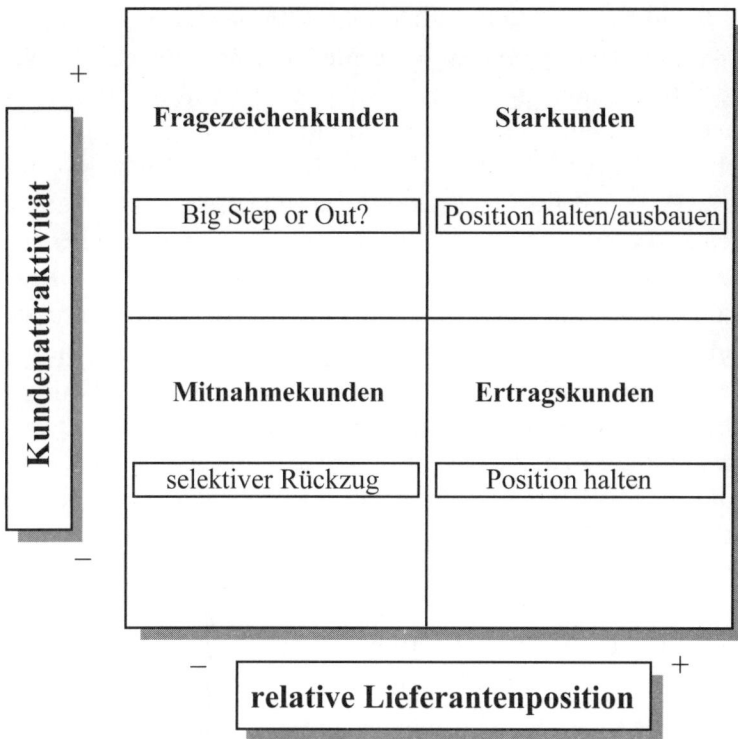

Abbildung 5-2: Das Kundenportfolio

erzielt oder auf mehrere Anbieter aufgeteilt wird, ist zunächst einmal nebensächlich. Weitere Kriterien, die in die Beurteilung der Kundenattraktivität einfließen können, sind beispielsweise:[1]

- das geschätzte Wachstum des relevanten Bedarfs,
- die Erlösqualität, d. h. das Preisniveau, das beim Kunden erzielt werden kann,
- die strategische Bedeutung des Kunden (Image des Kunden, Funktion als Meinungsbildner, Zukunftspotentiale) und
- die Möglichkeiten der Zusammenarbeit mit dem Kunden (Kooperationsbereitschaft, Entscheidungswege, Zuverlässigkeit, Offenheit, räumliche Distanz).

---

1 Vgl. auch Belz Homburg/Daum (1997).

Die *Lieferantenposition* wird in der Regel über den Lieferanteil gemessen, den das Unternehmen bei dem betrachteten Kunden erzielt. Zur Berechnung des Lieferanteils setzt man das bei dem Kunden erzielte Umsatzvolumen zu seinem relevanten Bedarf in Beziehung. Beträgt also der jährliche relevante Bedarf 180.000 D-Mark und werden hiervon 45.000 D-Mark von dem betrachteten Unternehmen bezogen, so beträgt der Lieferanteil 25 Prozent. Sofern man weiß, welchen Lieferanteil der stärkste Wettbewerber beim betrachteten Kunden ungefähr erzielt, kann man diese Achse des Portfolios auch über den relativen Lieferanteil operationalisieren. Der relative Lieferanteil wird als Quotient aus dem eigenen Lieferanteil und dem des stärksten Konkurrenten errechnet. Erzielt dieser im obigen Beispiel einen Lieferanteil von 40 Prozent, so beträgt der relative Lieferanteil 0,625. Zusätzlich zum Lieferanteil können in die Bestimmung der Lieferantenposition qualitative Kriterien, wie zum Beispiel die Qualität der Geschäftsbeziehung mit den jeweiligen Kunden, einfließen.

Falls man die Achsen über mehrere Kriterien operationalisiert, ist mit Hilfe einer einheitlichen Skalierung die Vergleichbarkeit der Kriterien zu gewährleisten. Die Gesamtbewertung bezüglich einer Achse ergibt sich dann als (unter Umständen gewichteter) Durchschnitt der einzelnen Bewertungen. Es ist jedoch empfehlenswert, sich bei der Auswahl von Kriterien für die Achsen auf einige wenige zu beschränken, da es mit zunehmender Anzahl zu gegenseitigen Kompensationseffekten zwischen den einzelnen Kriterien kommen kann.

Auf dieser Basis kann dann eine Einordnung der Kunden in vier Kategorien (vergleiche Abbildung 5-2) vorgenommen werden. Anhand dieser Typologie lassen sich grundsätzliche Aussagen zu den Vertriebs- und Marketingaktivitäten, aber auch zum Vorgehen im Hinblick auf die Intensität der Kundenorientierung und auf Kundenbindungsbemühungen treffen. Die folgenden Ausführungen zum Kundenportfolio lehnen sich an Homburg/Daum (1997) an.

Starkunden zeichnen sich durch eine hohe Kundenattraktivität aus, zudem verfügt das betrachtete Unternehmen über eine starke Lieferantenposition. Zielrichtung muß folglich sein, diese starke Position zu halten oder auszubauen, was eine intensive Konzentration auf diese Kunden erfordert. So sind Starkunden in der Regel die Kunden, für die die Einrichtung eines Kundenclubs oder die Ausgabe einer Kundenkarte am lohnendsten ist. Auch langfristige vertragliche Bindungen mit entsprechenden Vorteilen für den Kunden oder – im Firmenkundengeschäft – Kontakte auf der Managementebene und Kooperationsprogramme sind Beispiele hierfür. Darüber hinaus ist auf eine regelmäßige Kundenbetreuung Wert zu legen. Außerdem empfiehlt es sich, bei diesen Kunden Konkurrenzaktivitäten genau im Auge zu behalten, da Starkunden ständig Abwerbeversuchen ausgesetzt sind.

Fragezeichenkunden sind im Hinblick auf ihre Attraktivität ebenso einzustufen wie Starkunden, die eigene Position ist jedoch schwach. Ziel der Bearbeitung sollte es sein, die eigene Position nachhaltig zu verbessern, so daß sie mittelfristig zu Starkunden werden. Hierzu sind klar definierte Maßnahmen und die entsprechenden Verantwortlichkeiten festzulegen. Es empfiehlt sich, diese Dinge in einer knappen, schriftlich formulierten Kundenstrategie festzuhalten. Erfahrungsgemäß ist dies jedoch nicht immer möglich. Zum einen kann eine Ausweitung des Lieferanteils durch die eigenen Kapazitäten beschränkt sein. Zum anderen kann der Kunde einer Ausweitung ablehnend gegenüberstehen. Man sollte auf jeden Fall ein dauerndes erfolgloses Anrennen vermeiden und sich in regelmäßigen Abständen die Frage stellen, ob die angestrebte Position (noch) erreicht werden kann. Ist dies nicht (mehr) der Fall, sollte die Bearbeitung eingestellt werden. Bisweilen wird dies auf die griffige Formel »Big Step or Out« gebracht. Ein Verharren in der Fragezeichenposition ist zumeist problematisch: Die Kunden wissen um ihre Attraktivität, dementsprechend ist ihr Anspruchsniveau (zum Beispiel was die Kundenbetreuung oder auch Zugeständnisse in preislicher Hinsicht betrifft) in der Regel sehr hoch. Die Betreuung dieser Kunden ist jedoch nur wirtschaftlich, wenn damit ein hohes Absatzvolumen verbunden ist. Gerade dies ist aber bei Fragezeichenkunden nicht der Fall.

Bei *Ertragskunden* besteht das naheliegende Ziel darin, die starke Position zu halten. Angesichts ihrer begrenzten Attraktivität lautet die Empfehlung, in die Geschäftsbeziehungen mit diesen Kunden soviel zu investieren, wie erforderlich ist, um sie auf dem derzeitigen Niveau zu halten. Auch bei Ertragskunden genießen Maßnahmen der Kundenbindung einen besonderen Stellenwert. Gelingt es, Ertragskunden langfristig an sich zu binden, hat man auf diese Weise ein gewisses Basisgeschäft gesichert. Da diese Kunden einen substantiellen Anteil ihres Bedarfs bei dem betrachteten Unternehmen decken, dürften Maßnahmen der Kundenbindung etwa mittels eines Kundenclubs, einer Kundenkarte oder einer besonderen Betreuung der Kunden in der Regel auf hohe Akzeptanz stoßen.

»Selektiver Rückzug« lautet dagegen die Empfehlung aus dem Kundenportfolio für die *Mitnahmekunden.* Dies ist keineswegs eine Empfehlung, alle diese Kunden aufzugeben. Vielmehr ist die Kernfrage nach der Wirtschaftlichkeit der Bearbeitung zu stellen. Häufig stellt man fest, daß Mitnahmekunden verstärkt für unwirtschaftliche Phänomene im Unternehmen (z. B. Kleinstaufträge) verantwortlich sind. Von Kundenbindungsmaßnahmen sollte in aller Regel Abstand genommen werden.

Bei Mitnahmekunden muß vielmehr die Wirtschaftlichkeit der Bearbeitung erhöht werden, indem der Aufwand, der mit ihrer Betreuung verbunden ist, möglichst gering gehalten wird. Man könnte sich beispielsweise vorstellen, alle Mitnahmekunden zukünftig nur noch telefonisch zu betreuen. Einen anderen Weg ging ein Unternehmen, das insbesondere Produkte aus Großserienfertigung vermarktet. Hier wurde die Belieferung der meisten Mitnahmekunden auf entsprechend spezialisierte Fachhändler umgestellt.

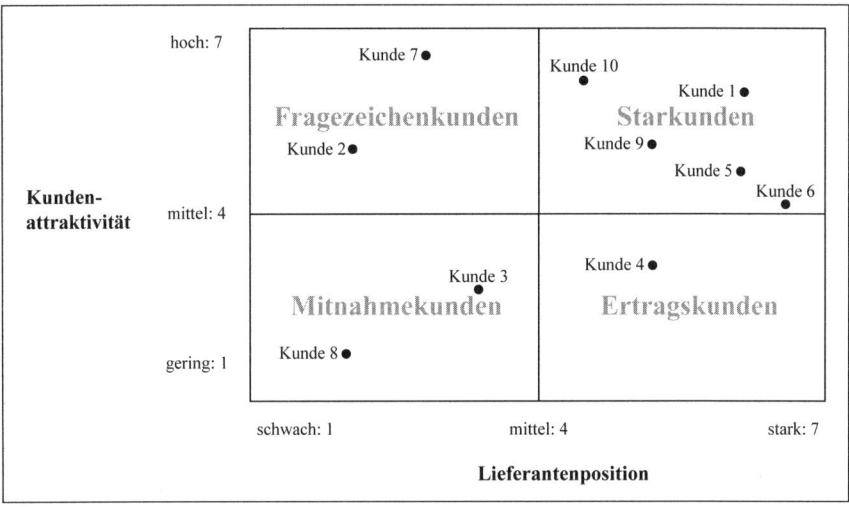

Abbildung 5-3: Das Kundenportfolio einer Autovermietung im Firmenkundengeschäft[2]

---

2 Beispiel entnommen aus Homburg/Daum (1997).

Einzelne Kunden werden jedoch solche Maßnahmen nicht akzeptieren und zur Konkurrenz wechseln. Hier gilt es, konsequent zu bleiben: Selektiver Rückzug bedeutet zwar nicht *zwangsläufig* die Aufgabe der Kunden, die Bereitschaft, einzelne Kunden zu verlieren, muß aber gegeben sein. Ist dies nicht der Fall, so macht es von vornherein wenig Sinn, sich mit dem Kundenportfolio zu befassen.

Abbildung 5-3 zeigt beispielhaft das Kundenportfolio im Firmenkundengeschäft eines Autovermieters. Zur Festlegung der Kundenattraktivität wurden drei Kriterien (relevanter Bedarf, Wachstum des relevanten Bedarfs, Preisniveau) herangezogen. Die Lieferantenposition bestimmt sich über den Lieferanteil. Das Beispiel ist entnommen aus Homburg/ Daum (1997). Für die Berechnung der Position der einzelnen Kunden im Portfolio sei auf die dortigen Ausführungen verwiesen.[3]

Ziel der Arbeit mit dem Kundenportfolio sollte sein, eine ausgewogene Mischung von Kunden in den einzelnen Quadranten des Portfolios zu erreichen. Starkunden sollten den Kern des Geschäftes bilden. Sie bieten die höchsten Umsatz- und Gewinnpotentiale, dementsprechend sollten Kundenbindungsmaßnahmen auf sie konzentriert werden. Ähnliches gilt für Ertragskunden. Fragezeichenkunden stellen Wachstumspotentiale dar. Bei ihnen ist zwar momentan die eigene Position schwach, allerdings sind sie die Starkunden von morgen. Mitnahmekunden *können* das Kundenportfolio sinnvoll abrunden, indem sie ein gewisses »Mitnahmegeschäft« sicherstellen. Wenn es gelingt, den Anteil an Star- und Ertragskunden relativ hoch, den Anteil an Fragezeichenkunden angemessen und den Anteil der Mitnahmekunden nicht allzu hoch zu halten, dann liegt eine gesunde Kundenstruktur des Unternehmens vor.

Im weiteren geht es darum, bei der Bearbeitung der einzelnen Segmente aus dem Kundenportfolio eine stärkere Differenzierung zu erreichen. Dies bezieht sich auf eine ganze Reihe von Aspekten, von denen eine beispielhafte Auswahl genannt sei:

- Produkte: insbesondere die Zahl und das Angebot von Varianten;
- Service: insbesondere die Frage eines abgestuften Service je nach Segment;

---

3 Vgl. Homburg/Daum (1997), S. 66 ff.

- Außendienst: Bestimmung von Besuchshäufigkeiten und -zahlen für die einzelnen Kundensegmente;
- Vertrieb: Betrachtung unterschiedlicher Vertriebsmöglichkeiten bei den verschiedenen Kundensegmenten;
- Auftragsabwicklung: stärkere Standardisierung insbesondere bei den wenig attraktiven Kundengruppen;
- Konditionen: unterschiedliche Konditionen je nach Attraktivität der verschiedenen Kundengruppen.

Das Kundenportfolio ist besonders gut anwendbar im Business-to-Business-Bereich, wo man es häufig mit einer sehr überschaubaren Zahl von Kunden zu tun hat. Im Handel oder in der Konsumgüterindustrie ist dies in der Regel deutlich schwieriger: Zum einen ist allein die Zahl der Kunden dort häufig so groß, daß eine Einordnung des einzelnen Kunden in das Kundenportfolio unmöglich wird. Zum anderen ist der einzelne Kunde dem Unternehmen in der Regel unbekannt. Dennoch kann auch hier das Kundenportfolio ein wertvolles Instrument sein, indem es nicht für einzelne Kunden, sondern für Kundensegmente angewandt wird.

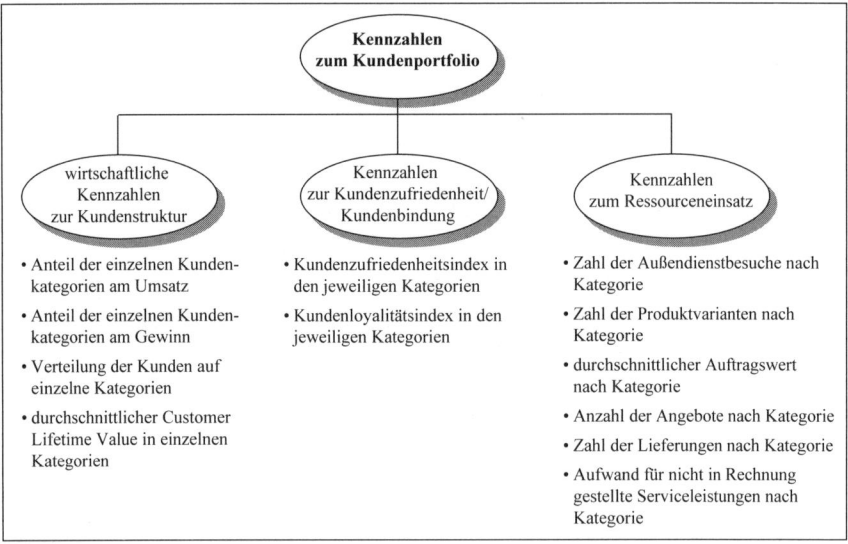

Abbildung 5-4: Beispielhafte Kennzahlen bezüglich des Kundenportfolios

Die Custor-Customer Structure Analysis dient der Bestimmung der Kundenstruktur zu einem bestimmten Zeitpunkt. Dies allein genügt jedoch nicht. Die Kundenstruktur muß im Rahmen der Custor-Customer Structure Optimization aktiv gemanagt werden. Kundenstrukturmanagement bezieht sich hier auf die Ebene des gesamten Portfolios. Hierbei können zwei Zielsetzungen unterschieden werden:

1. *Volumenziele* beziehen sich auf die Erreichung bestimmter Volumina (Auftragseingang, Umsatz, Gewinn oder auch Ziele im Hinblick auf Außendienstbetreuung oder Einsatz von Kundenbindungsmitteln) in den verschiedenen Segmenten des Kundenportfolios.
2. *Strukturziele* beziehen sich demgegenüber auf die Zusammensetzung des Kundenportfolios bezüglich verschiedener Größen (beispielsweise absolute Anteile der Kunden in den einzelnen Segmenten).

Zum Kundenstrukturmanagement auf der Basis des Kundenportfolios sind geeignete Kennzahlen heranzuziehen. Kennzahlen finden in Verbindung mit dem Kundenportfolio vor allem in drei Aspekten Anwendung (vergleiche auch Abbildung 5-4):

1. wirtschaftliche Kennzahlen zur Kundenstruktur,
2. Kennzahlen bezüglich der Kundenzufriedenheit/Kundenbindung und
3. Kennzahlen bezüglich des Ressourceneinsatzes.

Wirtschaftliche Kennzahlen zur Kundenstruktur dienen im wesentlichen dazu, den Grad und den Erfolg der Kundenfokussierung zu beurteilen.

Kundenzufriedenheits-/kundenbindungsbezogene Kennzahlen bringen die einzelnen Kundenkategorien mit der Kundenzufriedenheit und der Kundenbindung in Verbindung. Sicherlich sollten bei der wichtigsten Kundenkategorie (Starkunden) beide Größen am stärksten ausgeprägt sein (vergleiche auch Abbildung 5-5). Dementsprechend könnte in Kauf genommen werden, daß diese bei den weniger interessanten Mitnahmekunden niedriger ausfallen. Fragezeichen- und Ertragskunden sind diesbezüglich differenzierter zu sehen. Wegen ihrer nicht geringen Ertragsbedeutung sollten sich bei Ertragskunden die Kundenzufriedenheit und die Kundenbindung eher im höheren Bereich ansiedeln. Bei Fragezeichenkunden ist eine relativ hohe Kundenzufriedenheit anzustreben. Andernfalls ist die Wahrscheinlichkeit, daß sie eines Tages zu Starkunden werden, recht gering. Dies gilt insbesondere für Kunden, die im Rahmen einer

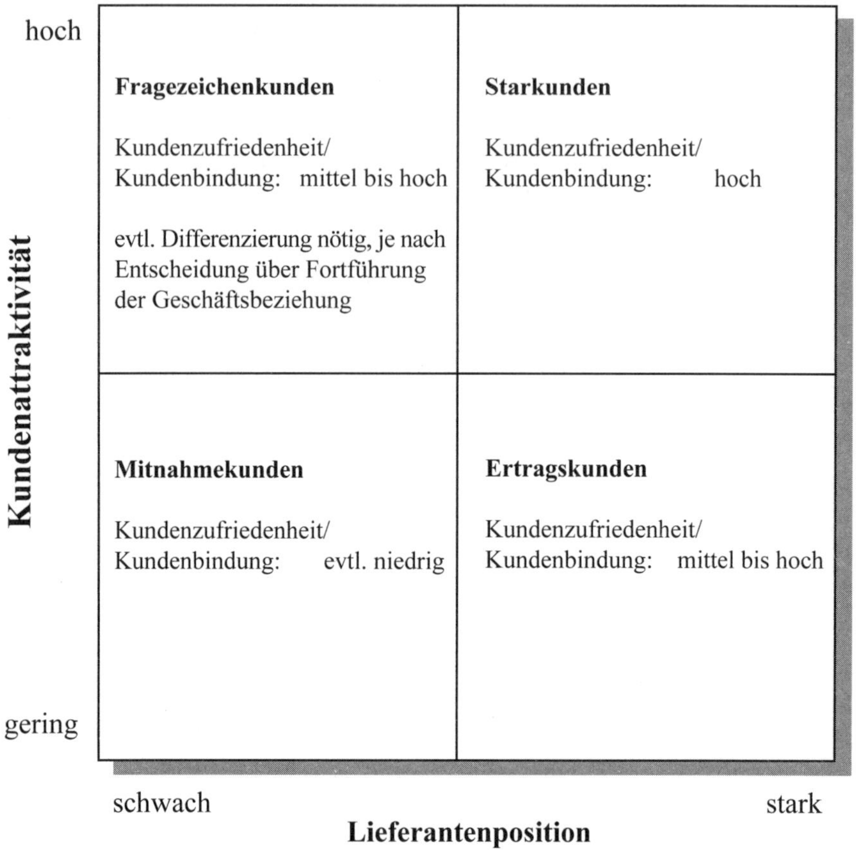

hoch

Fragezeichenkunden	**Starkunden**
Kundenzufriedenheit/ Kundenbindung: mittel bis hoch	Kundenzufriedenheit/ Kundenbindung: hoch
evtl. Differenzierung nötig, je nach Entscheidung über Fortführung der Geschäftsbeziehung	
Mitnahmekunden	**Ertragskunden**
Kundenzufriedenheit/ Kundenbindung: evtl. niedrig	Kundenzufriedenheit/ Kundenbindung: mittel bis hoch

Kundenattraktivität

gering

schwach   stark

Lieferantenposition

Abbildung 5-5: Angestrebte Kundenzufriedenheit/Kundenbindung in Abhängigkeit von der Position im Kundenportfolio

»Big-Step-Entscheidung« gehalten werden sollen. Im Hinblick auf die Kundenbindung ist es wegen ihrer hohen Attraktivität, die in der Regel massive Konkurrenzbemühungen herausfordert, häufig sehr schwer, einen hohen Wert zu erzielen.

Ressourcenbezogene Kennzahlen dienen dazu, einzuschätzen, welche Kundenkategorien wie viele Ressourcen binden. Dabei sollten wiederum die interessantesten Kategorien diejenigen mit der höchsten Ressourcenzuordnung sein. Bei den Mitnahmekunden sollten dagegen die geringsten Ressourcen eingesetzt werden. Bei Fragezeichenkunden sollte sich die Ressourcenzuordnung natürlich vornehmlich auf diejenigen Kunden

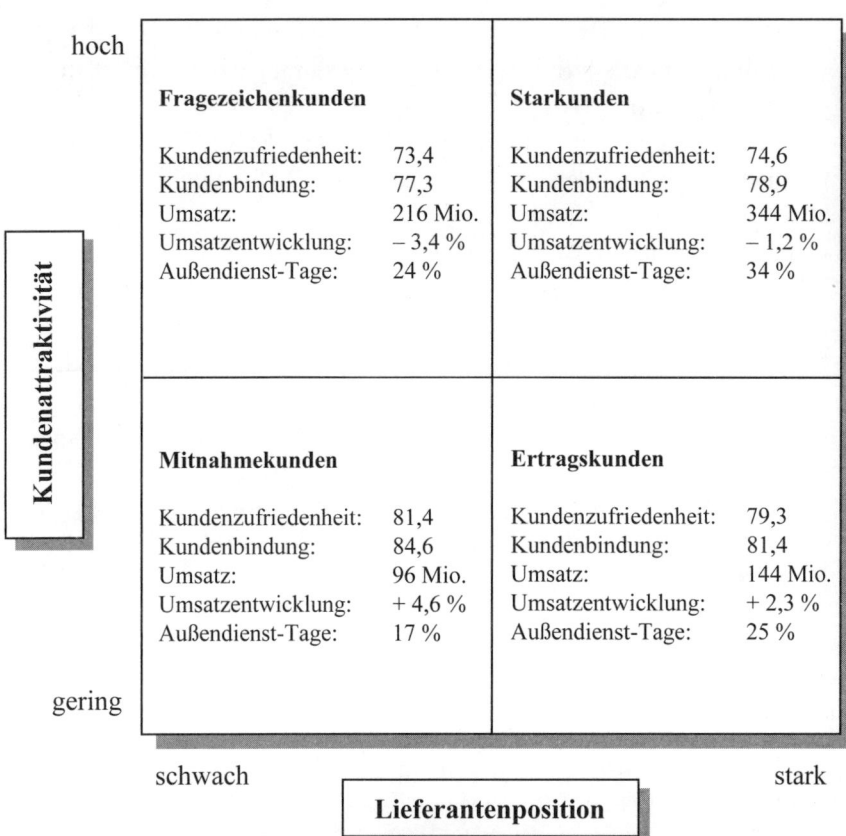

hoch

Fragezeichenkunden

Kundenzufriedenheit:	73,4
Kundenbindung:	77,3
Umsatz:	216 Mio.
Umsatzentwicklung:	– 3,4 %
Außendienst-Tage:	24 %

Starkunden

Kundenzufriedenheit:	74,6
Kundenbindung:	78,9
Umsatz:	344 Mio.
Umsatzentwicklung:	– 1,2 %
Außendienst-Tage:	34 %

Mitnahmekunden

Kundenzufriedenheit:	81,4
Kundenbindung:	84,6
Umsatz:	96 Mio.
Umsatzentwicklung:	+ 4,6 %
Außendienst-Tage:	17 %

Ertragskunden

Kundenzufriedenheit:	79,3
Kundenbindung:	81,4
Umsatz:	144 Mio.
Umsatzentwicklung:	+ 2,3 %
Außendienst-Tage:	25 %

gering

Kundenattraktivität

schwach **Lieferantenposition** stark

Abbildung 5-6: Kundenportfolio-Analyse bei einem Maschinenbauunternehmen: Die Ausgangssituation

konzentrieren, bei denen die Entscheidung für eine Fortführung der Geschäftsbeziehung gefallen ist.

Im folgenden stellen wir eine vollständige CUSTOR-CUSTOMER STRUCTURE ANALYSIS und die darauf aufbauende CUSTOR-CUSTOMER STRUCTURE OPTIMIZATION bei einem Maschinenbauunternehmen vor. Abbildung 5-6 zeigt zentrale Kennzahlen einer ersten Kundenportfolio-Analyse.

Wie zu sehen ist, fällt das Ergebnis der Analyse relativ ungünstig aus. Folgende Punkte sind hervorzuheben:

- Die Kundenzufriedenheit und die Kundenbindung sind bei den wichtigen Kunden (Star- und Fragezeichenkunden) zu niedrig. Dagegen fällt insbesondere die Kundenzufriedenheit bei Mitnahmekunden deutlich zu hoch aus. Hier ist zu überlegen, ob dies unter wirtschaftlichen Gesichtspunkten noch vertretbar ist.

- Auf die wichtigen Star- und Fragezeichenkunden entfallen jedoch relativ zu wenig Außendienst-Tage (sie stehen für 70 Prozent des Umsatzes, aber nur 58 Prozent der Außendienst-Tage).
- Insbesondere bei den Fragezeichenkunden wird zu wenig getan. Sie sind offensichtlich wegen ihres Aufwandes bei den Außendienstmitarbeitern wenig gelitten.
- Demgegenüber werden Ertragskunden viel zu stark vom Außendienst bearbeitet. Dies ist aus Sicht der Außendienstmitarbeiter auch verständlich, da sie bei diesen Kunden gewissermaßen ein »Heimspiel« haben.
- Als Konsequenz aus den genannten Punkten ist der Umsatz bei den wichtigen Kunden rückläufig, es findet eine Verzettelung bei den weniger wichtigen Kunden statt.

Auf Basis der CUSTOR-CUSTOMER STRUCTURE ANALYSIS wurden im Beispiel zunächst Ziele zur Optimierung des Portfolios definiert. Die drei wichtigsten waren:

1. Der Anteil der Mitnahmekunden am Umsatz sollte auf unter zehn Prozent gesenkt werden (fokussierungsbezogenes Ziel).
2. Die Kundenzufriedenheit und die Kundenbindung sollten bei Star- und Fragezeichenkunden, sofern bei letzteren die Entscheidung für die Beibehaltung getroffen wurde, auf über 80 gesteigert werden (kundenzufriedenheits-/kundenbindungsbezogenes Ziel).
3. Die Zahl der Außendienst-Tage in der jeweiligen Kundengruppe sollte in stärkerem Maße der Attraktivität entsprechen (ressourcenbezogenes Ziel).

Die zentralen Maßnahmen, die hierzu eingeleitet wurden, waren:

- Die Besuchshäufigkeiten wurden per Vorgabe an die Attraktivität eines Kunden angeglichen.
- Defizite aus einer vorherigen Messung der Kundenzufriedenheit wurden aktiv angegangen (insbesondere Funktionalität und Zuverlässigkeit der Produkte, Freundlichkeit des Personals, Informationspolitik des Unternehmens, die von den Starkunden, aber auch von den Frage-

zeichenkunden schlecht eingestuft wurde, sowie eine selektive Verbesserung der Lieferzeiten).

- Der Vertrieb wurde umgestellt (indirekte Belieferung der Mitnahmekunden über den Fachhandel). Dadurch wurde Logistikkapazität für die Fragezeichen- und Starkunden frei.
- Mitnahmekunden wurden nahezu ausschließlich auf eine telefonische Betreuung durch den Vertriebsinnendienst umgestellt.

Das Resultat dieser Maßnahmen ist in Abbildung 5-7 dargestellt. In nur einem Jahr wurden Kundenzufriedenheit und Kundenbindung bei den Fragezeichen- und Starkunden deutlich gesteigert. Bei Ertragskunden trat nur eine geringe Veränderung dieser Größen ein, während bei Mitnahmekunden ein (durchaus erwarteter) stärkerer Rücklauf in Kauf zu nehmen war. Dies ging einher mit einer gesamten Steigerung des Umsatzes um fünf Prozent auf 840 Millionen Mark. Dabei stieg der Umsatz bei Fragezeichen- und Starkunden relativ stark an, bei Ertragskunden wurde ein proportionales Wachstum erreicht. Bei Mitnahmekunden kam es jedoch zu einem stärkeren Umsatzrückgang.

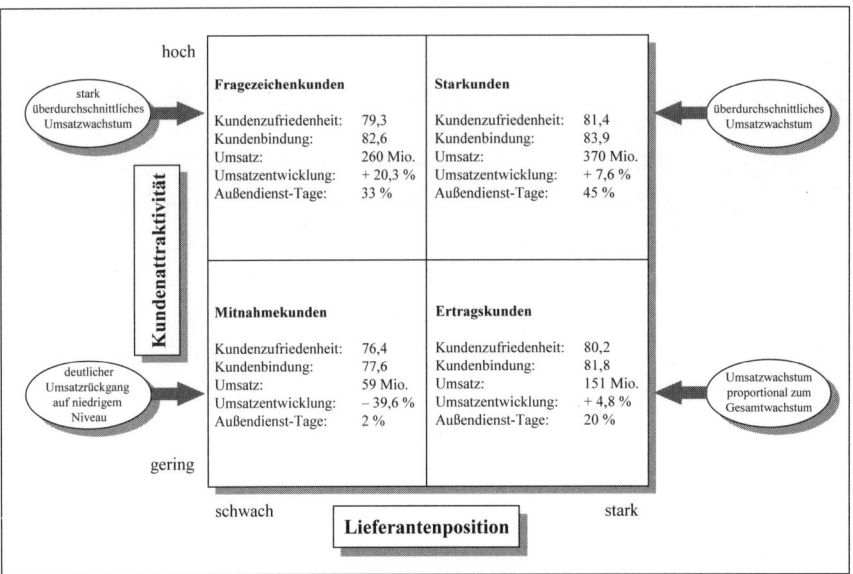

Abbildung 5-7: Kundenportfolio-Analyse eines Maschinenbauunternehmens nach Abschluß der Custor-Customer Structure Optimization

Das Beispiel verdeutlicht, wie wirkungsvoll ein differenziertes Vorgehen bei der Optimierung der Kundenzufriedenheit sein kann. Bemühungen und insbesondere die Zuteilung von Ressourcen dürfen keinesfalls undifferenziert für alle Kunden geschehen (»Gießkannenprinzip«). Nur durch eine differenzierte Zuordnung zu den einzelnen Segmenten ist eine nachhaltige Verbesserung der Position des Unternehmens zu erreichen.

5.2 Kunden in dynamischer Betrachtung

Während bislang statische Konzepte zur Analyse der Kundenstruktur eingeführt wurden, wenden wir uns nun mit der CUSTOR-CUSTOMER VALUE ANALYSIS einer dynamischen Betrachtungsweise zu. Das dahinterstehende Konzept des Customer Lifetime Value betrachtet den Wert eines Kunden über die gesamte Dauer der Geschäftsbeziehung. So kauft eine Familie, die ihren Wochenbedarf von 150 D-Mark an Lebensmitteln regelmäßig bei einer Einkaufsstätte tätigt, im Laufe von nur fünf Jahren dort für 39.000 D-Mark ein. Ein Autofahrer gibt im Laufe seines Lebens leicht mehr als eine halbe Million Mark für Autos und dazugehörigen Service aus. Die amerikanische Fast-Food-Kette Pizza Hut geht davon aus, daß jeder regelmäßige Kunde im Laufe seines Lebens etwa 7.500 Dollar in den Restaurants von Pizza Hut ausgibt.[4]

Ein geeignetes Instrument für diese Betrachtung ist die Kundenwertanalyse (CUSTOR-CUSTOMER VALUE ANALYSIS). Sie beruht im wesentlichen auf Methoden der dynamischen Investitionsrechnung, insbesondere der Kapitalwertmethode. Diese basiert auf dem Prinzip, daß zukünftige Zahlungen weniger wert sind als gegenwärtige. Zukünftige Einzahlungen und Auszahlungen werden mit einem Kalkulationszinsfuß entsprechend der Anzahl der zu betrachtenden Perioden abgezinst und kumuliert:

$$Kapitalwert = \sum_{t=0}^{t=n} \frac{e_t - a_t}{(1+i)^t} = e_0 - a_0 + \frac{e_1 - a_1}{1+i} + \frac{e_2 - a_2}{(1+i)^2} + \ldots + \frac{e_n - a_n}{(1+i)^n}$$

e_t: (erwartete) Einnahmen aus der Geschäftsbeziehung in der Periode t
a_t: (erwartete) Ausgaben aus der Geschäftsbeziehung in der Periode t

---

4 Vgl. McNerney (1996), S. 4.

i: Kalkulationszinsfuß zur Abzinsung auf einen einheitlichen Referenzzeitpunkt
t: Periode (t = 0, 1, 2, …, n)
n: Dauer der Geschäftsbeziehung

Tabelle 5-1 zeigt ein Beispiel einer solchen CUSTOR-CUSTOMER VALUE ANALYSIS aus dem Business-to-Business-Bereich. Das Beispiel ist entnommen aus Homburg/Daum (1997). Einem Industriegüterunternehmen wird ein Rahmenvertrag mit fünfjähriger Laufzeit mit einem Abnahmevolumen von zunächst 10 Millionen Mark, das sich im weiteren um jährlich fünf Prozent (vor allem aufgrund von Degressionseffekten) verringern sollte, offeriert. Ein Servicevertrag über 80.000 D-Mark jährlich wurde zusätzlich in Aussicht gestellt. Tabelle 5-1 stellt nun die diesbezügliche CUSTOR-CUSTOMER VALUE ANALYSIS dar, bei der mit einem Kalkulationszinsfuß von zehn Prozent gerechnet wurde. Zur genaueren Beschreibung der jeweiligen Kostenarten sei auf Homburg/Daum (1997) verwiesen. Im Beispiel ergibt sich bei einfacher Berechnung der Einnahmenüberschüsse ein positiver Wert von 115.712 D-Mark. Berücksichtigt man jedoch die zeitliche Komponente, so erhält man einen negativen Kundenwert von −81.030 D-Mark. Das Beispiel verdeutlicht, daß eine einfache Analyse von Einnahmen und Ausgaben nicht ausreicht. Erst bei einer Dynamisierung der Betrachtung kann der Wert eines Kunden korrekt festgelegt werden.

Tabelle 5-1: Beispiel der Berechnung eines Customer Lifetime Value aus dem Business-to-Business-Bereich

	1. Jahr (t = 0)	2. Jahr (t = 1)	3. Jahr (t = 2)	4. Jahr (t = 3)	5. Jahr (t = 4)	Summe
Bruttoumsatz	10.000.000	9.500.000	9.025.000	8.573.750	8.145.063	45.243.813
begleitende Erlöse	80.000	80.000	80.000	80.000	80.000	400.000
technologische Vorlaufkosten	1.300.000					1.300.000
vertriebliche Vorlaufkosten	220.000					220.000
begleitende Kosten	100.000	100.000	300.000	100.000	100.000	700.000
variable Kosten	6.900.000	6.417.000	5.967.810	5.550.063	5.161.559	29.996.432
kundenspez. Vertriebskosten	750.000	765.000	734.400	660.960	594.864	3.505.224
kundenspez. fixe Kosten der Fertigung	1.800.000	1.854.000	1.909.620	1.966.909	2.025.916	9.556.444
Folgekosten					250.000	250.000
jährlicher Einnahmeüberschuß	−990.000	444.000	193.170	375.818	92.724	115.712
Einnahmeüberschuß diskontiert	−990.000	403.636	159.645	282.358	63.332	−81.030

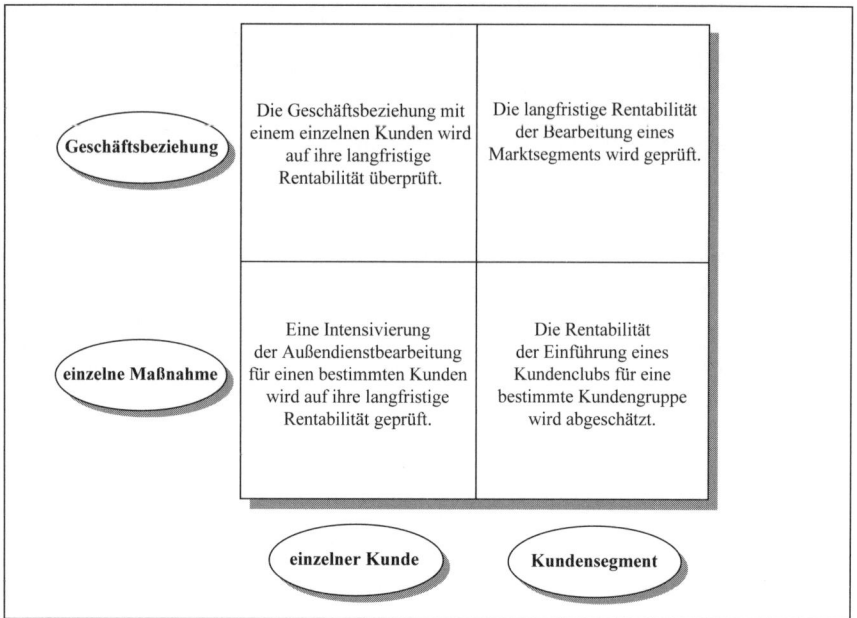

Abbildung 5-8: Beispiele für Betrachtungsobjekte einer Custor-Custo-mer Value Analysis

Die Custor-Customer Value Analysis ist insbesondere im Business-to-Business-Bereich, der von eher geringen Kundenzahlen gekennzeichnet ist, gut einsetzbar. Im Massenkundenbereich ist sie häufig nur für Kundensegmente sinnvoll anwendbar. Eine Custor-Customer Value Analysis kann sich auf die gesamte Kundenbeziehung oder aber eine einzelne Maßnahme (zum Beispiel der Kundenbindung) beziehen. Abbildung 5-8 zeigt diese beiden Dimensionen des Betrachtungsobjektes.

Die Durchführung einer Custor-Customer Value Analysis läuft in fünf Stufen ab (vergleiche auch Abbildung 5-9):

Schritt 1: Das *Betrachtungsobjekt* der Kundenwertanalyse wird festgelegt.

Schritt 2: Die *relevanten Nutzen- und Kostenkategorien* werden *definiert.* Neben ökonomischen Potentialgrößen wie dem Umsatz sind hierbei auch vorökonomischen Potentialgrößen wie das Referenzpotential des Kunden, Möglichkeiten des Cross-Selling oder das Informationspotential bei der Nutzenbetrachtung rele-

Abbildung 5-9: Die fünf Stufen einer CUSTOR-
CUSTOMER VALUE ANALYSIS

vant.[5] Im Hinblick auf die Kostenkategorien sind dies die reinen
Produktkosten, aber auch Verkaufskosten oder Sonderkondi-
tionen, Verwaltungskosten, Kapitalkosten.[6]

---

5 Vgl. hierzu ausführlich Cornelsen (1996), S. 14 ff. sowie die dort zitierte Literatur.
6 Vgl. hierzu detailliert Yorke/Droussiotis (1994), S. 9.

Schritt 3: Die *Nutzen- und Kostenkategorien* werden *quantifiziert*. Dies wird um so schwieriger, je weiter der zu schätzende Zeitpunkt in der Zukunft liegt. Unter Umständen kann es hier sinnvoll sein, mehrere Szenarien aufzustellen und zu betrachten.

Schritt 4: Der *Kundenwert* für das zuvor gewählte Betrachtungsobjekt wird *berechnet*.

Schritt 5: Das *Rechenergebnis* wird *bewertet*. Es wird beurteilt, ob das Betrachtungsobjekt rentabel ist. Eine Entscheidung über Aufgabe oder Beibehaltung wird getroffen.

Besondere Aufmerksamkeit muß der Problematik der Datenerhebung gewidmet werden, da die Mehrzahl der zu erhebenden Daten zukunftsbezogene Schätzungen sind. Dabei ist es sinnvoll, auf Expertenwissen im Unternehmen zurückzugreifen. Bezüglich prognostizierter Marktentwicklungen können Marktforschungsexperten befragt werden. Für die Einschätzung des Potentials einzelner Kunden beziehungsweise Kundensegmente ist der Außendienst oder Vertrieb der richtige Ansprechpartner. Zur Entwicklung der Produkt- und Produktionskosten können zum Beispiel der Einkaufsleiter und der Produktionsleiter Auskunft geben. In der Regel ist es sinnvoll, zur Entwicklung der verschiedenen Nutzen- und Kostenkategorien zusammen mit den Beteiligten diesbezügliche Szenarien aufzustellen.

Über die zuvor genannten Anwendungsgebiete hinaus ist die CUSTOR-CUSTOMER VALUE ANALYSIS auch in Verbindung mit dem Kundenportfolio und den Kundenbindungssystemen sinnvoll:

• Das Kundenportfolio legt eine Konzentration auf bestimmte Kundengruppen nahe. Hier stellt sich unmittelbar die Frage, ob sich dies langfristig lohnt. Diese Frage bekommt eine besondere Bedeutung im Rahmen von »Big-Step«-Entscheidungen bei Fragezeichenkunden. Zu ihrer Beantwortung bietet die Kundenwertanalyse eine Hilfestellung.

• Die Einrichtung der im nächsten Abschnitt behandelten Kundenbindungssysteme erfordert oft Investitionen in erheblichem Ausmaß. Die CUSTOR-CUSTOMER VALUE ANALYSIS kann auch hierbei eine wertvolle Entscheidungshilfe sein.

5.3 Management der Kundenbindung: Aus Kunden Mitglieder machen

Beschäftigt man sich aus Anbietersicht (die nachfragerbezogene Sichtweise wurde in Kapitel 3 bereits ausgeführt) mit dem Begriff Kundenbindung, so kann diese als »Bündel von Aktivitäten (...), die geeignet erscheinen, Geschäftsbeziehungen zu Kunden enger zu gestalten«, verstanden werden.[7] Die folgenden Abschnitte beschäftigen sich im Rahmen des CUSTOR-CUSTOMER RETENTION SYSTEM mit diesen Aktivitäten. Zunächst geben wir in Abschnitt 5.3.1 einen Überblick über Instrumente der Kundenbindung. Abschnitt 5.3.2 hat dann die Konzeption, Einrichtung und Erfolgsbeurteilung von Kundenbindungssystemen zum Gegenstand.

5.3.1 Instrumente der Kundenbindung

Häufig trifft man bei der Beschäftigung mit dem Thema Kundenbindung auf die weitverbreitete Meinung, es gäbe ein bestimmtes Instrument der Kundenbindung, das man nur einzuführen brauche, um ein hohes Maß an Kundenbindung zu erreichen. Unternehmen verbringen dann in aller Regel sehr viel Zeit und Mühe damit, dieses »Wunderinstrument« zu finden. Da Kunden jedoch in aller Regel unterschiedlichste Anforderungen, Bedürfnisse und Wünsche haben, müssen solche Bemühungen fast zwangsläufig fehlschlagen. Kundensegmente sind (genauso wie das beim Produktangebot selbstverständlich ist) auch im Hinblick auf ein Kundenbindungssystem unterschiedlich zu behandeln. So kann ein Kundenclub sicherlich sinnvoll bei Kunden sein, die einen intensiven Beratungs- und Informationsbedarf haben. Diesen jedoch bei Kunden einzurichten, die ausschließlich daran interessiert sind, das Produkt zu den geringstmöglichen Kosten zu beziehen, wäre kontraproduktiv. Ein funktionierendes Kundenbindungssystem zeichnet sich durch zwei Merkmale aus:

1. In den seltensten Fällen muß ein Kundenbindungssystem vollkommen neu aufgebaut werden. Häufig führt gerade die Verbindung von neuen

---

7 Vgl. Diller (1995), S. 6.

Instrumenten mit bekannten und erprobten Marketingelementen zum Erfolg.

2. Nicht ein einzelnes Instrument bewirkt hohe Kundenbindung, sondern die sinnvolle Kombination mehrerer Instrumente/Maßnahmen, jeweils zugeschnitten auf das einzelne Kundensegment.

Ansatzpunkte für Elemente eines Kundenbindungssystems können in allen Bereichen des Marketing-Mix gefunden werden (vergleiche Abbildung 5-10). Neben den klassischen Bereichen Produkt, Preis, Kommunikation und Distribution spielt auch der Service (einzelne Servicemaßnahmen sind in der Abbildung unter den jeweiligen Teilbereichen subsumiert) eine gewichtige Rolle.

Im Hinblick auf die *Produktpolitik* wird bei Modulsystemen Kundenbindung dadurch erreicht, daß bestimmte Module des Systems getrennt erworben werden können. Dies hält den Anschaffungsaufwand in Grenzen. Die Erweiterung kann dann im Zuge ihrer Notwendigkeit durchgeführt werden, wobei in der Regel wieder auf den gleichen Hersteller

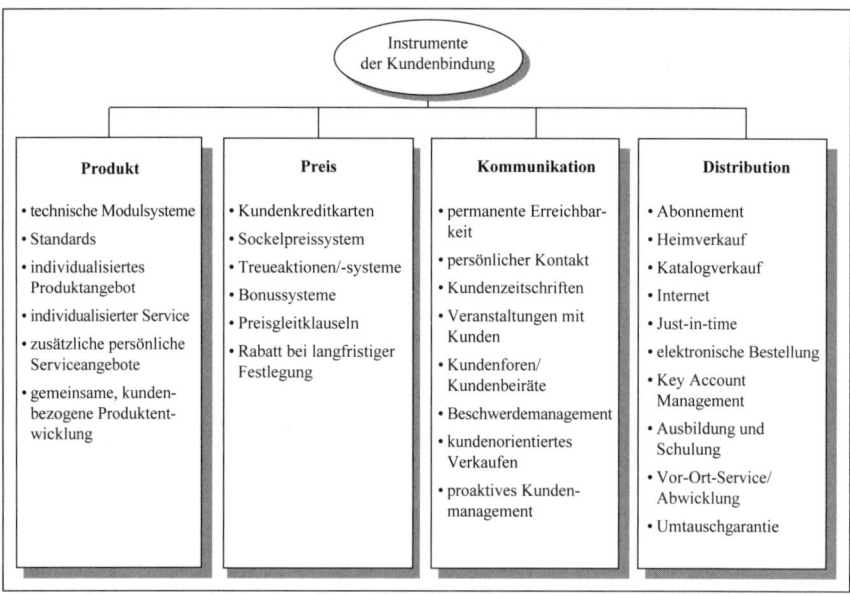

Abbildung 5-10: Instrumente eines Kundenbindungssystems[8]

---

8 In Anlehnung an Diller (1995), S. 51 ff.

zurückgegriffen werden muß, da die Produkte anderer Hersteller üblicherweise nicht kompatibel sind. Nach diesem System arbeiten viele Hersteller von PC-Software, aber auch das Gartengeräteprogramm von Gardena stellt ein hervorragendes Beispiel dar.

Gelingt es, einen eigenen Produktstandard am Markt durchzusetzen, so ist dies ein hervorragendes Mittel der Kundenbindung. Diese Form der Kundenbindung ist jedoch sehr aufwendig und mit dem Risiko verbunden, daß sich der eigene Standard nicht durchsetzt. Ein schon fast klassisches Beispiel hierfür ist der Kampf um den Standard bei Videogeräten, der letztlich von Sony mit dem VHS-System gewonnen wurde. Ist es unmöglich, entweder eigene Standards oder ein Modulsystem einzuführen, so kann die Individualisierung des Produktangebots (Angebot einer genau auf den Kundenbedarf zugeschnittenen Lösung) Kundenbindung generieren. Dies ist im Business-to-Business-Bereich, der häufig durch fallspezifische Einzellösungen gekennzeichnet ist, sicherlich bereits heute schon an der Tagesordnung, im Konsumgüterbereich dagegen ist dies seltener. Im Handel trifft man oft die exklusive Belieferung bestimmter Linien an (beispielsweise durch Bekleidungshersteller). Aber auch die Produktbaukästen, wie sie von verschiedenen Waschmittelherstellern (zum Beispiel die SKIP-Linie von Lever) angeboten werden und die es ermöglichen, Waschmittel nach dem individuellen Bedarf zusammenzustellen, fallen unter diese Kategorie.

Gelingt es, in Verbindung mit dem individualisierten Produktangebot ein Servicepaket individuell für den einzelnen Kunden zu schnüren, ist ein weiterer großer Schritt zur langfristigen Kundenbindung getan. So bietet beispielsweise eine Boutique in Koblenz ihren Stammkunden eine jährliche kostenlose »Inspektion« der Kleidung (Reinigung, Bügeln, Größenänderung, Ausbesserung von Nähten und Köpfen) an. Dabei kann der Kunde auch darauf aufmerksam gemacht werden, was ihm in seiner Kollektion noch fehlt.[9]

Im Business-to-Business-Bereich werden häufig Produkte in Zusammenarbeit mit Kunden entwickelt. Besonders im Automobilbereich gibt es eine Vielzahl von derartigen Kooperationen. Aber auch in anderen Branchen kann dies durchaus ein sinnvoller Weg der Kundenbindung sein.

---

9 Vgl. Faßnacht (1997), S. 9.

Im Bereich des *Preismanagements* enthalten Kunden(kredit)karten neben der Zahlungsfunktion häufig noch zusätzliche Vergünstigungen, wie zum Beispiel ein verlängertes Zahlungsziel oder Sonderrabatte. So ist es beispielsweise möglich, mit der Yess-Card von Massa nicht nur in allen Massa-Warenhäusern zu bezahlen, sie gilt darüber hinaus für eine Reihe weiterer Geschäfte der Gruppe (wie zum Beispiel Praktiker-Baumärkte). Neben einem verlängerten Zahlungsziel (alle Einkäufe werden erst am Ende des Monats vom Konto abgebucht) gibt es auf bestimmte Einkäufe einen Sonderrabatt. Ein ähnliches Konzept verfolgt auch die Kundenkreditkarte von Breuninger, die bei einer Reihe von Partnerunternehmen akzeptiert wird. Karteninhaber erhalten regelmäßig einen Veranstaltungskalender mit Informationen und Tips, können bargeldlos einkaufen und Waren bis zu zehn Tage lang zur Auswahl mit nach Hause nehmen.[10]

Beliebt sind auch Sockelpreissysteme, bei denen der Kunde zunächst einmal einen bestimmten Betrag an das Unternehmen zahlt. Dafür hat er die Möglichkeit, weitere Leistungen des Unternehmens verbilligt in Anspruch zu nehmen. Sicherlich das bekannteste Sockelpreissystem ist die Bahncard. Mit ihrem Erwerb kann der Kunde ein Jahr lang zum halben Preis fahren. Auch die Entertainment Membership Card der schweizerischen Firma Euro Business Services Inc. ist dieser Kategorie zuzurechnen. Diese Karte zum Preis von 85 sFr berechtigt ihren Inhaber, in fast 800 Vertragshotels in ganz Europa einen Rabatt von 50 Prozent des Listenpreises in Anspruch zu nehmen, wenn das Haus zu weniger als 85 Prozent belegt ist.[11]

Treueaktionen/-systeme und Bonussysteme zielen darauf ab, dem Kunden nach einer gewissen Zeit oder Häufigkeit der Nutzung eines Produktes einen zusätzlichen Nutzen, sei es durch eine Rückvergütung, ein Geschenk oder die kostenlose Inanspruchnahme von Leistungen, zu offerieren. In einer Treueaktion lobte ein Windelhersteller im Jahr 1996 für den Kauf von insgesamt fünf Großpackungen Windeln ein Plüschtier aus, das kostenlos bezogen werden konnte. Bekannte Bonussysteme sind die Vielfliegerprogramme der Luftfahrtgesellschaften. Stellvertretend sei an dieser Stelle das Lufthansa Miles&More-Programm geschildert. Dabei bekommt der Kunde für jeden Flug in Abhängigkeit von der zurückgeleg-

---

10 Vgl. Hönig (1990), S. 16.
11 Vgl. Faßnacht (1996), S. 80.

ten Flugstrecke und der Flugklasse (Economy, Business, First) eine bestimmte Anzahl von Meilen gutgeschrieben. Für einen Business-Class-Flug von Frankfurt nach Barcelona sind dies beispielsweise 2.000 Meilen. Hat der Kunde eine bestimmte Zahl von Meilen gesammelt, kann er Prämien in Anspruch nehmen. Ein Economy-Class-Flug von Frankfurt an ein beliebiges Ziel in Spanien kann beispielsweise für 35.000 Meilen in Anspruch genommen werden.

Während die beiden zuvor erläuterten Instrumente langfristige Produktnutzung im nachhinein belohnen, sind Preisgleitklauseln und Rabatte darauf gerichtet, den Kunden ex ante an das Unternehmen zu binden. Preisgleitklauseln finden sich vor allem im Business-to-Business-Bereich, wo bei sehr langfristigen Geschäftsbeziehungen (zum Beispiel bei Rahmenverträgen) das Risiko der Veränderung von Faktorkosten ausgeschaltet werden soll. Vorausrabatte dagegen versuchen, den Kunden durch die Einräumung eines Rabatts langfristig zu binden. So kostete beispielsweise 1995 die Monatskarte des Rhein-Main-Verkehrsverbundes 288 D-Mark. Eine Jahreskarte wurde dagegen zum Preis von 2.880 D-Mark angeboten.[12]

Erhebliches Kundenbindungspotential liegt auch in der *Kommunikationspolitik*. In Kundenzufriedenheitsmessungen ist dies regelmäßig einer der Parameter, die am schlechtesten bewertet werden. Zunächst stellt sich hier die Frage nach der einfachen Erreichbarkeit des Unternehmens für die Kunden. Hotlines für allgemeine Fragen oder technischen Service sollten für ein kundenorientiertes Unternehmen selbstverständlich sein. Dies sollte für den Kunden mit möglichst wenig Aufwand verbunden sein (etwa durch die Einrichtung einer 01 30- oder 01 80-Nummer). So richtete beispielsweise ein Energieversorger, dessen Kunden die schlechte Erreichbarkeit des Unternehmens außerhalb der Kernarbeitszeiten monierten, eine 01 30-Servicenummer ein, die große Teile des Tages nutzbar ist. Dies liegt durchaus im Trend. Die Deutsche Telekom stellte 1996 etwa 31.000 neue 01 30-Nummern zur Verfügung. Daß diese von den Kunden auch gerne angenommen werden, zeigt der Anstieg der Anrufe um etwa 40 Prozent auf 170 Millionen im Jahr 1996.[13]

---

12 Vgl. Faßnacht (1996), S. 81.
13 Vgl. Drosten/Knüwer (1997), S. 36.

Kundenzeitschriften stellen ein gutes Medium dar, um die Informationsversorgung der Kunden auf einfache und effektive Weise zu verbessern und auf hohem Niveau zu halten. Bei der Einführung und Betreibung von Kundenzeitschriften sind einige Basisregeln zu beachten:

Regeln für Kundenzeitschriften

1. Gestalten Sie die Kundenzeitschrift ansprechend. Hierbei ist auf die Zielgruppe Rücksicht zu nehmen.
2. Überfrachten Sie die Zeitschrift nicht ausschließlich mit Produktinformationen.
3. Sehen Sie auch Rubriken vor, die nur indirekt mit dem Produkt zu tun haben oder gar ganz davon entfernt sind. Das entspannt die Kunden beim Lesen und läßt sie so die gewünschte Information leichter aufnehmen.
4. Begrenzen Sie den Umfang der Zeitschrift. Anderweitig verliert der Kunde schnell das Interesse.
5. Halten Sie Ihre Kundendatenbank aktuell und vollständig.

Auch gezielte Veranstaltungen mit Kunden können die Kundenbindung positiv beeinflussen. Veranstaltungen mit Event-Charakter sollen den Kontakt mit den Kunden intensivieren und durch den erlebnisbezogenen Zusatznutzen an sich binden. So werden Kunden häufig zu Besichtigungsreisen eingeladen, die neben Firmenbesichtigungen auch ein umfangreiches Beiprogramm bieten. Ein gutes Beispiel sind auch die Parties, die viele Radiosender ihren Hörern anbieten. Stellvertretend seien die »SWF3 Elch-Parties« erwähnt, die vom dritten Programm des Südwestfunks durchgeführt werden und auf jüngere Hörerschichten abzielen. Diese Veranstaltungen verfolgen auch den Zweck, das Unternehmen und seine Mitarbeiter bekannt zu machen.

Kundenforen und Kundenbeiräte zielen dagegen mehr auf die Informationsversorgung des Unternehmens ab. In Kundenforen treffen sich Kunden in regelmäßigen Abständen mit Mitarbeitern des Unternehmens und sprechen über Probleme. Damit verfolgt das Unternehmen das Ziel, diese

Informationen aus erster Hand zu erhalten und aktiv an einer Lösung der eingebrachten Probleme zu arbeiten. Ein ähnliches Ziel verfolgen auch die Kundenbeiräte, die sich jedoch nicht wie Kundenforen in regelmäßiger Form treffen. Aus Kundensicht bieten solche Institutionen die Möglichkeit, aktiv an der Produktentwicklung oder auch an der Behebung von Problemen des Unternehmens mitzuarbeiten.

Kundenorientierung in der Kommunikation mit dem Kunden ist nicht zuletzt auch eine Frage des Beschwerdemanagements und des kundenorientierten Verkaufens, wie es in Kapitel 4 ausführlich dargestellt wurde.

Proaktives Kundenmanagement heißt, aktiv auf den Kunden zuzugehen, wenn erkannt wird, daß ein Bedarf vorliegt beziehungsweise vorliegen könnte. Auch dies ist natürlich eine Frage aktueller und vollständiger Kundendaten, um auf der Basis von Indikatoren einen Bedarf zu erkennen. Solche Indikatoren können beispielsweise der Zeitraum seit dem letzten Kauf oder der Rückgang der Kauffrequenz beziehungsweise -intensität sein. Auf der Basis dieser Informationen gilt es dann, den Kunden aktiv anzusprechen und Angebote zu unterbreiten.

Auch in der *Distributionspolitik* existiert eine ganze Reihe von Instrumenten zur Steigerung der Kundenbindung. Der Abonnementverkauf ist vor allem im Verlagswesen, bei Theatern und ähnlichen Einrichtungen anzutreffen. Er zielt darauf ab, Kunden durch einen Preisvorteil beim Abonnement langfristig zu binden.

In vielen Branchen ist der Heimverkauf ein häufig angewandtes Mittel. So erreichen Anbieter von Tiefkühlkost Kundenbindung dadurch, daß dem Kunden der Einkauf erleichtert wird. Dies kann sogar so weit gehen, daß der Heimverkauf Event-Charakter annimmt, wie zum Beispiel bei den »Tupper-Parties« der Firma Tupperware. Ein ähnliches Ziel verfolgt der Katalogverkauf. Auch dort wird Kundenbindung durch die Vereinfachung des Bestellablaufs für den Kunden erreicht. In der Zukunft werden hierbei sicherlich auch die Möglichkeiten des Internets eine größere Rolle spielen.

Vornehmlich auf den Business-to-Business-Bereich gerichtet sind besondere Formen der Bestell- und Lieferabwicklung wie Just-in-time-Lieferbeziehungen.[14] Die enge Anbindung des Kunden – auch mittels

---

14 Vgl. hierzu Homburg/Werner (1994).

elektronischer Bestellverfahren – bewirkt, daß dem Kunden bei einem Wechsel des Anbieters erhebliche Kosten entstünden.

Für besonders betreuungsintensive Großkunden bietet sich ein Key-Account-Management an.[15] Das Wesen des Key-Account-Managements ist es, einem bestimmten (Groß-)Kunden einen Ansprechpartner zuzuteilen, der sich um alle Belange dieses Kunden kümmert. Dies hat natürlich einen unmittelbaren Kundenbindungseffekt.

Ebenso zielen Ausbildungs- und Schulungsmaßnahmen sowie ein ausführlicher Vor-Ort-Service auf höhere Kundenbindung ab. Ausbildung und Schulung machen den Kunden mit den Produkten des Unternehmens vertraut und können so helfen, die Produkttreue und die Verwendungsintensität zu steigern. Ergänzend kann das Angebot eines Vor-Ort-Service dem Kunden die Sicherheit einer problemlosen Zusammenarbeit geben. So bietet der PC-Hersteller Gateway 2000 (wie viele andere Hersteller auch) gegen einen Aufpreis einen Drei-Jahres-Vor-Ort-Service innerhalb von 24 Stunden an. Sollte der PC nach 24 Stunden nicht reparierbar sein, wird ein Ersatzgerät gestellt.

Auch eine Umtauschgarantie, unter Umständen lebenslang gewährt, kann zur Steigerung der Kundenbindung beitragen. Während in den USA solche Garantien längst üblich sind, ist es in Deutschland nach Ablauf der zweiwöchigen Umtauschfrist (und oft auch innerhalb dieser) nahezu unmöglich, ein fehlerhaftes Produkt umzutauschen. Andere Wege geht auch in Deutschland der amerikanische (!) Versandhandel Land's End. Er gewährt auf alle Produkte eine lebenslange Umtauschgarantie.[16]

In den bisherigen Ausführungen wurde eine ganze Reihe unterschiedlichster Ansatzpunkte der Kundenbindung aufgezeigt. Höhere Kundenbindung ist dabei sicherlich nicht durch ein einzelnes Instrument (»das Wunderinstrument«) erzielbar. Es kommt vielmehr auf die sinnvolle Kombination verschiedener Instrumente und Maßnahmen an. Dabei sollte man sich in Anlehnung an Diller (1995) von den »fünf Is« der Kundenbindung leiten lassen:

---

15 Vgl. zum Key-Account-Management bspw. Götz (1995).
16 Vgl. Drosten/Knüwer (1997), S. 36.

»Fünf Is« der Kundenbindung

- *Information:* Die Kunden müssen über die einzelnen Maßnahmen des Kundenbindungskonzeptes informiert sein. Vor kurzem hatten wir im Rahmen eines Kooperationsprojektes mit einem Unternehmen der chemischen Industrie zu tun, das eine Vielzahl unterschiedlichster Maßnahmen der Kundenbindung (vom Fernseh- und Kinospot bis zum Kundenforum) unterhält. Bei einer Präsentation dieser Maßnahmen stellte sich jedoch heraus, daß ein großer Teil den meisten Kunden gar nicht bekannt war.
- *Investition:* Kundenbindung gibt es nicht umsonst. Mit Maßnahmen der Kundenbindung sind in der Regel Investitionen verbunden, deren Effekt im Hinblick auf die Ertragsentwicklung des Unternehmens zunächst nur sehr schwierig abzusehen ist. Insbesondere mit der CUSTOR-CUSTOMER VALUE ANALYSIS kann dieser jedoch zielgerichtet abgeschätzt werden.
- *Individualität:* Maßnahmen der Kundenbindung müssen individualisiert angeboten werden. Dies meint aber gerade nicht, daß man versucht, für jeden Kunden ein eigenes Kundenbindungssystem zu kreieren. Erfolgreiche Kundenbindungssysteme legen jedoch auf die richtige Zuordnung von Maßnahmen zu Kunden(gruppen) hohen Wert. Dies sollte so aussehen, daß eine »Toolbox« existiert, aus der die adäquaten Maßnahmen für die jeweilige Zielgruppe gewählt werden.
- *Interaktion:* Kundenbindung kann nur bei adäquater Interaktion zwischen dem Unternehmen und dem Kunden funktionieren. Die Interaktion mit dem Kunden muß aktiv gefördert werden, wozu beispielsweise Beschwerdestellen, Hotlines oder Kundenforen dienen können.
- *Integration:* Die Integration des Kunden ist vor allem im Business-to-Busines-Bereich eine Möglichkeit, den Kunden zusätzlich an das Unternehmen zu binden. Dies kann dadurch erreicht werden, daß beispielsweise ein Produkt gemeinsam mit dem Kunden entwickelt wird. Auch gemeinsame Projektteams zur Übernahme von Rationalisierungsaufgaben stellen ein Beispiel für eine solche Integration dar.

Ein besonderes Instrument der Kundenbindung sind Kundenclubs. Sie werden wegen ihrer grundsätzlichen Bedeutung für das Thema an dieser Stelle gesondert behandelt. Waren Kundenclubs bis vor einiger Zeit ausschließlich im Konsumgüterbereich anzutreffen, so sind in jüngerer Zeit auch erste diesbezügliche Ansätze im Business-to-Business-Bereich zu finden. Als Beispiel sei der GROHE PROFI-CLUB genannt.[17] Unter einem Kundenclub versteht man »eine von einem oder mehreren Unternehmen initiierte, organisierte oder zumindest geförderte Vereinigung mit einem bestimmten Organisationsgrad, die dazu bestimmt ist, potentielle Kunden für das Unternehmen zu gewinnen und/oder tatsächliche Kunden an das Unternehmen zu binden«.[18]

Bei Kundenclubs kann man zunächst zwischen offenen Clubs, die jedem interessierten Kunden offenstehen, und geschlossenen Clubs, bei denen ein Beitrag entrichtet werden muß, unterscheiden. Letzteres hat neben der leichteren Finanzierbarkeit auch den Vorteil, daß in der Regel nur die wirklich interessierten Kunden teilnehmen. Ein Beispiel für einen geschlossenen Club stellen die Clubs der Privatfernsehsender dar, einen offenen Club dagegen unterhält beispielsweise Volkswagen mit dem VW Club. Die kostenlose Mitgliedschaft wird durch einen Clubausweis manifestiert, der jedoch keine Zahlungsfunktion, sondern nur eine Legitimationsfunktion hat.

Darüber hinaus können je nach Ausrichtung und Ziel der Kundenclubs verschiedene Arten solcher Clubs unterschieden werden. Ohne Anspruch auf Vollständigkeit seien die wichtigsten Arten von Kundenclubs aufgelistet:

---

17 Vgl. zu der besonderen Problematik von Kundenclubs im Business-to-Business-Bereich Holz/Tomczak (1996), S. 21 f.
18 Vgl. Holz/Tomczak (1996), S. 7.

Arten von Kundenclubs

- *VIP-Club*
  Ein VIP-Club wendet sich insbesondere an umsatzstarke Stammkunden und sogenannte VIPs aus Politik, Wirtschaft und Gesellschaft. Ziel ist die feste Bindung dieser umsatzstarken oder imageträchtigen Kunden.
- *On-Top-Club*
  Der On-Top-Club steht grundsätzlich allen Kunden offen, zielt jedoch speziell auf die Bindung besonders aktiver Mitglieder ab, die die Clubleistungen intensiv abrufen und/oder eine hohe Kauffrequenz aufweisen.
- *Life-Style-Club*
  Life-Style-Clubs wenden sich wie VIP-Clubs nur an eine bestimmte Zielgruppe, die sich durch einen spezifischen (oft gehobenen, extravaganten) Lebensstil auszeichnet. In diese Kategorie fallen auch die von vielen Zigarettenherstellern initiierten Clubs, wie zum Beispiel der Come-together-Club von Stuyvesant.
- *Kunden-Vorteils-Club*
  Auch der Kunden-Vorteils-Club steht generell allen Kunden offen. Seine Ziele sind die effektivere Kundenfindung und Kundenbindung, ein verbesserter Dialog mit den Kunden und eine Steigerung der Besuchshäufgkeit/Kauffrequenz. Hierzu wird in der Regel ein Bestell- und Lieferservice eingerichtet. Zudem zählen Prämien und exklusive Angebote für Clubmitglieder zum Standard-Leistungsprogramm.
- *Empfehler-Club*
  Ziele des Empfehler-Clubs sind die Gewinnung und Bindung neuer beziehungsweise bestehender Empfehler-Clubmitglieder und die Erhöhung der Freundschaftswerberquote. Hierzu bietet der Club ein hochwertiges Prämienangebot sowie attraktive Zusatz-/Serviceleistungen an.
- *Product-Interest-Club*
  Beim Product-Interest-Club schließlich steht die Mitgliedschaft auch Nicht-Kunden offen. Ziele sind die Bindung und Schaffung von Stammkunden sowie der Abbau von Akzeptanzschwellen bei stark erklärungsbedürftigen Produkten. Die Einrichtung einer Hotline, die Versendung einer Club-Zeitschrift sowie exklusive Vorabinformationen über Produktneuheiten zählen zu den Standardleistungsmerkmalen von Product-Interest-Clubs, wie beispielsweise des Dr. Oetker Back-Clubs.

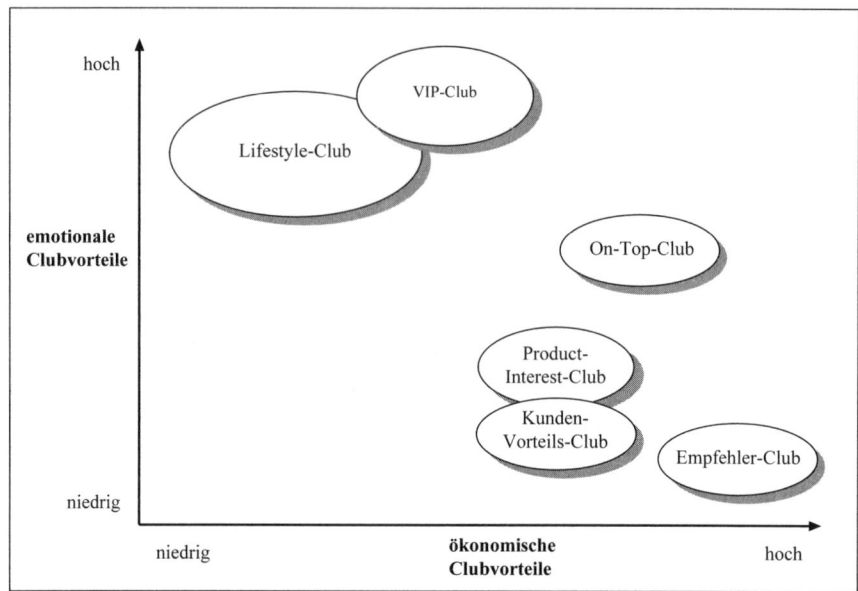

Abbildung 5-11: Arten und Ausrichtung von Kundenclubs[19]

Kundenclubs bieten ihren Nutzern sowohl ökonomische als auch emotionale Vorteile. Das Ausmaß der jeweiligen Vorteile variiert dabei von Club zu Club (vergleiche Abbildung 5-11).

Diller (1996) konnte in einer empirischen Studie im Motorradfachhandel den Nutzen von Kundenclubs im wesentlichen bestätigen. Ihm zufolge ist mit Kundenclubs eine höhere Kundenbindung zu erzielen, die Kundenkenntnis des Unternehmens steigt an. Darüber hinaus ist durch die Verlagerung der Medienwahl der Clubmitglieder auf die Clubmedien eine deutlich gezieltere Ansprache möglich. Direkte Erlössteigerungen konnten zwar nicht nachgewiesen werden, wohl bietet der Club aber »eine günstige Plattform zur Erschließung attraktiver Umsatzpotentiale«.[20]

---

19 Vgl. Diller (1996).
20 Diller (1996), S. 50.

5.3.2 Der Weg zu einem dauerhaften Kundenbindungssystem

Wie bereits eingangs des Abschnitts 5.3 angemerkt wurde, entsteht ein Kundenbindungssystem durch das Zusammenspiel unterschiedlichster Maßnahmen, auf die unterschiedliche Kundengruppen in der Regel unterschiedlich ansprechen. Um zu erkennen, welche Maßnahme in welcher Zielgruppe die Kundenbindung erhöhen kann, wird man in der Regel nicht ohne Marktforschung auskommen. Eine zielgerichtet durchgeführte Markforschung sollte daher am Anfang der Konzeption eines Kundenbindungssystem stehen (vergleiche auch Abbildung 5-12).

Es hat sich als sinnvoll erwiesen, in einer solchen Marktstudie ein zweistufiges Vorgehen anzuwenden. Eine qualitative Vorphase dient dazu, herauszufinden, welche Maßnahmen der Kundenbindung von den Kunden als besonders wirksam angesehen werden. Üblicherweise werden hierzu Fokusgruppen mit ausgewählten Kunden abgehalten. In einem zweiten Schritt der Marktforschung geht es dann darum, die dort erzielten Ergebnisse durch eine quantitative, repräsentative Kundenbefragung am Gesamtmarkt zu validieren. Diese Phase erbringt Aussagen über

- die von den Kunden akzeptierten Maßnahmen der Kundenbindung sowie
- in bestimmten Kundengruppen besonders wirksame Maßnahmen.

Im Anschluß an die Marktforschung ist in der Konzeptionsphase auf Basis der Ergebnisse zu entscheiden, für welche Zielgruppen ein Kundenbindungssystem installiert werden soll. Einzelne Maßnahmen und Leistungen für diese Zielgruppen sind festzulegen. Auch organisatorische Fragen müssen geklärt werden. Prinzipiell sind Kundenorientierung und Kundenbindung natürlich die Aufgabe eines jeden Mitarbeiters. Ein institutionalisiertes Kundenbindungssystem braucht jedoch eine eindeutige und klare Zuweisung der Verantwortung. Dies betrifft zum einen den organisatorischen Aspekt: Wird das Kundenbindungssystem unter die Verantwortlichkeit einer bestimmten Abteilung (zum Beispiel des Marketings oder des Vertriebs) gestellt, oder wird es organisatorisch selbständig (zum Beispiel in einer eigenen Servicegesellschaft) geführt? Zum anderen ist die personelle Seite dieser Einrichtung angesprochen: Wem konkret obliegt die Leitung der diesbezüglichen Aktivitäten?

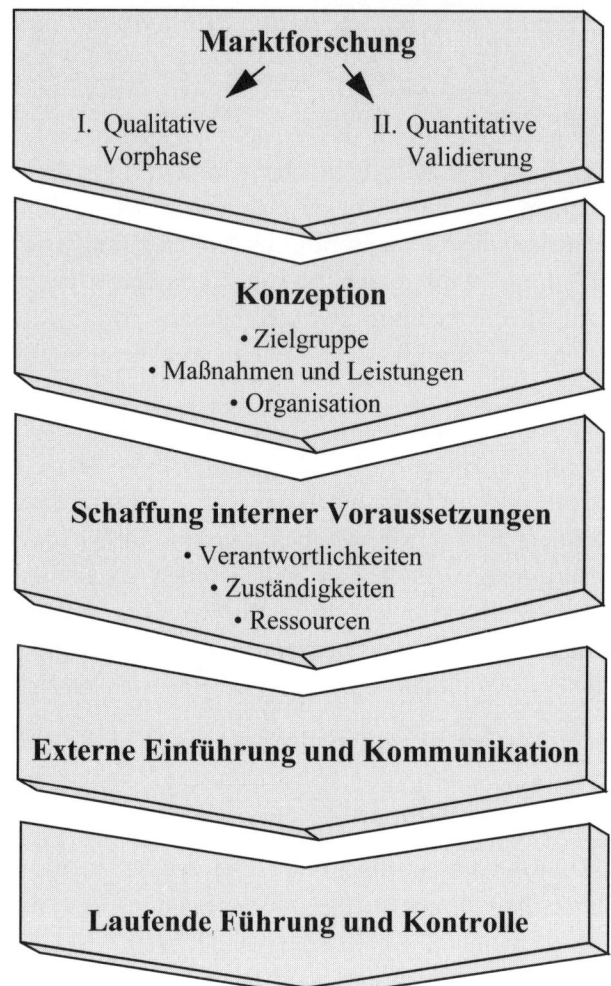

Abbildung 5-12: Schritte zur Einführung eines Kundenbindungssystems

Aber auch ein Outsourcing an externe Serviceanbieter ist ein denkbarer Weg.[21]

In der Implementationsphase sind zunächst die internen Voraussetzungen für die Einrichtung eines Kundenbindungssystems zu schaffen und

---

21 Vgl. Hippen (1997).

Verantwortlichkeiten und Zuständigkeiten festzulegen. Anschließend gilt es, geeignetes Personal zu finden und die nötigen Mittel bereitzustellen. Handelt es sich um eine eigene Servicegesellschaft, muß man sich Gedanken über die geeignete Rechtsform machen. Nicht zuletzt ist auch die Frage der Unterbringung dieser Gesellschaft beziehungsweise der mit dem Kundenbindungssystem befaßten Mitarbeiter zu klären.

Sind die internen Voraussetzungen geschaffen, müssen die einzelnen Elemente des Kundenbindungssystems in einem dritten Schritt den Kunden bekannt gemacht werden. Hierbei kann man auf die Ergebnisse der im ersten Schritt durchgeführten Marktforschung zurückgreifen. Nur diejenigen Elemente, die in einer bestimmten Kundengruppe als besonders wirksam identifiziert wurden, sollten in dieser Gruppe auch eingeführt und dem Kunden vermittelt werden.

Der vierte und letzte Schritt ist die Einrichtung eines laufenden Kontroll- und Führungssystems für das Kundenbindungssystem (vergleiche Abbildung 5-12).

Prinzipiell gestaltet sich die Erfolgsmessung jedoch recht schwierig, da ein Kundenbindungssystem nur einer von vielen Einflußfaktoren des Unternehmenserfolgs ist. Häufig wird die Meinung vertreten, daß ein gutes Kundenbindungssystem letztlich zu Wachstum führen muß. Dies ist allerdings nicht zwangsläufig der Fall. In stagnierenden oder gar schrumpfenden Märkten ist viel gewonnen, wenn mit Hilfe eines Kundenbindungssystems das Umsatzvolumen des Unternehmens zumindest gehalten werden kann.

Vergleichsweise einfach ist die Ermittlung der Kosten eines Kundenbindungssystems. Dabei sind insbesondere zu betrachten:

* Personalkosten, soweit es sich um Mitarbeiter handelt, deren Aufgabe und Tätigkeit eindeutig dem Kundenbindungssystem zuzuordnen ist,
* Investitionen, zum Beispiel in EDV oder ein Call-Center,
* Verwaltungskosten, wie zum Beispiel Büromaterialien oder Räumlichkeiten, in denen die mit dem Kundenbindungssystem befaßten Mitarbeiter untergebracht sind,
* Kommunikationskosten (vor allem Telefon, Fax, Porti) sowie
* die Kosten einzelner Kundenbindungs-Maßnahmen.

Die mit einem Kundenbindungssystem verbundenen Kosten können durchaus erhebliche Ausmaße annehmen. So schätzt Rank Xerox, daß sich die gesamten Maßnahmen der Kundenbindung auf ein Prozent des Jahresumsatzes summieren.[22]

Wesentlich schwieriger ist die Ermittlung des Nutzens eines Kundenbindungssystems. Aufgrund des investiven Charakters der Maßnahmen sowie der grundsätzlichen Schwierigkeit, den Anteil des Unternehmenserfolges, der auf diesen Maßnahmen beruht, zu bestimmen, ist man in aller Regel auf Schätzungen des Nutzens angewiesen. Erste Ansatzpunkte bestehen hier in der Beobachtung ökonomischer Größen auf der Ebene des einzelnen Kunden, der Kundensegmente sowie des Gesamtunternehmens. Auf der Ebene des einzelnen Kunden betrifft dies die Beobachtung der Entwicklung des Umsatzes genauso wie beispielsweise das dabei erzielbare Preisniveau. Ist eine institutionalisierte Form des Kundenbindungssystems etwa mittels eines Kundenclubs oder einer Kundenkarte vorhanden, können beispielsweise die Nutzungs- oder Teilnahmefrequenz betrachtet werden. Auch ein Anstieg der Höhe eines durchschnittlichen Einkaufs mit der Kundenkarte kann als Indiz für steigende Kundenbindung gewertet werden. Ähnliche Möglichkeiten bestehen auch bei einer segment- und unternehmensbezogenen Betrachtung.

Eine weitere Möglichkeit der Beurteilung von Kundenbindungssystemen liegt in der Durchführung regelmäßiger Kundenbefragungen, um Indikatoren, die in direkter Verbindung mit der Kundenbindung stehen, zu beobachten. Von besonderem Interesse sind hierbei:

- die Bekanntheit des Unternehmens,
- die Empfehlungbereitschaft der Kunden,
- die Wiederkaufabsicht,
- der zuvor eingeführte KLI und
- in gewissem Ausmaß natürlich auch die Kundenzufriedenheit.

Eine positive Entwicklung dieser Größen läßt auch auf eine positive Entwicklung der Kundenbindung schließen.

---

22 Vgl. Bunk (1992), S. 44.

6. Kundenorientierte Unternehmensführung: Die Diagnose

Der dritte Aspekt zur Steigerung der Kundenorientierung liegt in internen Gegebenheiten des Unternehmens – der Unternehmensführung – begründet. Der Anspruch vieler Unternehmen, kundenorientierte Unternehmensführung zu betreiben, manifestiert sich häufig in Unternehmensleitlinien, -grundsätzen und ähnlichen Dokumenten, die in der Regel an exponierter Stelle im Unternehmen präsentiert sind. Nirgendwo klaffen

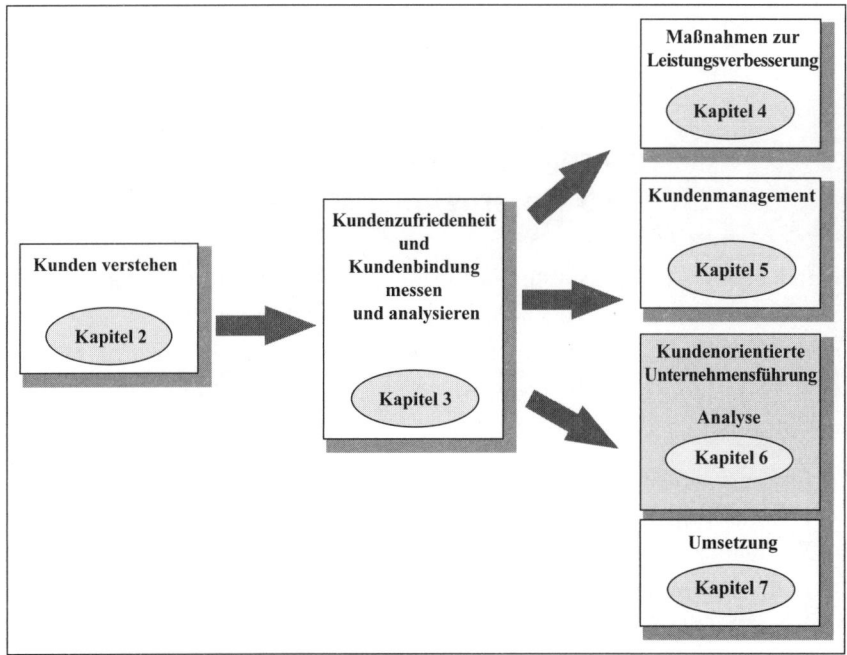

Abbildung 6-1: Einordnung von Kapitel 6 in das CUSTOR-System

jedoch Anspruch und Wirklichkeit so weit auseinander wie hier. Der Grund hierfür liegt unseres Erachtens darin, daß viele Unternehmen nicht systematisch in Form einer langfristig orientierten Gestaltung der einzelnen Bestandteile des Führungssystems geführt werden.

Es überwiegen vielmehr einzelfallbezogene Ad-hoc-Entscheidungen. Auch findet keine systematische Analyse des Führungssystems auf Schwachstellen und Ansatzpunkte zu kundenorientierter Gestaltung statt. An diesem Defizit setzt der CUSTOR-CUSTOMER ORIENTATION INDEX (COI) in Verbindung mit der CUSTOR-COI-Analyse an (vergleiche Abbildung 6-1). Wir haben ihn mit dem Ziel entwickelt, die Kundenorientierung der einzelnen Bereiche der Unternehmensführung zu messen.

Nach einer kurzen Vorstellung der Teilbereiche der Unternehmensführung in Abschnitt 6.1 zeigen wir in Abschnitt 6.2 (Grobstruktur) und Abschnitt 6.3 (Feinstruktur) auf, wie die Kundenorientierung der Unternehmensführung mit Hilfe des COI gemessen werden kann. Abschnitt 6.4 führt methodische Aspekte dieser Messung ein. Abschließend beschäftigt sich Abschnitt 6.5 mit der Messung der Mitarbeiterzufriedenheit, die gewissermaßen als übergreifende Ergänzung der COI-Analyse verstanden werden kann.

6.1 Die einzelnen Teilbereiche der Unternehmensführung

Unter einem Führungssystem kann man ganz allgemein die Gesamtheit des Instrumentariums, der Regeln, Institutionen und Prozesse verstehen, mit denen Führungsaufgaben (-funktionen) in einem sozialen System erfüllt werden. Das Führungssystem existiert neben dem Leistungssystem und besteht aus den Teilbereichen[1]

– Organisationssystem,
– Personalführungssystem,
– Wertesystem sowie
– Planungs- und Kontrollsystem.

---

1 Vgl. Küpper (1995) oder Link (1996).

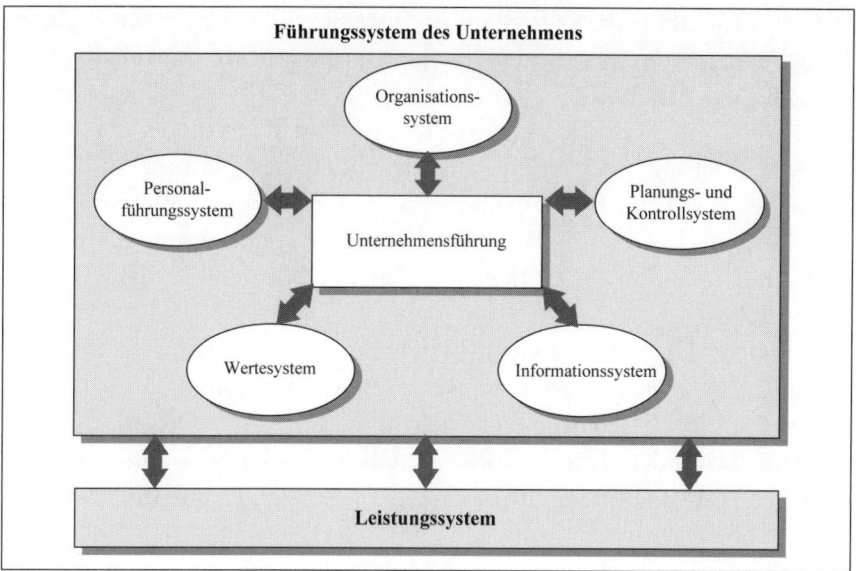

Abbildung 6-2: Die Teilbereiche des Führungssystems des Unternehmens[2]

Ein übergreifender Bereich ist darüber hinaus das Informationssystem. Abbildung 6-2 zeigt die einzelnen Teilbereiche des Führungssystems.

Die einzelnen Teilbereiche des Führungssystems lassen sich wie folgt beschreiben:[3]

1. Das Organisationssystem ist die Gesamtheit aller Regeln zur Aufgabenverteilung und -erledigung. Es wird in Organigrammen, Stellenbeschreibungen oder Arbeitsplänen schriftlich festgehalten. Diese sind, wie später dargestellt wird, vornehmlicher Gegenstand der COI-Analyse im Bereich Organisationsgestaltung.

2. Im Personalführungssystem sind vor allem das Anreizsystem und die Personalentwicklung geregelt. Sie werden im diesbezüglichen Teil der COI-Analyse einer genaueren Betrachtung unterworfen.

3. Das Wertesystem umfaßt »die Gesamtheit von grundsätzlichen Wertvorstellungen und Normen der Unternehmensführung«.[4] Im CUSTOR-

---

2 In Anlehnung an Küpper (1995), S. 15.
3 Vgl. hierzu im einzelnen Link (1996), S. 28 f.
4 Link (1996), S. 29.

System wird für die COI-Analyse dieser Begriff auf die gesamte Unternehmenskultur ausgeweitet (vergleiche hierzu die Ausführung eingangs des Abschnitts 7.3).

4. Das Planungs- und Kontrollsystem umfaßt Regelungen der Aufgabenverteilung und -erledigung bezüglich der Planung und Kontrolle. Wie Link (1996) einschränkend anmerkt, überlappt es sich somit im Kern mit dem Organisationssystem. Auch aus diesem Grund ist es in der COI-Analyse nicht als eigenständiger Bereich enthalten.

5. Ähnliche Überschneidungen bestehen auch zwischen dem Informationssystem, in dem Aufgabenverteilung und -erfüllung bezüglich der Informationsbeschaffung geregelt sind, und dem Organisationssystem. Da zudem informatorische Aspekte vielfach an anderer Stelle bereits Eingang finden (insbesondere im Bereich Personalführung, wo sie unseres Erachtens eine ganz besonders entscheidende Rolle spielen), ist auch das Informationssystem in der COI-Analyse nicht näher berücksichtigt.

Im Hinblick auf die Unternehmensführung sind also vor allem die drei erstgenannten Aspekte des Führungssystems zur Steigerung der Kundenorientierung relevant (vergleiche auch Abbildung 6-3):

1. Die Organisationsgestaltung: Mangelnde Kundenorientierung resultiert in vielen Unternehmen zunächst aus einer inadäquaten *Organisationsstruktur*. Anzustreben sind eine kundenorientierte Aufbau- und Ablauforganisation. Insbesondere die in vielen Unternehmen sehr stark ausgeprägte Spezialisierung und Hierarchietiefe stehen der Kundenorientierung entgegen.

2. Die Personalführung: Auch die Möglichkeiten *kundenorientierter Personalführung* werden nicht oder nur unzureichend genutzt. Gerade bei weitgehend austauschbarer Leistung einzelner Unternehmen sind es die Mitarbeiter, die das Bild des Unternehmens beim Kunden nachhaltig prägen und somit auch die Kundenzufriedenheit und die Kundenbindung beeinflussen.

3. Die Unternehmenskultur: Probleme liegen häufig in einer grundsätzlich wenig kundenorientierten Unternehmenskultur begründet. Obwohl Fragen der Unternehmenskultur ein Feld betreffen, das eher wenig determiniert und somit schwer erfaßbar ist, sind Meßansätze

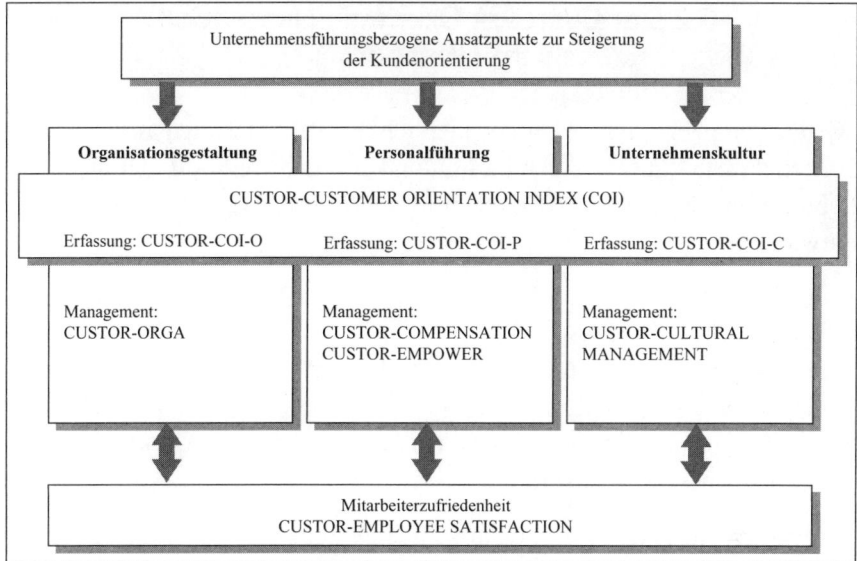

Abbildung 6-3: Ansatzpunkte zur Steigerung der Kundenorientierung im Bereich der Unternehmensführung

zur Erfassung der Unternehmenskultur in jüngerer Zeit erheblich weiterentwickelt worden.[5]

Zur Beurteilung der Teilbereiche der Unternehmensführung dient der CUSTOR-CUSTOMER ORIENTATION INDEX (COI). Die Messung des Grades der Kundenorientierung mit seiner Hilfe bildet die Grundlage für einen Veränderungs- und Managementprozeß in den einzelnen Teilbereichen, der zum Ziel hat, höhere Kundenorientierung im Unternehmen zu implementieren. Einzelne diesbezügliche Module des CUSTOR-Systems sind in Abbildung 6-3 bereits erwähnt und in Kapitel 7 ausführlich dargestellt.

---

5 Vgl. Webster (1990) oder Hilker (1993).

6.2 Der Customer Orientation Index (COI) im Überblick

Wegen der prinzipiellen Unterschiedlichkeit der einzelnen Bereiche der Unternehmensführung (auch im Hinblick auf die Methodik der Datenerhebung) wurde für jeden Bereich eine eigenständige Dimension des COI entwickelt:

- der COI-O (Customer Orientation Index – Organisation) für den Bereich Organisationsgestaltung,
- der COI-P (Customer Orientation Index – Personalführung) für den Bereich Personalführung sowie
- der COI-C (Customer Orientation Index – Culture) für den Bereich Unternehmenskultur.

Dies hat zunächst den Vorteil, daß es nicht einer kompletten COI-Analyse in allen drei Bereichen bedarf, um zu aussagekräftigen Ergebnissen für

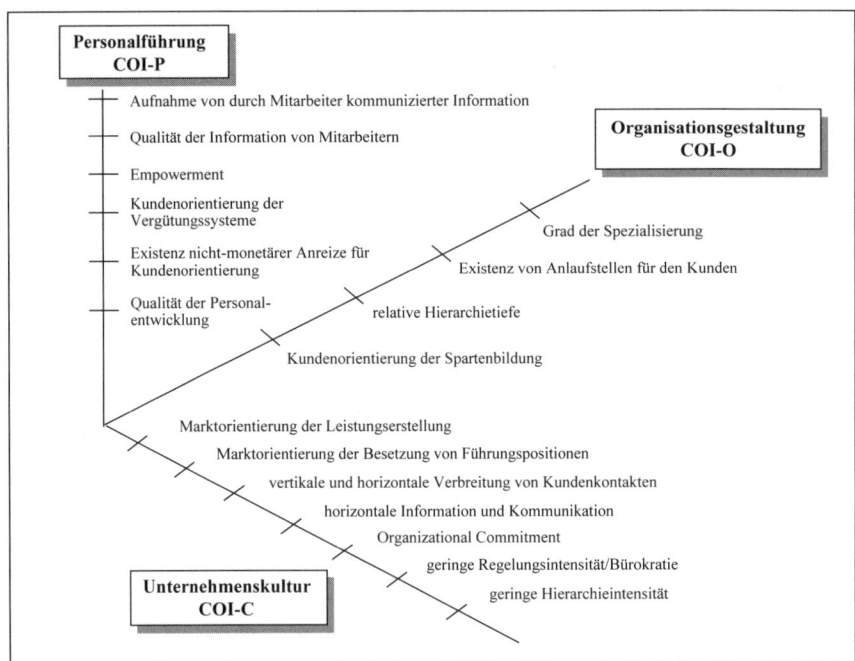

Abbildung 6-4: Dimensionen und Faktoren des COI

einen Bereich zu gelangen. Durch die Gleichheit des Erhebungsformats ist es jedoch möglich, bei Bedarf die einzelnen Teilindizes zum Gesamtindex COI zu verbinden.

Es ist unabdingbar, eine COI-Analyse unternehmensindividuell zu gestalten. Nur so ist es möglich, den spezifischen Gegebenheiten und Bedürfnissen des jeweiligen Unternehmens gerecht zu werden. Dennoch läßt sich für die drei Dimensionen des COI eine Reihe grundlegender Faktoren bestimmen. Abbildung 6-4 zeigt diese Dimensionen und deren Faktoren im Überblick. Eine detaillierte Erläuterung der Faktoren erfolgt im nächsten Abschnitt.

Beschäftigt man sich mit dem Grad der *Kundenorientierung der Organisationsgestaltung*, so ist hierbei zwischen der Aufbauorganisation und der Ablauforganisation zu unterscheiden. Im Hinblick auf die Aufbauorganisation ist beispielsweise zu betrachten, inwieweit definierte Anlaufstellen für den Kunden existieren. Auch die Frage nach der Kundenorientierung der Sparteneinteilung ist in diesem Zusammenhang von Belang. Insgesamt können vier relevante Faktoren identifiziert werden.

Im Hinblick auf die Ablauforganisation des Unternehmens können Erkenntnisse unseres Erachtens nur aus einer systematischen Analyse von Kernprozessen im Unternehmen gewonnen werden. Ein solcher Kernprozeß kann beispielsweise die Angebotserstellung oder die Lieferung von Produkten sein. Der Ablauf von Prozessen wird dabei wesentlich von der Art der Personalführung beziehungsweise der Unternehmenskultur beeinflußt. Aus diesem Grund beschäftigt sich der COI-O vornehmlich mit aufbauorganisatorischen Aspekten der Organisationsgestaltung. Aspekte der Ablauforganisation werden in den beiden anderen Teilbereichen des COI ausführlich behandelt.

Im Hinblick auf die *Personalführung* ist zunächst einmal zu betrachten, inwieweit Vorgesetzte und Mitarbeiter in der Lage sind, Kundenorientierung durch ihr Verhalten umzusetzen. Dies betrifft beispielsweise die Art und Weise, wie Vorgesetzte Informationen von Mitarbeitern aufnehmen, aber auch die Frage der Eignung und Einstellung der Mitarbeiter. Auch die Vergütung der Mitarbeiter und die Anerkennung von kundenorientiertem Verhalten spielen hier eine Rolle. Die Kundenorientierung der Personalführung wird insgesamt anhand von sechs Faktoren beurteilt.

Auch die *Kundenorientierung der Unternehmenskultur* berücksichtigt eine Vielzahl unterschiedlicher Aspekte, wie zum Beispiel die Marktorientierung der Leistungserstellung und der Besetzung von Führungspositionen im Unternehmen, Art und Ausmaß des Kundenkontakts oder die Einstellung der Mitarbeiter zum Unternehmen. Daneben muß die Art und Weise, in der Prozesse im Unternehmen ablaufen, Gegenstand einer solchen Analyse sein. Um den Grad der Kundenorientierung der Unternehmenskultur einzuschätzen, werden insgesamt sieben Faktoren herangezogen.

6.3 Die einzelnen Dimensionen des COI

Bei der Anlage einer COI-Messung sollte auch in Teilbereichen darauf geachtet werden, daß die in Abbildung 6-4 gezeigten und im folgenden Abschnitt 6.3 detailliert dargestellten Faktoren der Analyse in jedem Fall Gegenstand der Untersuchung sind. Die konkrete Ausgestaltung dieser Faktoren mit Einzelfragen ist dann jedoch eine sehr unternehmensindividuelle Angelegenheit. Insofern sind die im folgenden aufgeführten Einzelfragen (Indikatoren) als Beispiele zu verstehen, wie einzelne Faktoren der COI-Dimensionen operationalisiert werden können. Die endgültige Festlegung und Formulierung von Indikatoren muß in der Konzeptionsphase einer COI-Analyse vorgenommen werden.

6.3.1 Kundenorientierung der Organisationsgestaltung

Erster Faktor zur Erfassung der Kundenorientierung der Organisationsgestaltung ist der *Grad der Spezialisierung* im Unternehmen. Das Hauptproblem der in vielen Unternehmen verbreiteten Überspezialisierung ist, daß dadurch viele Schnittstellen entstehen, was wiederum zu vielen Abstimmungsprozessen führt. Dies steigert den Koordinations- und Kommunikationsaufwand im Unternehmen erheblich. Prozesse verlangsamen sich, und der Kunde hat häufig mehr als einen Ansprechpartner. Es ist jedoch für den Kunden zumeist angenehmer, nur von einem zentralen Ansprechpartner betreut zu werden. Auch für das Unternehmen ist dies oft suboptimal: Man denke an Kompetenzgerangel oder Konkurrenz der Sparten untereinander. So trafen wir in einem Kooperationsprojekt mit einem Anlagenbauer den Fall an, daß sich die französische und die österreichische Tochtergesellschaft bezüglich eines Großprojektes in Asien gegenseitig unterboten.

Aus Kundensicht wird mit hoher Kundenorientierung oft die Frage verbunden, ob es *definierte Anlaufstellen für den Kunden*, wie beispielsweise eine telefonische Hotline, eine zentrale Reparaturannahme oder eine Beschwerdeannahme, gibt. Andernfalls besteht die Gefahr, daß der Kunde nicht weiß, an wen er sich wenden soll. Hinzu kommt, daß durch die dezentrale Handhabung von Anfragen, Aufträgen und Problemen zusätzlicher Koordinations- und Kommunikationsaufwand entsteht, der Vorgänge weiter verlangsamt.

Auch eine ausgeprägte *Hierarchietiefe* führt in der Regel zu einer deutlichen Verlangsamung von Prozessen, da für Entscheidungen bestimmte Hierarchiestufen konsultiert werden müssen. Dabei kommt es weniger auf die absolute Zahl der Hierarchiestufen als auf deren Zahl relativ zur Mitarbeiterzahl, zum Umsatz oder zum Wettbewerb an. Ein weiterer Aspekt einer ausgeprägten Hierarchietiefe ist, daß für den einzelnen Mitarbeiter die Entscheidungskompetenz eher gering ist. Neben den bereits erwähnten Auswirkungen auf die Geschwindigkeit von Prozessen ist dies der Motivation der Mitarbeiter sicherlich nicht förderlich.

Letzter Faktor des COI-O ist die *Kundenorientierung der Spartenbildung*. In vielen Unternehmen trifft man auf eine historisch gewachsene, produktbezogene Spartenbildung. Diese ist aber immer weniger in der Lage, stetig wachsende und sich ändernde Kundenbedürfnisse zu befriedigen. Häufig ist die Konsequenz einer solchen Spartenbildung, daß Kunden mit einer Vielzahl von verschiedenen Ansprechpartnern zu tun haben. Dies ist mit der Maxime der Kundenorientierung (»One Face to the Customer«) nicht vereinbar. Produktbezogene Spartenbildung führt auch zu produkt- und nicht kundenorientiertem Denken im Unternehmen. Dieser Punkt ist unseres Erachtens sehr wichtig. Nur wenn mit einer derartigen Umstrukturierung ein sichtbares Signal gesetzt wird, kann Kundenorientierung langfristig auch in den Köpfen der Mitarbeiter verankert werden. Solange jedoch das Unternehmen produktbezogen organisiert ist, werden die Mitarbeiter auch in diesen Kategorien denken.

Abbildung 6-5 gibt einen Überblick über die einzelnen Faktoren des COI-O sowie beispielhafte Indikatoren der Kundenorientierung.

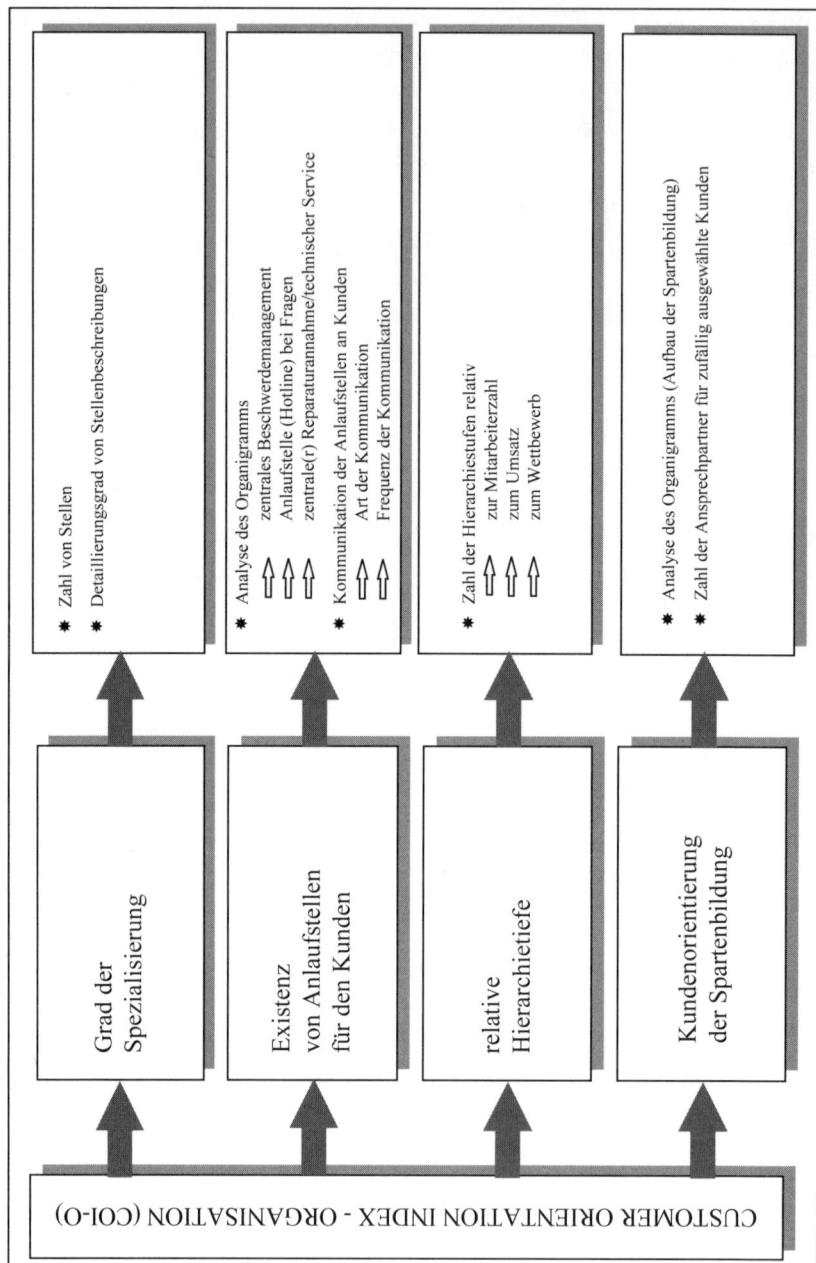

Abbildung 6-5: Faktoren und beispielhafte Indikatoren des COI-O

6.3.2 Kundenorientierung der Personalführung

Der erste Aspekt zur Beurteilung der Kundenorientierung der Personalführung ist die *Aufnahme von Informationen durch die Vorgesetzten.* Kundenorientiertes Verhalten wird hierbei im wesentlichen durch eine Politik der »offenen Türen« bestimmt. Andernfalls begibt sich das Management in die Gefahr, sich vom wichtigen informellen Informationsfluß auszugrenzen. Dies führt oft zur Abschottung der Entscheidungsträger von wichtigen Marktinformationen und Informationen über Kunden. Insbesondere inadäquate Reaktionen im Fall schlechter Nachrichten bergen die Gefahr der Zurückhaltung solcher Informationen bis zu einem Punkt, an dem die negative Entwicklung nicht mehr zu übersehen ist.

Der zweite Aspekt beleuchtet die Frage nach der *Qualität der Information von Mitarbeitern.* Damit ist angesprochen, inwieweit Mitarbeiter proaktiv über Vorgänge, aber auch Ziele, Leitbilder und Visionen im Unternehmen informiert sind. Auch Information über Aufstiegsmöglichkeiten, das Weiterbildungsangebot oder die Aufgaben und Arbeit anderer Abteilungen ist hier von Interesse. Der Informationsstand der Mitarbeiter ist ein entscheidendes Kriterium der Mitarbeiterzufriedenheit und somit auch ihrer Motivation, sich voll für das Unternehmen einzusetzen.

In Verbindung mit der Frage nach einer mitarbeiter- und kundenorientierten Unternehmens- und Personalführung ist in jüngerer Zeit häufiger das Schlagwort vom *Empowerment* der Mitarbeiter zu hören. Empowerment läßt sich allgemein als Erhöhung des Entscheidungsspielraumes und des eigenverantwortlichen Handelns von Mitarbeitern durch geeignete Maßnahmen und Instrumente der Personalführung bezeichnen (vergleiche hierzu ausführlich Abschnitt 7.2.2). »Empowerte« Mitarbeiter zeichnen sich dadurch aus, daß sie die Kompetenz und auch das Können besitzen, vor Ort und auf der Stelle Entscheidungen zu treffen. Dadurch werden Kundenprobleme schnell und effizient gelöst, und der Mitarbeiter wird in der Regel deutlich motivierter sein, da ihm Verantwortung übertragen wurde.

Ein weiterer Aspekt ist die *Kundenorientierung der Vergütungssysteme.* Traditionelle Vergütungssysteme sind – insbesondere für die Mitarbeiter mit Kundenkontakt – stark umsatzorientiert. Dies hat zwei Konsequenzen:

1. Die Mitarbeiter konzentrieren sich auf die attraktiven Star- und Ertragskunden (vergleiche die CUSTOR-CUSTOMER STRUCTURE ANALYSIS im Abschnitt 5.1). Potentialstarke Kunden mit aktuell geringer Umsatzbedeutung werden in der Regel mit geringerer Aufmerksamkeit bedacht.
2. In der Anstrengung, möglichst viel Umsatz zu generieren, wird auf die Qualität dieses Umsatzes keine Rücksicht genommen. Der Mitarbeiter nimmt sich für den einzelnen Kunden nur noch wenig Zeit. Auch Kunden, die bei näherer Betrachtung für das Unternehmen eigentlich uninteressant sind, werden betreut.

Gelingt es jedoch, auch qualitative Aspekte der Kundenbetreuung in ein Vergütungssystem einfließen zu lassen, kann diesen Tendenzen entgegengewirkt werden. Dies hat auch den nicht zu unterschätzenden motivatorischen Effekt, den Mitarbeitern nachdrücklich zu verdeutlichen, daß es letztlich der Kunde ist, der ihr Gehalt bezahlt.

Eng verbunden mit der Frage nach der Kundenorientierung der Vergütungssysteme sind *nicht-monetäre Anreize* für Kundenorientierung. Häufig genießt gerade in technisch geprägten Unternehmen Kundenorientierung nur geringe Akzeptanz. In diesem Zusammenhang kommt vor allem den Vorgesetzten die Aufgabe zu, ihre Mitarbeiter in der Kundenorientierung durch Lob, Auszeichnung oder auch Übertragung zusätzlicher Kompetenzen nachdrücklich zu bestärken.

Letzter Faktor des COI-P ist die *Qualität der Personalentwicklung* im Hinblick auf die Vermittlung von Kundenorientierung. Hier bietet es sich an, im Rahmen interner Fortbildungsveranstaltungen das Thema Kundenorientierung einer breiten Mitarbeiterzahl zugänglich zu machen. Workshops, die sich mit diesem Thema beschäftigen, können einen wesentlichen Beitrag zur Sensibilisierung der Mitarbeiter hierfür leisten. Auch Verhaltensseminare, die sich mit Themen der Kundenorientierung beschäftigen, können hilfreich sein.

Abbildung 6-6 faßt Faktoren und beispielhafte Indikatoren des COI-P noch einmal zusammen.

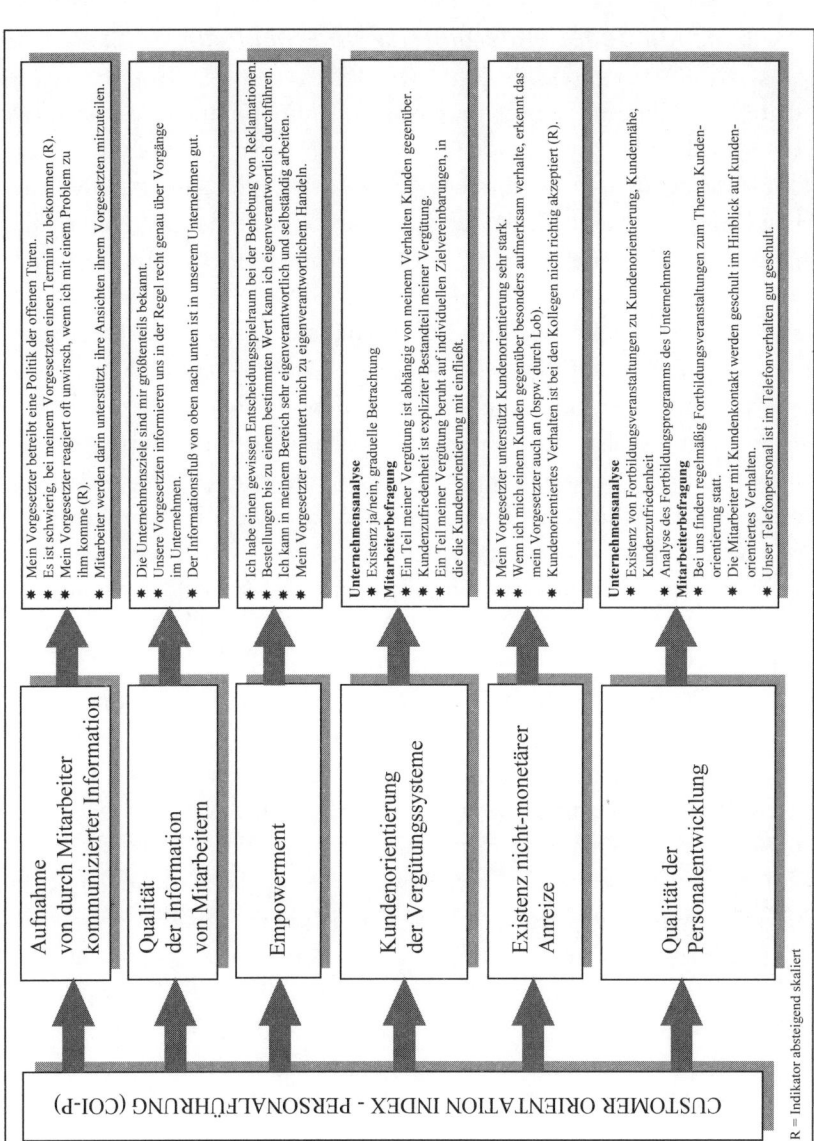

Abbildung 6-6: Faktoren und beispielhafte Indikatoren des COI-P

6.3.3 Kundenorientierung der Unternehmenskultur

Der dritte hier zu beleuchtende Bereich ist die Unternehmenskultur. Es ist jedoch nicht damit getan, Kundenorientierung in den Zielen und Leitsätzen des Unternehmens zu verankern. Dies ist sicherlich ein erster Schritt. Die Erfahrung zeigt jedoch, daß er wirkungslos bleibt, solange nicht alle Mitarbeiter voll davon überzeugt sind und Kundenorientierung wirklich leben.

Der erste diesbezügliche Faktor beschäftigt sich mit der *Marktorientierung der Leistungserstellung* des Unternehmens. Während sich technisch orientierte Unternehmen vornehmlich an den eigenen Fähigkeiten und am eigenen Know-how ausrichten, stehen bei marktorientierten Unternehmen die Produktentwicklung und Leistungserstellung nach den Erfordernissen des Marktes – und somit der Kunden – im Vordergrund. Sicherlich stellt sich die Frage nach der Markt- beziehungsweise Kundenorientierung der Leistungserstellung nicht in jeder Branche automatisch. Branchen wie beispielsweise der Anlagenbau oder der Schiffbau arbeiten per se im Projektgeschäft bereits kundenindividuell.

Ein zweiter Aspekt ist die häufig anzutreffende Dominanz von technischen Funktionen bei der *Besetzung von Führungspositionen* im Unternehmen. Dies hat zur Folge, daß bei wichtigen Entscheidungen in der Regel eine produktbezogene Sichtweise überwiegt. Kommt es beispielsweise zu einer Entscheidung darüber, ob in eine Fertigungsanlage zur Erhöhung der Produktivität investiert wird oder ob die Mittel in ein Kundenbindungssystem mit den gleichen Auswirkungen auf den Unternehmenserfolg fließen sollen, so wird sich ein solches Unternehmen in aller Regel für die neue Fertigungsanlage entscheiden. Selten geht dann auch das Management bezüglich der Kundenorientierung mit gutem Beispiel voran. So lernten wir ein Unternehmen kennen, in dem der Vertriebsleiter (mit technischem Hintergrund) nach eigener Aussage »die Kunden nicht mag« und infolgedessen den Kundenkontakt auf ein Minimum begrenzte. Daß es in diesem Unternehmen massive Probleme mit der Kundenbindung gab, sollte nicht verwundern.

Der dritte Faktor des COI-C ist die *vertikale und horizontale Verbreitung von Kundenkontakten*. Wir haben immer wieder die Erfahrung gemacht, daß es Probleme im Hinblick auf die Kundenorientierung verursacht, wenn der Kundenkontakt im Unternehmen sich im wesentlichen auf diejenigen Bereiche *beschränkt*, die primär dafür zuständig sind, das heißt also auf den Vertrieb und insbesondere den Außendienst. Mit vertikaler Verbreitung des Kundenkontaktes ist gemeint, daß Führungskräfte mit einer gewissen Regelmäßigkeit auch Kundenkontakt haben sollten. Führungskräfte, die über Jahre hinweg Kundeninformationen ausschließlich »gefiltert« erhalten, denen der direkte Zugang zum Kunden fehlt, werden mit der Zeit nahezu zwangsläufig zu marktfernem Verhalten tendieren. Gerade in Großunternehmen mit ihrer stark ausgeprägten Tendenz, sich mit sich selbst zu beschäftigen, stoßen wir immer wieder auf Führungskräfte, die dieses Problem haben. Einige Großunternehmen sind daher dazu übergegangen, ihren Managern engeren Kundenkontakt durch entsprechende Regeln vorzuschreiben. Dies zeigen folgende Beispiele:[6]

- Die Henkel Waschmittel GmbH schickte Mitglieder der Geschäftsführung in Supermärkte. Dort berieten sie Kunden im Rahmen von Produktpräsentationen.
- Führungskräfte der Lufthansa lernen im Rahmen des 1995 initiierten »Manager-in-Practice«-Programms die Tücken des Tagesgeschäfts etwa an Check-in-Schaltern kennen.
- Die Autovermietung Hertz schickt jährlich etwa ein Viertel ihrer Führungskräfte für einen bestimmten Zeitraum in eine der Stationen.

Solche Programme zielen grundsätzlich in die richtige Richtung. Allerdings sind sie nicht ganz unproblematisch: Das Problem liegt darin, daß in diesen Unternehmen Regeln geschaffen werden, die den Kundenkontakt von Führungskräften vorschreiben. Versteht man die Unternehmenskultur aber als Gesamtheit der *ungeschriebenen Regeln* in einem Unternehmen, so wird das Problem offensichtlich: Unternehmen, bei denen der Kundenkontakt von Führungskräften Bestandteil der Unternehmenskultur ist, benötigen keine Regeln dafür. Es handelt sich dann um eine Selbstverständlichkeit im Unternehmen. Insofern sollten Programme, wie wir sie oben beschrieben haben, durchaus distanziert gesehen und als erster Schritt zu einer Veränderung der Unternehmenskultur verstanden werden.

---

6 Vgl. Schumacher/Tödtmann (1996).

Die zweite Komponente dieses Faktors ist die horizontale Verbreitung des Kundenkontaktes. Hiermit ist gemeint, inwieweit andere Funktionsbereiche als Marketing und Vertrieb regelmäßig Kundenkontakt haben. Man kann hier beispielsweise an die Produktion, an Backoffice-Funktionen, an die technische Entwicklung, aber auch an die allgemeine Verwaltung denken. Es führt immer wieder zu Problemen mit der Kundenorientierung, wenn diese Funktionen systematisch vom Kunden abgeschottet sind; häufig haben sie nicht einmal eine Vorstellung davon, wer die Kunden des Unternehmens eigentlich sind.

Natürlich sind dieser Forderung nach Verbreitung der Kundenkontakte im Unternehmen wirtschaftliche Grenzen gesetzt. Mit dem Kundenportfolio wurde jedoch bereits in Kapitel 5 ein Instrument vorgestellt, das als wertvolle Entscheidungshilfe zur Bestimmung der attraktiven Kunden dienen kann. Auf der Basis einer solchen Kundenportfolio-Analyse können auch Schwerpunkte für den Kundenkontakt von Führungskräften und anderen gesetzt werden.

Der vierte Faktor des COI-C ist das Ausmaß *horizontaler Information und Kommunikation*, die zwischen den Mitarbeitern verschiedener Abteilungen gepflegt wird. Häufig findet ein Informationsaustausch nur unter Einbezug des ersten gemeinsamen Vorgesetzten statt. Hierdurch werden Informationsflüsse und Bearbeitungszeiten verlangsamt, Kenntnisse gelangen nicht von einer Abteilung in die andere, wichtige Informationen bleiben einer anderen Abteilung im Extremfall gar verborgen. Natürlich hängt die Frage nach der Verbreitung horizontaler abteilungsübergreifender Kontakte von Mitarbeitern auch damit zusammen, wieweit Mitarbeitern die Kompetenz zur Selbstabstimmung überlassen wird. Ein besonderes Phänomen in diesem Zusammenhang ist das bewußte Zurückhalten von (insbesondere kundenbezogener) Information. Häufig wird dies gerade durch die Bereiche Marketing und Vertrieb betrieben. Kundenbezogene Information wird dabei von diesen Bereichen durchaus als Machtfaktor verstanden, der dann in geeigneter Situation zur Verbesserung der eigenen Position eingesetzt werden kann.

Kundenorientierung spiegelt sich auch darin wider, wie der einzelne Mitarbeiter zu seinem Unternehmen steht (»*Organizational Commitment*«). Hohes Organizational Commitment liegt dann vor, wenn der Mitarbeiter zu seinem Arbeitgeber steht, stolz darauf ist, dort zu arbeiten, und dies auch nach außen kommuniziert.[7] Nur Mitarbeiter, die voll hinter dem Unternehmen stehen, können motiviert und kundenorientiert sein. Je mehr dies der Fall ist, desto eher werden auch Kunden geneigt sein, die Geschäftsbeziehung zum Unternehmen langfristig auszudehnen. Der COI-C greift diesbezüglich in wesentlichen Teilen auf eine von Mowday/Steers/Porter (1979) entwickelte Skala zurück, die fallweise um einige zusätzliche Aspekte ergänzt werden kann.

Ein weiterer Aspekt der Kundenorientierung der Unternehmenskultur ist die Verbreitung bürokratischer Elemente und Formalismen sowie hierarchischen Denkens und Handelns. Bei einer starken *Regelungsintensität/Bürokratie* ist die Arbeitsweise stark durch Arbeitsanweisungen, Formblätter und ähnliches geregelt. Es ist oft erstaunlich, wieviel Energie gerade in Großunternehmen auf die Erstellung von Organisationsrichtlinien, Verfahrenshandbüchern und ähnlichen Unterlagen verwandt wird. Häufig gelangt dieses Phänomen schleichend in das Unternehmen. Zum Zeitpunkt ihrer Entstehung verfolgt jede Regel üblicherweise einen bestimmten Zweck. In vielen Unternehmen ist jedoch die Tendenz festzustellen, daß nach einer gewissen Zeit der Zweck entfällt, die Regel jedoch bestehenbleibt. So wird die Regel zum Selbstzweck.

In Verbindung mit diesen Regeln trifft man dann häufig auf Vorschriften, auf Basis definierter Prozesse Vorgesetzte einzuschalten. Dies kennzeichnet eine hohe *Hierarchieintensität* (Ausmaß, in dem in der täglichen Arbeit auf die Hierarchie zurückgegriffen wird). Hohe Hierarchieintensität bedeutet nicht, wie viele Hierarchiestufen im Unternehmen anzutreffen sind (Hierarchietiefe), sondern wie stark hierarchisches Denken in den Köpfen der Mitarbeiter verankert ist.

Beide Aspekte haben im wesentlichen die gleiche Konsequenz: Vorgänge werden mitunter erheblich verlangsamt, da Entscheidungsträger nicht erreichbar sind oder Mitarbeiter einen hohen Anteil ihrer Arbeitszeit mit Verwaltungsarbeit und internen Angelegenheiten verbringen. Ursache hierfür ist häufig eine geringe Fehlertoleranz im Unternehmen, die Mitarbeiter dazu bringt, sich bezüglich jeder Handlung in hohem Maße abzusichern.

Abbildung 6-7 faßt abschließend nochmals die dargestellten Faktoren und beispielhaften Indikatoren des COI-C zusammen.

---

7 Vgl. Mowday/Steers/Porter (1979), S. 226.

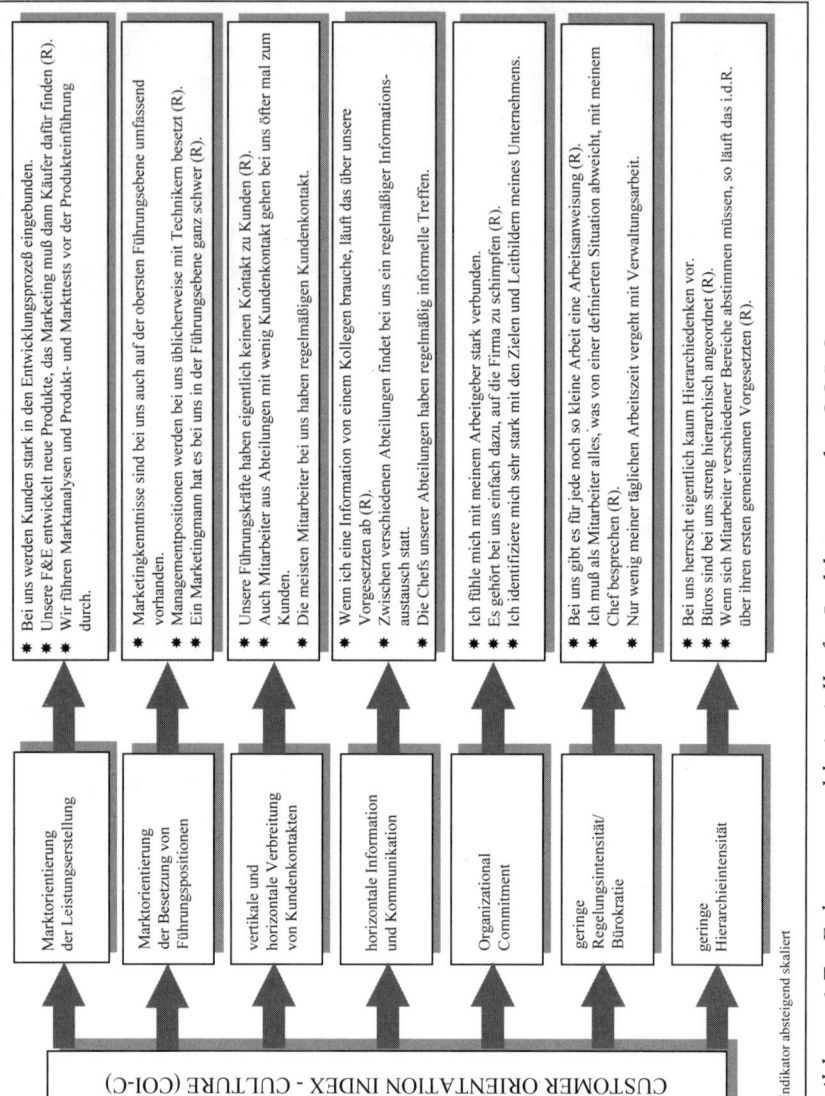

Abbildung 6-7: Faktoren und beispielhafte Indikatoren des COI-C

6.4 Methodische Aspekte der COI-Analyse

In den vorangegangenen Abschnitten wurde ausführlich die Struktur der einzelnen Teilindizes des COI vorgestellt. Der vorliegende Abschnitt dient dazu, grundlegende methodische Aspekte der Messung einzuführen.

Grundsätzlich ist es sinnvoll, eine Vorgehensweise anzustreben, die sich weitgehend an die zuvor vorgestellte Messung der Kundenzufriedenheit anlehnt (vergleiche Kapitel 3). In einer Konzeptionsphase sind Details der Messung (Bezugsobjekt, Zielgruppe, Inhalte und Vorgehensweise) festzulegen. Analog schließen sich hier ein eventueller Pretest, die Datenerhebung und die Datenanalyse an.

Um Aspekte der Kundenorientierung der Aufbauorganisation zu erfassen, wird in der Regel eine Unternehmensanalyse durchgeführt. Hierbei werden Organigramme und Stellenbeschreibungen ausgewertet und auf den Grad der Kundenorientierung überprüft. Oftmals ist es sinnvoll, die ausführliche Unternehmensanalyse durch eine Befragung von Mitarbeitern oder aber auch Kunden zu ergänzen. Insbesondere die Kundenbefragung kann sich als hilfreich erweisen, um den Bekanntheitsgrad einzelner Maßnahmen bei den Kunden zu überprüfen. So haben wir ein Unternehmen kennengelernt, in dem zwar eine zentrale Anlaufstelle für Kundenbeschwerden existierte, von der aber kaum ein Kunde wußte, da sie in den Produktdokumentationen sowie den Informationsmaterialien des Unternehmens nicht bekannt gemacht wurde.

Sowohl die COI-P- als auch die COI-C-Analyse werden üblicherweise im Rahmen einer Mitarbeiterbefragung durchgeführt. Die Messung im Rahmen einer Mitarbeiterbefragung erfolgt dabei im wesentlichen analog zur Messung der Kundenzufriedenheit. Dabei werden den Mitarbeitern Statements präsentiert, zu denen sie ihre Zustimmung beziehungsweise Ablehnung auf einer sechsstufigen Skala ausdrücken. Als Erhebungsform wird dabei von den meisten Unternehmen eine schriftliche Datenerhebung, unter Umständen begleitet von einigen persönlichen Interviews, präferiert. Die telefonische Befragung wird vor allem aus Anonymitätsgesichtspunkten eher skeptisch beurteilt (vergleiche hierzu auch die Ausführungen weiter hinten). Ergänzend empfiehlt es sich bezüglich des COI-P, zu bestimmten Aspekten, wie zum Beispiel der Existenz und Ausrichtung kundenorientierter Vergütungssysteme, eine Unternehmensanalyse durchzuführen.

Der Grad der Kundenorientierung wird für alle Aspekte auf einer Skala von 0 bis 100 erhoben. Diese Skala läßt sich leicht darstellen, kommunizieren und standardisieren, um die Vergleichbarkeit einzelner Aspekte herzustellen.

6.5 Anwendungserfahrungen mit dem COI

Nachdem in den bisherigen Abschnitten ausführlich auf die Erhebung sowohl der einzelnen Faktoren als auch der Teilindizes des COI eingegangen wurde, wollen wir abschließend noch von einigen Anwendungserfahrungen mit der Messung des COI sowie dem COI-Management berichten. Häufig werden wir mit dem Einwand konfrontiert, eine COI-Messung sei schon allein deswegen schwierig, weil sie einfach zu lange dauere. Die Erfahrung mit mittlerweile mehr als 30 derartigen Projekten bestätigt dies nicht. Die Erhebung des COI-O zur Organisationsgestaltung ist am schnellsten zu bewerkstelligen. Informationsverfügbarkeit im Unternehmen vorausgesetzt, nimmt eine solche Unternehmensanalyse in der Regel nicht länger als drei bis vier Wochen in Anspruch.

Etwas länger dauert wegen der aufwendigeren Konzeptionsphase die Erhebung des COI-P und des COI-C. In der Regel sind hierfür – vom ersten konzeptionellen Treffen bis zum Vorliegen des Fragebogens – etwa drei bis vier Wochen zu veranschlagen. Für die eigentliche Datenerhebung ist je nach Erhebungsform und -umfang mit weiteren zwei bis vier Wochen zu rechnen. Die abschließende Analyse einschließlich der Erstellung eines Berichts nimmt in der Regel noch einmal vier bis sechs Wochen in Anspruch, so daß die gesamte Projektlaufzeit zwischen drei und vier Monaten liegt.

Interessant sind unsere Erfahrungen, wo im Bereich der kundenorientierten Unternehmensführung die Hauptdefizite liegen: Abbildung 6-8 zeigt die erreichten COI-Werte in 35 Unternehmen. Es wird zunächst klar, daß die Kundenorientierung in der Unternehmensführung nach wie vor deutliche Defizite aufweist. Trotz teilweise bereits seit Jahren implementierter Programme zur Steigerung der Kundenorientierung erzielen die Unternehmen insgesamt auf einer Skala von 0 bis 100 nur einen Wert von 64. Interessant ist insbesondere die spezielle Betrachtung der drei

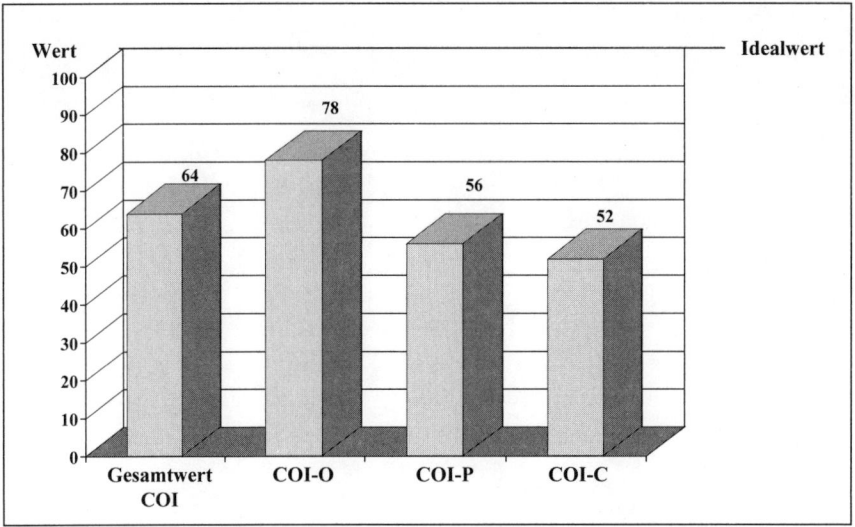

Abbildung 6-8: Erreichte COI-Werte in 35 Unternehmen

Teilbereiche Organisationsgestaltung, Personalführung und Unternehmenskultur. Hier zeigt sich, daß die beiden letztgenannten Bereiche deutlich abfallen. Im Bereich der relativ gut greifbaren Organisationsgestaltung werden dagegen schon recht ordentliche Werte erreicht.

Dieses Ergebnis verdeutlicht ein grundsätzliches Problem: Viele Unternehmen konzentrieren ihre Bemühungen auf die »harten« Faktoren (wie zum Beispiel die Organisationsgestaltung). Hierin manifestiert sich unseres Erachtens auch die Tatsache, daß Veränderungsprozesse in Unternehmen häufig zu kurzfristig orientiert sind. Dies führt fast zwangsläufig zu den harten Faktoren, die im Regelfall schnell verändert werden können. Die Veränderung der weichen Faktoren erfordert dagegen eine langfristige Orientierung. Speziell im Bereich der Unternehmenskultur, wo es um Einstellungen und Denkweisen von Mitarbeitern geht, sind nachhaltige Veränderungen kurzfristig nicht erzielbar.

Abschließend soll uns die Frage nach dem Nutzen solcher Methoden beschäftigen. Zunächst bezieht sich Abbildung 6-9 auf den Zusammenhang zwischen der Kundenorientierung der Unternehmenskultur und der am Markt erzielten Kundenzufriedenheit.

Die Abbildung zeigt, wie zehn Unternehmen mit hoher Kundenzufrie-

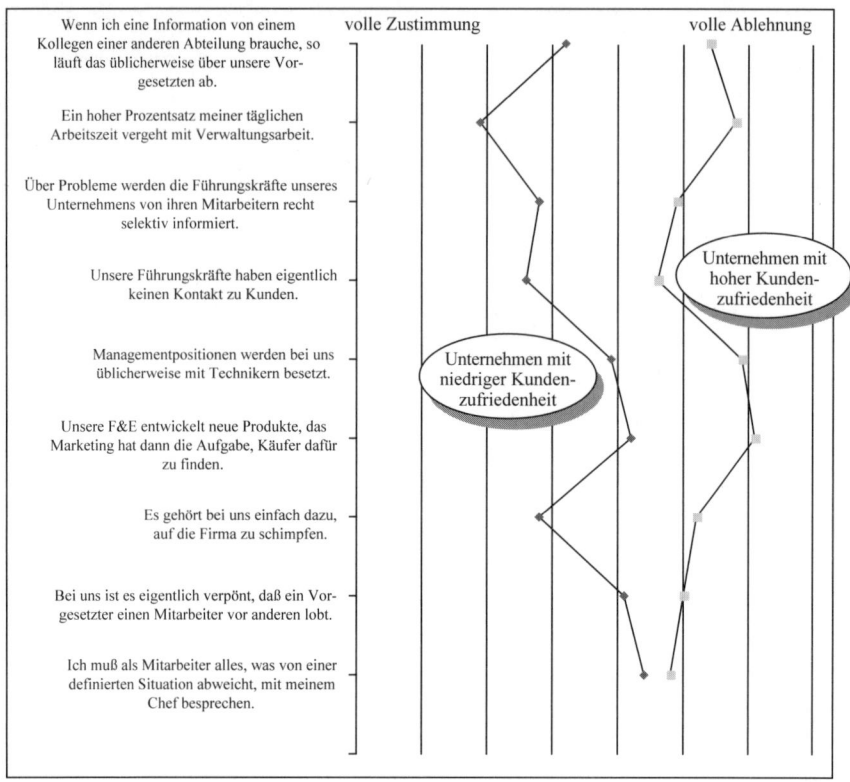

Wenn ich eine Information von einem Kollegen einer anderen Abteilung brauche, so läuft das üblicherweise über unsere Vorgesetzten ab.

Ein hoher Prozentsatz meiner täglichen Arbeitszeit vergeht mit Verwaltungsarbeit.

Über Probleme werden die Führungskräfte unseres Unternehmens von ihren Mitarbeitern recht selektiv informiert.

Unsere Führungskräfte haben eigentlich keinen Kontakt zu Kunden.

Managementpositionen werden bei uns üblicherweise mit Technikern besetzt.

Unsere F&E entwickelt neue Produkte, das Marketing hat dann die Aufgabe, Käufer dafür zu finden.

Es gehört bei uns einfach dazu, auf die Firma zu schimpfen.

Bei uns ist es eigentlich verpönt, daß ein Vorgesetzter einen Mitarbeiter vor anderen lobt.

Ich muß als Mitarbeiter alles, was von einer definierten Situation abweicht, mit meinem Chef besprechen.

volle Zustimmung • volle Ablehnung

Unternehmen mit hoher Kundenzufriedenheit

Unternehmen mit niedriger Kundenzufriedenheit

Abbildung 6-9: Ausprägung von Kriterien des COI-C in Unternehmen mit hoher und niedriger Kundenzufriedenheit

denheit bzw. zehn Unternehmen mit vergleichsweise niedriger Kundenzufriedenheit bezüglich ausgewählter Kriterien des COI-C abschneiden. Man erkennt, wie die »ungeschriebenen Regeln«, die die Unternehmenskultur bilden, die Kundenzufriedenheit nachhaltig negativ beeinflussen können. Auch wird hier deutlich, daß Unternehmen mit niedriger Kundenzufriedenheit, auch wenn sie im operativen Bereich noch soviel zur Steigerung der Kundenzufriedenheit unternehmen, niemals hervorragende Werte bei der Kundenzufriedenheit erzielen werden, wenn sie ein Kulturproblem haben und dieses nicht lösen. Insofern lautet die erste Anwort auf die aufgeworfene Frage nach dem Nutzen der Ermittlung des COI, daß ein klarer Zusammenhang mit der am Markt erzielbaren Kundenzufriedenheit besteht.

Letztlich mag man gegen diesen Befund aber einwenden, daß auch Kundenzufriedenheit kein Selbstzweck ist, sondern mittelfristig der Steigerung der Profitabilität dienen soll. Auch dazu haben wir interessante Ergebnisse gewonnen, die in Kapitel 1 bereits ausführlich dargestellt wurden. Es sei nochmals daran erinnert, daß ein hoher COI Unternehmen zu profitablem Wachstum befähigt.

Ein weiterer wichtiger Aspekt einer COI-Analyse ist die mit ihrer Hilfe zu erreichende Sensibilisierung des Unternehmens für diese Themen. Die Thematisierung dieser Aspekte fördert die diesbezügliche Diskussionskultur im Unternehmen und kann darüber hinaus auch dazu beitragen, latente Unzufriedenheit und Konflikte aufzudecken.

6.6 Zufriedene Mitarbeiter als Basis der Kundenorientierung

Die Erkenntnis, daß interne Mitarbeiterzufriedenheit und externe Kundenzufriedenheit in engem Zusammenhang stehen, ist mittlerweile allgemein akzeptiert. Die Bereitschaft, aber auch die Fähigkeit von Mitarbeitern, sich kundenorientiert zu verhalten, hängt stark von ihrer Arbeitssituation und ihrem Arbeitsumfeld ab. Aus diesem Grund gehen mehr und mehr Unternehmen dazu über, neben der Messung der Kundenzufriedenheit auch die Mitarbeiterzufriedenheit in ihrem Unternehmen zu erheben. Zwischen der Mitarbeiterzufriedenheit und der COI-Analyse besteht insbesondere in den Bereichen Personalführung (COI-P) und Unternehmenskultur (COI-C) ein enger Zusammenhang. Insofern kann eine Messung der Mitarbeiterzufriedenheit in gewisser Weise auch als eine Approximation des COI betrachtet werden.

In ihrer Durchführung entspricht die Messung der Mitarbeiterzufriedenheit im wesentlichen einer Messung der Kundenzufriedenheit. Auch hierfür sind prinzipiell alle drei grundlegenden Befragungsformen – schriftlich, telefonisch, persönlich – geeignet. Die telefonische Befragung spielt jedoch bei der Messung der Mitarbeiterzufriedenheit eine deutlich geringere Rolle. Unternehmen schrecken vor einer offenen Befragung zurück, da zum einen Akzeptanzproblemene bestehen und zum anderen eine eindeutige Zuordnung von Zufriedenheiten zu einzelnen Mitarbeitern unternehmenspolitisch zumindest problematisch ist. Die Messung der Mitarbeiterzufriedenheit ist deutlich sensibler als die Messung der Kundenzufriedenheit, weswegen ein Unternehmen eine solche Befragung nicht in Eigenregie durchführen sollte. Dabei spielt es letztlich keine Rolle, ob dies durch Mitarbeiter aus einem ganz anderen Unternehmensbereich (zum Beispiel Marktforschung) geschähe. Es wird immer eine gewisse Reserviertheit im Hinblick darauf bestehen, daß Aussagen direkt an Vorgesetzte oder Kollegen weitergeleitet werden. Vor diesem Hintergrund lautet unsere unbedingte Empfehlung, zur Datenerhebung einen »neutralen Dritten« einzuschalten.

Obwohl die Inhalte einer solchen Messung sehr unternehmensindividuell sind, lassen sich einige grundsätzliche Anknüpfungspunkte identifizieren:

- allgemeines Wohlbefinden,
- Personalangelegenheiten (zum Beispiel Vergütungssystem, Sozialleistungen, Arbeitszeit, Aus- und Weiterbildung),
- Zusammenarbeit (im eigenen Bereich, bereichsübergreifend, Informationsfluß, Führungsverhalten),
- externe Kundenorientierung,
- Innovationspotential (zum Beispiel Spielraum und Bereitschaft zur Innovation, Möglichkeiten der Eigeninitiative),
- Gesamtzufriedenheit und
- Bindung an das Unternehmen (Organizational Commitment).

Im Mittelpunkt der Messung der Mitarbeiterzufriedenheit stehen – ähnlich wie bei der Kundenzufriedenheit – die Gesamtzufriedenheit, gemessen anhand des Organizational Member Satisfaction Index (OMSI), und das Commitment der Mitarbeiter, gemessen mit Hilfe des Organizational Commitment Index (OCI).

Die Kombination des OMSI und des OCI kann Aufschluß über Mitarbeiterpotentiale geben. Hierzu werden die Zufriedenheit des Mitarbeiters (OMSI) und seine empfundene Bindung an das Unternehmen (OCI) in Form einer Matrix einander gegenübergestellt (vergleiche Abbildung 6-10).

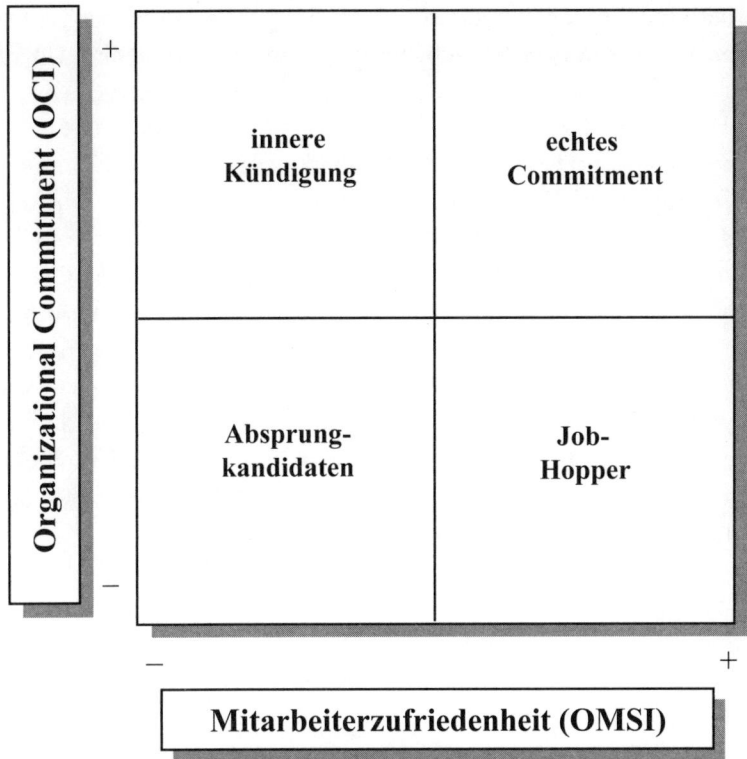

Abbildung 6-10: Das OMSI/OCI-Portfolio

Mitarbeiter, bei denen sowohl die Zufriedenheit als auch die Bindung an das Unternehmen hoch sind, zeichnen sich durch *echtes Commitment* zum Unternehmen aus.

Mitarbeiter, die weder besonders zufrieden noch besonders loyal sind, bezeichnen wir als *Absprungkandidaten*, weil es in der Regel nur eine Frage der Zeit ist, bis sie das Unternehmen verlassen. Aus Sicht des Unternehmens sollte wenig unternommen werden, um sie daran zu hindern. Erfahrungsgemäß sind es nämlich gerade diese Mitarbeiter, die Umorientierungsprozesse verhindern.

Mitarbeiter, deren Zufriedenheit gering ist, die ihre Bindung an das Unternehmen jedoch ungebrochen als hoch bezeichnen, haben in gewisser Weise eine »*innere Kündigung*« vollzogen. Dieses Phänomen ist häufig bei langjährigen Mitarbeitern anzutreffen, die kaum Entwicklungsmöglichkeiten haben, für die jedoch auch extern die Perspektiven eher schlecht sind. Der Umgang mit solchen Mitarbeitern ist schwierig, da sie ihre Unzufriedenheit und Opposition gegenüber Neuerungen selten offen zeigen.

Ähnlich schwierig ist auch der Umgang mit Mitarbeitern, die zwar eine hohe Zufriedenheit bekunden, diese aber nicht in hohes Commitment zum Unternehmen übertragen. Wir bezeichnen diese Mitarbeiter als »*Job-Hopper*«, da sie häufig aktiv nach neuen (natürlich besseren) Angeboten suchen. Es ist in der Regel zu Vorsicht zu raten, diesen Mitarbeitern in einem wichtigen Veränderungsprozeß verantwortungsvolle Aufgaben zu übertragen. Häufig sind jedoch gerade diese Mitarbeiter Veränderungen gegenüber aufgeschlossen. Ihnen eine führende Rolle in einem Veränderungsprozeß zu übertragen könnte dazu führen, daß sie durch die gesteigerte Verantwortung ein stärkeres Commitment zum Unternehmen entwickeln. Die Entscheidung, wie mit einem solchen Mitarbeiter umzugehen ist, ist sicherlich nur fallweise zu treffen.

Wie schon die Messung der Kundenzufriedenheit kann aber auch die Messung der Mitarbeiterzufriedenheit erst dann ihre volle Wirksamkeit entfalten, wenn sie differenziert nach zuvor unternehmensindividuell festgelegten Kriterien geschieht. Folgende Kriterien werden hierbei mit größerer Häufigkeit verwandt:

- organisatorische Einheit (Werk, Niederlassung, Bereich, Abteilung),
- Funktion des Beantworters,
- Produktlinie, der der Mitarbeiter zugeordnet ist (wo möglich),
- Art der Mitarbeiter (tarifgebunden, außertariflich),
- Dauer der Betriebszugehörigkeit,
- Lohn-/Gehaltsgruppe,
- Alter und
- Geschlecht.

Um geeignete Maßnahmen abzuleiten, ist es unabdingbar, die Wichtigkeit unterschiedlicher Aspekte der Arbeitszufriedenheit zu kennen. Eine Berechnung der Wichtigkeit einzelner Aspekte der Arbeitszufriedenheit wird, wie schon bei der Messung der Kundenzufriedenheit, mit Hilfe der Kausalanalyse vorgenommen. Erste Ansatzpunkte für Maßnahmen können dann aus dem Mitarbeiterzufriedenheitsprofil entnommen werden, das die zuvor errechnete Wichtigkeit sowie den Erfüllungsgrad

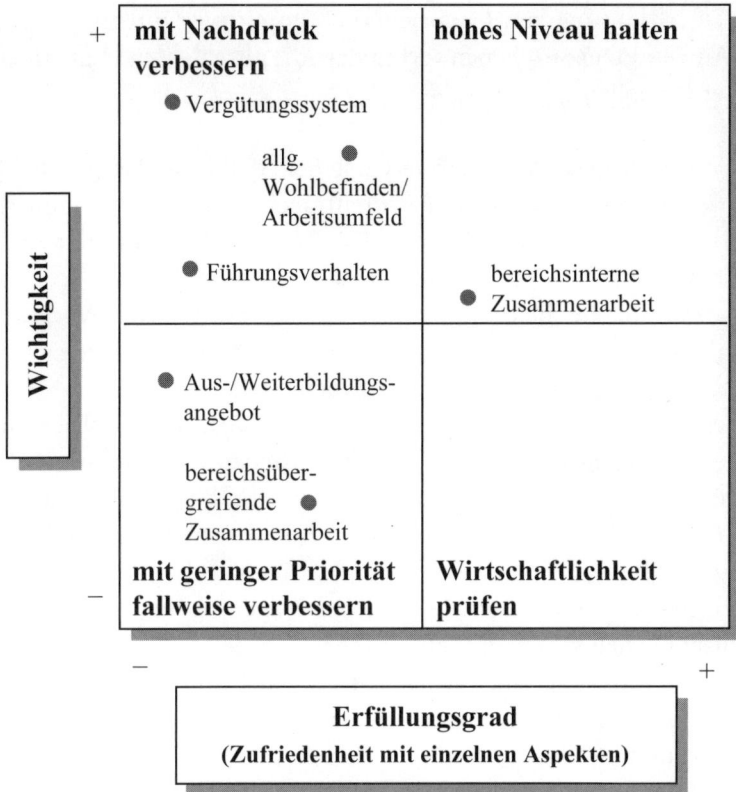

Abbildung 6-11: Das Mitarbeiterzufriedenheitsprofil für den Vertriebsbereich eines Anlagenbauers

bezüglich der einzelnen Aspekte der Arbeitszufriedenheit zusammenführt.

Abbildung 6-11 zeigt ein solches Mitarbeiterzufriedenheitsprofil für
einen großen deutschen Anlagenbauer.

Die drei wichtigsten Aspekte befinden sich im linken oberen Quadranten, sollten also mit Nachdruck verbessert werden. Insbesondere wurde
das Vergütungssystem als zu starr und intransparent bezeichnet. Auch
das Arbeitsumfeld bekam schlechte Noten: Es galt als veraltet, architek-
tonisch geschlossen (lange Gänge mit sehr kleinen Büros) und wenig
kommunikationsfördernd. Das Führungsverhalten wurde als sehr auto-
ritär, wenig kooperativ und insgesamt zu wenig mitarbeiterbezogen bezeichnet.

Die Durchführung von Mitarbeiterbefragungen ist mit einigen besonderen Anwendungsproblemen verbunden, die abschließend kurz thematisiert werden sollen:

1. Ein erstes Problem kann daraus entstehen, daß nach Paragraph 94 des Betriebsverfassungsgesetzes Personalfragebögen zur Aufstellung allgemeiner Beurteilungsgrundsätze der Zustimmung des Betriebsrates bedürfen. Die bisherige Rechtsprechung konzentriert sich jedoch auf die traditionelle Beurteilung von Mitarbeitern durch Vorgesetzte. Unabhängig davon empfiehlt es sich unbedingt, sich frühzeitig der Unterstützung des Betriebsrates zu versichern.
2. Eine besondere Anforderung erwächst daraus, die Vergleichbarkeit unterschiedlicher Abteilungen sicherzustellen. Gleichzeitig müssen natürlich Besonderheiten in den Aufgaben und im Arbeitsumfeld der jeweiligen Mitarbeiter angemessen berücksichtigt werden. Dies bedingt, daß es zu einem ausgewogenen Mix standardisierter bereichsübergreifender Fragen sowie spezieller Fragen zu einzelnen Unternehmensbereichen kommen muß.
3. Die Durchführung einer Mitarbeiterbefragung ist in der Regel eine sehr sensible Angelegenheit. Bedenken können auf verschiedene Art ausgeräumt werden:
   • offene Informationspolitik zu Ziel und Vorgehensweise,
   • Einbezug der Arbeitnehmervertreter,
   • streng anonyme Durchführung der Befragung und
   • Befragung durch eine neutrale Institution.
4. Nicht immer ist es wünschenswert, eine solche Untersuchung flächendeckend durchzuführen. Es kann Sinn machen, eine Messung der Mitarbeiterzufriedenheit zunächst auf einen bestimmten Bereich einzugrenzen, der als besonders problematisch erkannt wurde. Dies kann im weiteren dazu dienen, Akzeptanz auch bei anderen Bereichen zu schaffen.

7. Die Neugestaltung der Unternehmensführung

Im vorigen Kapitel wurde dargestellt, wie man im Rahmen der COI-Analyse mit Hilfe von Organisationsanalysen und Mitarbeiterbefragungen gezielt Defizite in der Kundenorientierung der Unternehmensführung aufdecken kann. Anschließen muß sich auch hier, wie bei allen anderen Messungen im CUSTOR-System, ein zielgerichteter Veränderungsprozeß.

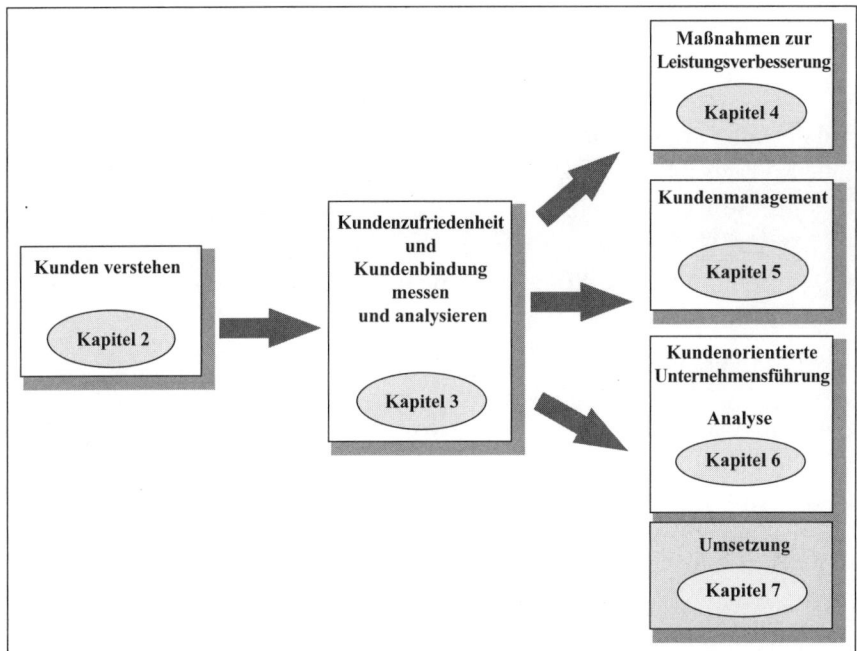

Abbildung 7-1: Einordnung von Kapitel 7 in das CUSTOR-System

Ansätze dazu sind Gegenstand der folgenden Ausführungen (vergleiche Abbildung 7-1).

Die folgenden Abschnitte beschäftigen sich zunächst mit der Optimierung der Organisationsstruktur mit Hilfe von CUSTOR-ORGA (Abschnitt 7.1). Zur Optimierung der personalführungsbezogenen Aspekte werden in Abschnitt 7.2 mit CUSTOR-COMPENSATION und CUSTOR-EMPOWER zwei Ansätze vorgestellt. Den Abschluß bildet in Abschnitt 7.3 das CUSTOR-CULTURAL MANAGEMENT, das eine gezielte Verbesserung der kulturbezogenen Aspekte anstrebt.

7.1 Die Optimierung der Organisationsstruktur

Die grundlegende Problematik einer wenig kundenorientierten Aufbauorganisation wurde in Abschnitt 6.3 ausführlich dargestellt. Neben dem Problem unklarer Anlaufstellen und Ansprechpartner für den Kunden wurde vor allem die mit inadäquaten Organisationsstrukturen verbundene Verlangsamung von kundenbezogenen Prozessen als hinderlich für hohe Kundenorientierung erkannt. Die Ansatzpunkte für eine Änderung der Organisationsstruktur im Rahmen von CUSTOR-ORGA wurden bereits in der vorangehenden CUSTOR-COI-O-Analyse abgeleitet.

Die Frage nach der *Spezialisierung* gilt als eines der grundlegenden organisationsbezogenen Probleme der Unternehmensführung.[1] Neben der Art der Spezialisierung, die vor allem ein Problem der Spartenbildung ist, stellt sich die Kernfrage nach dem Grad der Spezialisierung. Angemessene Spezialisierung führt zu einer Effizienzsteigerung des einzelnen Mitarbeiters und zum Aufbau von Fachwissen und Expertise in den jeweilig spezialisierten Stellen. Nachteilig wirkt sich Spezialisierung erst dann aus, wenn sie übertrieben wird. Überspezialisierung resultiert in aller Regel in einer deutlichen Kostensteigerung[2], da die Koordinationskosten so stark ansteigen, daß Effizienzgewinne aus der Spezialisierung rasch aufgezehrt werden. Sie hat in der Regel auch erhebliche negative Auswirkungen auf die Kundenorientierung. Neben der bereits angespro-

---

1 Vgl. Kieser/Kubicek (1992), S. 74.
2 Vgl. Homburg/Daum (1997), S. 230.

chenen Prozeßverschleppung entstehen Probleme auch dadurch, daß es dann nur noch wenige Mitarbeiter gibt, die einen Gesamtüberblick über die Aktivitäten und für den Kunden relevante Aspekte haben. So haben wir kürzlich in einem Kooperationsprojekt mit einem international tätigen Unternehmen der chemischen Industrie die Situation kennengelernt, daß zu jedem der Aspekte

- Produktpalette,
- anwendungstechnische Fragen,
- Konditionen (Preise, Liefermengen),
- Verfügbarkeit sowie
- Schulungen für den Umgang mit den Produkten

vor einer späteren Restrukturierung ein anderer Ansprechpartner identifiziert und kontaktiert werden mußte (vergleiche auch Abbildung 7-3 links).

Da ein gewisser Grad an Spezialisierung jedoch unverzichtbar ist, müssen Organisationsformen gefunden werden, die ein bestimmtes Maß an Spezialisierung erlauben und unterstützen, gleichzeitig aber geeignet sind,

Abbildung 7-2: Organisationsformen und Maßnahmen zur Förderung der Kundenorientierung bei Überspezialisierung

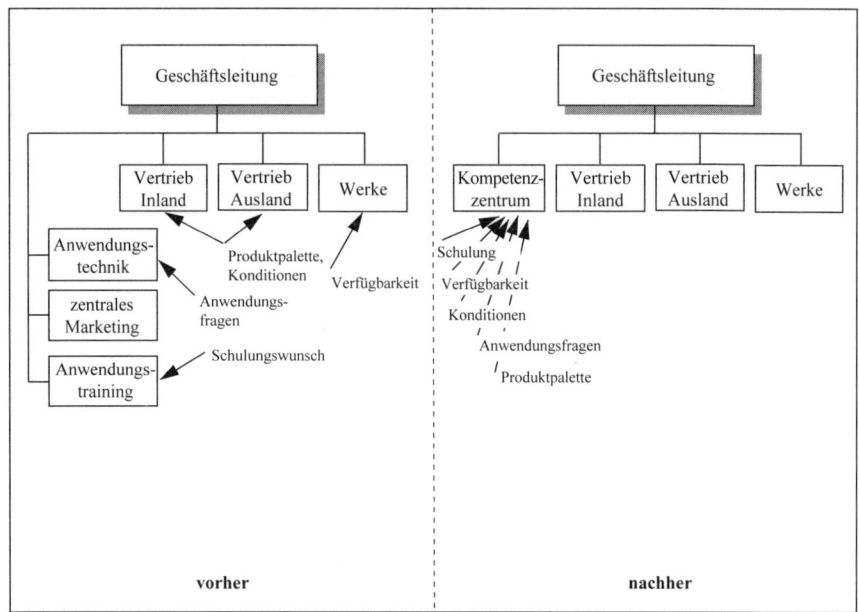

Abbildung 7-3: Funktionsübergreifende Teams in einem Kompetenz-zentrum am Beispiel eines Unternehmens der chemischen Industrie

Kundenorientierung nachhaltig zu forcieren. Insbesondere fünf Organisationsformen beziehungsweise Maßnahmen kommen hierfür in Frage (vergleiche Abbildung 7-2).

1. *Funktionsübergreifende Teams* bestehen aus Mitarbeitern unterschiedlicher Funktionsbereiche und werden zeitlich begrenzt (etwa für ein bestimmtes Großprojekt) oder unbegrenzt ins Leben gerufen. So können Abstimmungsprobleme vermieden und eine Kongruenz der Ziele erreicht werden. Dies führt in aller Regel zu einer deutlichen Beschleunigung von Prozessen und erlaubt die gemeinsame Berücksichtigung von Kundenbedürfnissen gleichermaßen wie die Priorisierung von Aktivitäten bei knappen Ressourcen. Von äußerst positiven Erfahrungen mit funktionsübergreifenden Teams berichtet beispielsweise ABB. Ende 1996 waren dort bereits etwa ein Viertel der Mitarbeiter in sogenannten CUSTOMER-FOCUS-Teams oder in Innovationsteams integriert.[3] Diesen Weg schlug auch das zuvor erwähnte

---

3 Vgl. Reichardt (1996), S. 68.

Unternehmen der chemischen Industrie ein, indem ein sogenanntes Kompentenzzentrum geschaffen wurde. Dort gibt es eine Reihe von funktionsübergreifenden Teams für die jeweiligen Produkte, die jede gewünschte Information innerhalb kürzester Zeit besorgen können (vergleiche Abbildung 7-3 rechts).

2. Nicht in jedem Fall wird es möglich sein, ein solches Team zusammenzustellen. Bei der *Stellenrotation* wechselt der Mitarbeiter von Zeit zu Zeit den Arbeitsplatz innerhalb der Organisation. Stellenübergreifende Zusammenhänge innerhalb des Unternehmens werden dadurch plausibel, und die Kooperation verschiedener Abteilungen im Hinblick auf die Befriedigung der Kundenbedürfnisse verbessert sich. Eine Stellenrotation birgt jedoch auch einige Probleme, wie etwa zusätzliche Rüstzeiten und -kosten, Ausbildungs- und Trainingszeiten sowie die Abwesenheit des Mitarbeiters von seinem angestammten Arbeitsplatz. Um dennoch eine *funktionsübergreifende Integration* zu ermöglichen, ist eine Vielzahl von formellen Maßnahmen, wie funktionsübergreifende Arbeitsgruppen, Komitees, Diskussionsforen oder gemeinsame Weiterbildungsseminare, denkbar. Auch jeglicher informelle Kontakt zwischen Mitgliedern verschiedener Abteilungen kann die Kommunikation verbessern. Das gemeinsame Mittagessen kann hier ebenso fördernd wirken wie Sportgruppen oder Betriebsausflüge.

3. Der Gedanke des *Wertkettenmanagements* führt das Prinzip funktionsübergreifender Teams weiter und bezieht den Kunden mit ein. Hierdurch ist es möglich, sich sehr frühzeitig auf seinen Bedarf und seine Bedürfnisse einzustellen. Dies ist vordringlich für den industriellen Bereich von Interesse, wo Kunden bereits heute häufig in den Entwicklungsprozeß einbezogen werden (etwa im Rahmen eines Simultaneous Engineering). Aber auch im Konsumgüterbereich sind beispielsweise mit Hilfe des Efficient-Consumer-Response (ECR)-Konzepts erhebliche Fortschritte gemacht worden.[4] Das Konzept erlaubt es, die Produktivität, Flexibilität und letztlich auch Kundenorientierung der gesamten Wertschöpfungskette deutlich zu steigern.

4. Eine einfache Maßnahme, um Informationen zusammenzuführen, ohne die dafür benötigten Mitarbeiter von ihrem bisherigen Platz abzuziehen, ist die Einrichtung einer *Koordinationsstelle*. Sie nimmt nach

---

4 Vgl. zum ECR-Konzept ausführlich Homburg/Grandinger/Krohmer (1996).

außen hin die Funktion eines zentralen Ansprechpartners wahr. Unter Umständen kann eine solche Stelle auch mit einer gewissen Entscheidungskompetenz ausgestattet sein, wenn es um die Zuordnung von Ressourcen geht. Dies kann sogar so weit gehen, daß einem Kunden ein alleiniger Ansprechpartner im Rahmen der Koordinationsstelle zugeordnet wird (Key-Account-Management). Diesem Mitarbeiter kommt dann die Aufgabe zu, alle Informationen bezüglich dieses Kunden zusammenzuführen und dem Kunden gegenüber als alleiniger Ansprechpartner des Unternehmens zu fungieren.

5. Letzter Anknüpfungspunkt in diesem Zusammenhang ist die *Spartenbildung* des Unternehmens. Auch durch eine geeignete Spartenbildung ist es möglich, Spezialisierung und Kundenorientierung zu vereinbaren. Auf die Problematik der kundenorientierten Spartenbildung werden wir weiter unten ausführlich eingehen.

Neben dem Abbau der Überspezialisierung liegt ein zweiter Ansatzpunkt in der *Einrichtung zentraler Anlaufstellen für Kunden*. Ist diese Stelle zen-

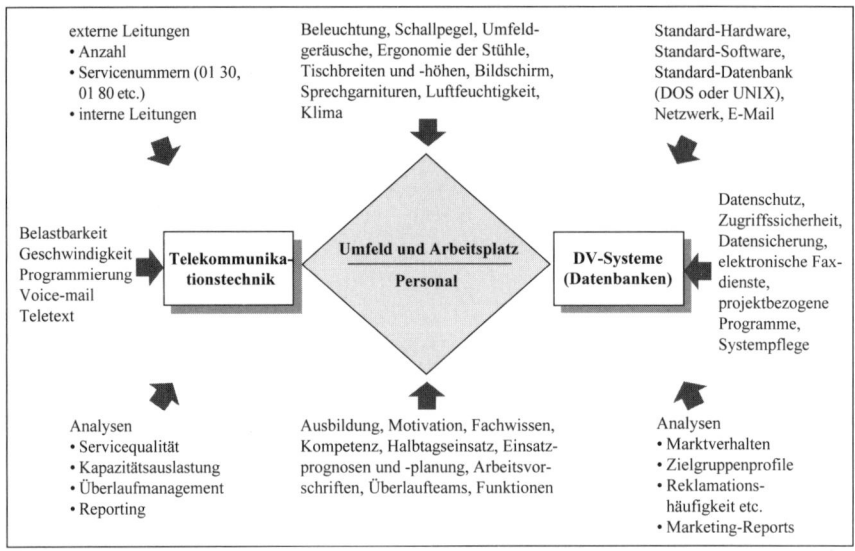

Abbildung 7-4: Entscheidungsfelder bei der Einrichtung eines Call-Centers[5]

---

5 In Anlehnung an Klocke/Reichenbach (1996).

tral und einfach erreichbar, kann das Unternehmen schnell reagieren. Der Kunde sollte idealerweise die Möglichkeit haben, einen kostenfreien oder zumindest günstigen Kontakt zum Unternehmen herzustellen (etwa durch die Einrichtung einer 01 80- oder 01 30-Servicenummer). Besondere Bedeutung kommt bei der Einrichtung solcher Anlaufstellen dem im Hintergrund stehenden Call-Center zu. Insbesondere seine Größe und die Anzahl der Mitarbeiter, die sich nach anrufstarken und anrufschwachen Zeiten richten sollte, sind in diesem Zusammenhang entscheidend. Über diesen Aspekt hinaus ist eine Vielzahl von weiteren Aspekten bei der Einrichtung eines Call-Centers zu beachten, die in Abbildung 7-4 überblicksartig dargestellt sind.[6]

Welcher Art sollten nun die zentralen Anlaufstellen sein? Prinzipiell gilt es, sich zunächst zu entscheiden, ob man eine einzige zentrale Stelle in der oben beschriebenen Form für alle Arten von Anfragen einrichtet oder ob man einzelne Bereiche für bestimmte Aufgaben bildet. In der Regel sollten mindestens die Bereiche

- Beschwerdeannahme,
- technische Beratung/Anwendungsberatung,
- Bestellung/Reservierung sowie
- allgemeine Kundenbetreuung

abgedeckt werden.

Sinnvoll kann es dabei sein, diese Anlaufstellen, genügend Potential vorausgesetzt, kundenbezogen zu gestalten. So könnte man sich vorstellen, innerhalb eines Call-Centers wiederum kundengruppenbezogene Teams zu bilden, die über entsprechendes Spezialwissen verfügen.

Der dritte Ansatzpunkt liegt im gezielten *Abbau der Hierarchietiefe.* Grundsätzlich brauchen Unternehmen ein gewisses Maß an Hierarchie, um Abläufe und Entscheidungswege zu strukturieren und zu systematisieren. Allerdings neigen auch hier viele Unternehmen zu Übertreibungen. Es stellt sich also die Frage nach der optimalen Hierarchietiefe, die die negativen Auswirkungen zu tiefer Hierarchien vermeidet und die Funktionsfähigkeit des Unternehmens uneingeschränkt erhält.

Die optimale Hierarchietiefe hängt von einer Vielzahl von Einflußfaktoren ab, wie zum Beispiel Unternehmensgröße, Zahl der hergestellten

---

6 Vgl. hierzu und im folgenden Klocke/Reichenbach (1996) und Munkelt (1995).

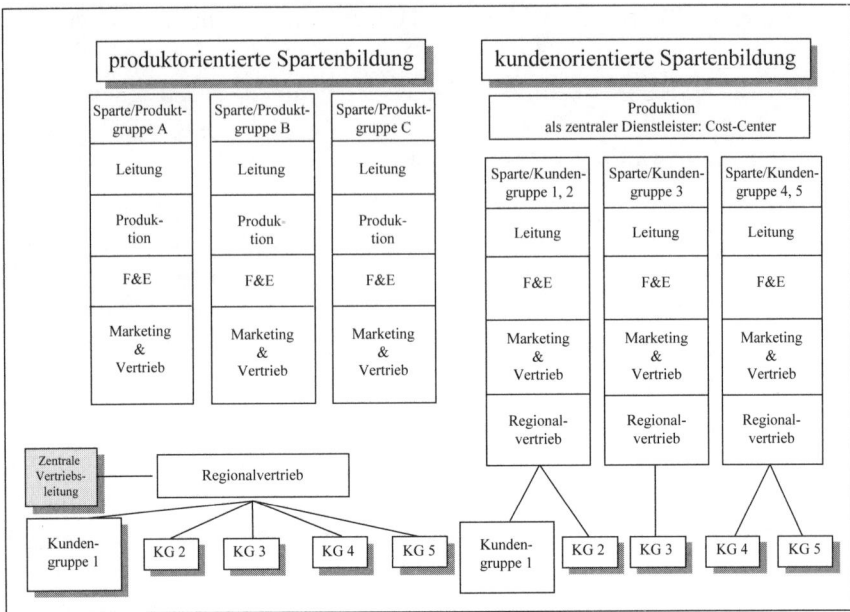

Abbildung 7-5: Gegenüberstellung von produktorientierter und kunden-orientierter Spartenbildung[7]

Produkte und angebotenen Dienstleistungen, Marktstrukturen und -entwicklungen oder auch Internationalitätsgrad des Unternehmens. Hierarchien lassen sich durch verschiedene Maßnahmen verflachen, beispielsweise durch gezielte Zusammenlegung von Bereichen, Auflösung von Stellen, die ausschließlich Koordinationszwecken dienen, oder gezielte Übertragung von Kompetenzen auf einzelne Mitarbeiter oder Stellen. Insbesondere im Bereich des mittleren Managements gibt es üblicherweise Hierarchiestufen, die im wesentlichen koordinierende Tätigkeiten wahrnehmen und bei gezielter Übertragung von Kompetenzen auf kleinere Einheiten entfallen könnten. Auch eine Teamstruktur, wie sie im Bereich der Fertigung bereits häufig angewandt wird, kann zum Abbau von Hierarchien geeignet sein. Letztlich ist die Zahl der Hierarchiestufen allein jedoch nicht entscheidend dafür, wie stark Prozesse durch übertriebene Hierarchien behindert werden. Ein Organigramm kann man über Nacht ändern und auf diese Weise Hierarchiestufen streichen. Solange jedoch

---

7 Vgl. Homburg/Daum (1997).

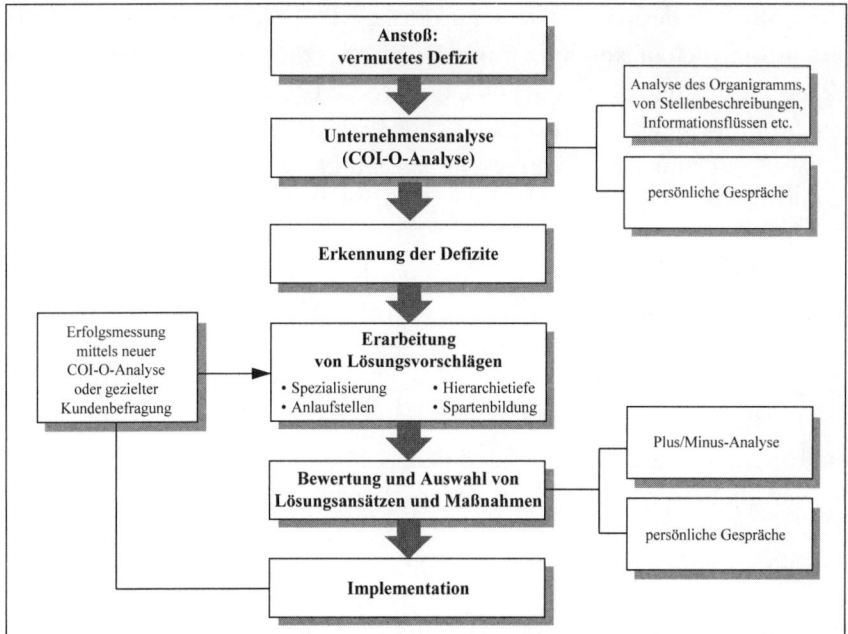

*Abbildung 7-6: Idealtypische Vorgehensweise zur Änderung der Orga-
nisationsgestaltung im Rahmen von* CUSTOR-ORGA

hierarchisches Denken bei den Mitarbeitern noch verankert ist, wird eine
hohe Hierarchieintensität bestehen. Wie man eine hohe Hierarchieintensität im Rahmen des CUSTOR-CULTURAL MANAGEMENT vermindert, ist
ausführlich in Abschnitt 7.3 dargestellt.

Der letzte wichtige Ansatzpunkt im Rahmen der Organisationsgestaltung ist die Frage der *Kundenorientierung der Spartenbildung*. Spartenbildung kann grundsätzlich kunden- oder produktorientiert erfolgen
(vergleiche Abbildung 7-5). Der Übergang von einer – zumeist vorhandenen – produktorientierten Spartenbildung ist auf dem Papier durch eine
Änderung des Organigramms und der Zuständigkeiten recht einfach zu
vollziehen. Im wesentlichen genügt es, dazu die Kundengruppen des
Unternehmens zu identifizieren und abzugrenzen. Die einzelnen betriebli-
chen Funktionen werden dementsprechend unterteilt und zugeordnet.
Die Produktion fungiert üblicherweise als zentraler Dienstleister. Viel
schwieriger ist es jedoch, das Denken der Mitarbeiter zu verändern. Nur
wenn die Mitarbeiter kundenorientiertes Denken verinnerlicht haben, hat

eine solche Änderung Aussicht auf Erfolg. Mit diesem Aspekt werden wir uns ausführlich in Abschnitt 7.3 befassen. Aus diesem und anderen Gründen stellt sich der Übergang von einer produkt- zu einer kundenorientierten Struktur in der Praxis oft alles andere als problemlos dar.

Wie läuft nun eine Veränderung der Aufbauorganisation im Rahmen von CUSTOR-ORGA ab? Abbildung 7-6 zeigt die idealtypische Vorgehensweise.

Den Anstoß zu einer COI-O-Analyse gibt oft die Vermutung eines Defizits in der Organisation. Häufig sind Probleme implizit bereits vor einer ausführlichen Unternehmensanalyse bekannt, sei es durch gezielte Hinweise von Kunden (beispielsweise bei einer fehlenden Beschwerdeannahme oder Hotline) oder durch das einfache Bewußtsein, daß die Dinge im Unternehmen nicht optimal laufen.

Natürlich werden in einer Unternehmensanalyse auch bisher nicht bewußt wahrgenommene Probleme zutage treten. Über die COI-O-Analyse hinaus können Gespräche zumindest mit einigen zentralen und wichtigen Mitarbeitern Hinweise auf informelle Strukturen und Probleme geben sowie Hintergründe aufdecken. So haben wir ein Unternehmen kennengelernt, in dem die Analyse des Organigramms und weiterer Aspekte nur geringe Probleme bei einer Reihe von Kundenschnittstellen offenlegte. Kunden klagten dennoch über lange Reaktionszeiten und die geringe Flexibilität des Unternehmens. In einer Reihe von Tiefeninterviews wurde aufgedeckt, daß es im Vertrieb einen Mitarbeiter gab, der sich für alles zuständig fühlte und dies den Kunden auch so kommunizierte. Dies führte dazu, daß die Kunden sich bei jeglichen Fragen stets nur an diesen einen Mitarbeiter wandten. Natürlich war dieser – wie zu erwarten – nach einiger Zeit vollkommen überlastet, mit den entsprechenden Konsequenzen für die Reaktionsgeschwindigkeit des Unternehmens.

Sind die Defizite identifiziert, müssen Lösungsvorschläge zur Umgestaltung der Organisation ausgearbeitet werden. Hierbei ist es wichtig, eine ganzheitliche Lösung zu entwickeln, die alle zuvor thematisierten Ansatzpunkte umfaßt. Die verschiedenen denkbaren Lösungen sind im Hinblick auf ihr Potential zur Steigerung der Kundenorientierung der Organisation zu bewerten. Die diesbezügliche Plus/Minus-Analyse versucht abzuschätzen, inwieweit sich die einzelnen Aspekte des COI-O positiv verändern. Dies darf jedoch nicht das alleinige Bewertungskriterium darstellen. Kriterien wie Machbarkeit oder Durchsetzbarkeit des Konzepts müssen ebenso eine Rolle spielen wie die personellen Ressourcen, die Fähigkeiten der Mitarbeiter sowie die Kosten der Umsetzung und die laufenden Kosten nach der Umstellung.[8]

Ist im Rahmen der Bewertungsphase keine eindeutige Tendenz zu einem Lösungsansatz festzustellen, so ist es hilfreich, ergänzend eine zweite Runde von Tiefeninterviews mit einzelnen Mitarbeitern zu führen. Im Rahmen dieser Gespräche können die verschiedenen Ansätze analysiert und bewertet werden.

Hat man sich für ein Konzept entschieden, müssen die zuvor erarbeiteten Maßnahmen der Umsetzung in die Wege geleitet werden. In einem gewissen zeitlichen Abstand sollte dann der Erfolg der Veränderung mittels einer erneuten COI-O-Analyse überprüft werden. Ist der Erfolg nicht in ausreichendem Maße gegeben, muß unter Umständen eine erneute Erarbeitung von Lösungsvorschlägen mit anschließender Bewertung, Auswahl und Implementation erfolgen.

7.2 Kundenorientierung in der Personalführung

Im Bereich der Kundenorientierung der Personalführung sind mit der Kundenorientierung der Vergütungssysteme, dem Empowerment von Mitarbeitern und der Informationspolitik vor allem drei Aspekte zu betrachten. Insbesondere letztere wird jedoch zu einem erheblichen Maß durch die Unternehmenskultur beeinflußt; auf die Ausführungen dazu in Abschnitt 7.3 sei hier verwiesen. Im CUSTOR-System wurden personalführungsbezogene Instrumente zur Gestaltung eines kundenzufriedenheitsorientierten Vergütungssystems (CUSTOR-COMPENSATION) und zum Empowerment von Mitarbeitern (CUSTOR-EMPOWER) entwickelt. Sie werden nachfolgend vorgestellt.

---

8 Vgl. ausführlich zur Problematik der Kosten verschiedener Organisationsformen Homburg/Daum (1997), S. 229 ff.

7.2.1 Kundenzufriedenheitsorientierte Vergütung: Letztlich geschieht, was honoriert wird

Die Erkenntnis, daß man Mitarbeiter zu einem bestimmten Verhalten anleiten kann, indem man ihre Bezüge davon abhängig macht, ist nicht neu. Aus diesem Grund spielen kundenzufriedenheitsorientierte Vergütungssysteme eine wichtige Rolle (CUSTOR-COMPENSATION). Ein solches System muß durch entsprechende nicht-monetäre Anreize unterstützt werden. Die Schaffung solcher Anreize geht im wesentlichen einher mit einer Änderung des Verständnisses und Selbstverständnisses des Unternehmens (vergleiche dazu Abschnitt 7.3, CUSTOR-CULTURAL MANAGEMENT).

Ihrer Art nach gehören kundenzufriedenheitsorientierte Vergütungssysteme zu strategischen Vergütungssystemen. Diese verfolgen allgemein das Ziel, das Verhalten von Mitarbeitern auf bestimmte Unternehmensziele auszurichten. Solche Ziele richten sich üblicherweise auf »harte« Kriterien der Unternehmensführung, wie beispielsweise Marktanteile, Kundenstruktur oder Kostenreduktion. Strategische Vergütungssysteme sind darüber hinaus der Gruppe der leistungsorientierten Vergütungssysteme zuzuordnen. Teile der Vergütung orientieren sich an einer Bezugsgröße, die von der tatsächlichen Leistung des Mitarbeiters abhängt. Heutzutage überwiegt die Wahl von operativen Bezugsgrößen wie Umsatz, Gewinn, ROI oder Deckungsbeitrag.

Traditionelle Vergütungssysteme können durch ihre operative Ausrichtung die Kundenorientierung jedoch nur mäßig unterstützen. Hierzu dienen leistungsorientierte Vergütungssysteme, die strategische Bezugsgrößen enthalten. Strategische Bezugsgrößen sind ihrer Ausrichtung nach weniger determiniert und versuchen, »weiche« Größen des Unternehmenserfolgs zu messen. Eine solche Größe stellt auch die Kundenzufriedenheit dar. Kundenzufriedenheit wird dabei als meßbarer Indikator für alle Anstrengungen zur Erhöhung der Kundenorientierung aufgefaßt und ist somit auch ein Indikator für die Leistung einzelner Mitarbeiter beziehungsweise Unternehmensbereiche auf diesem Gebiet.

Mittlerweile sind viele Unternehmen dazu übergegangen, Kundenzufriedenheit als Bestandteil eines Vergütungssystems zu verwenden. So zahlt beispielsweise die Bank of Boston an die Mitarbeiter ihres Telebanking-Centers einen vierteljährlichen Bonus von bis zu 400 Dollar in

Abhängigkeit von mehreren Kriterien. Eines davon ist Kundenzufrieden-heit.[9] Bei Xerox beinhaltet das Bonussystem für General Manager eine ganze Reihe von Kundenzufriedenheitskriterien.[10] Beim Glückwunsch-kartenhersteller Hallmark sind je nach Position fünf bis zehn Prozent des Gehaltes variabel und bestimmen sich nach Gewinnzielen, aber auch nach Kundenzufriedenheitszielen.[11]

Allgemein werden an ein Vergütungssystem bestimmte Anforderungen gestellt, die natürlich auch ein kundenzufriedenheitsorientiertes Vergü-tungssystem erfüllen muß:

Anforderungen an ein kundenzufriedenheitsorientiertes Vergütungssystem

- *Beeinflußbarkeit:* Der Mitarbeiter muß innerhalb des Zahlungszy-klus Einfluß auf das Ergebnis der Kundenzufriedenheitsmessung nehmen können.
- *Zurechenbarkeit:* Es muß eine Kongruenz zwischen dem Bezugssy-stem der ermittelten Kundenzufriedenheitswerte und der zu bewer-tenden organisationalen Einheit bestehen.
- *Motivationswirkung:* Das Vergütungssystem muß so gestaltet wer-den, daß es zusätzliche Anreize für wünschenswertes Verhalten schafft und insbesondere eine ausgewogene Anreizstruktur sicher-stellt.
- *Flexibilität:* Das Vergütungssystem muß sich bei Veränderungen von Unternehmenszielen und Mitarbeiterverhalten den jeweiligen Umständen flexibel anpassen lassen.
- *Transparenz:* Das Vergütungssystem muß für Mitarbeiter durch-schaubar und nachvollziehbar sein.
- *Akzeptanz:* Die Elemente des Vergütungssystems müssen von allen Beteiligten akzeptiert und als gerecht und verläßlich empfunden werden.

---

9 Vgl. Drought/McLaughlin (1995).
10 Vgl. Menezes/Serbin (1991).
11 Vgl. Verespej (1996).

Für die dem Vergütungssystem zugrunde liegende Kundenzufriedenheitsmessung gelten einige besondere Anforderungen:

- Sie muß systematisch, regelmäßig und differenziert erfolgen, wie bereits in Kapitel 3 ganz allgemein gefordert wurde.
- Die Verwendung für ein kundenorientiertes Vergütungssystem stellt ganz besonders hohe Anforderungen an die Repräsentativität einer solchen Messung.
- Die Frequenz einer solchen Messung muß dem Zahlungsrhythmus der Vergütung angepaßt sein.

Die Einführung eines kundenorientierten Vergütungssystems im Unternehmen ist in aller Regel ein sensibles und kritisches Unterfangen. Viele Mitarbeiter werden anfangs gewisse Skepsis aufweisen, da sie befürchten,

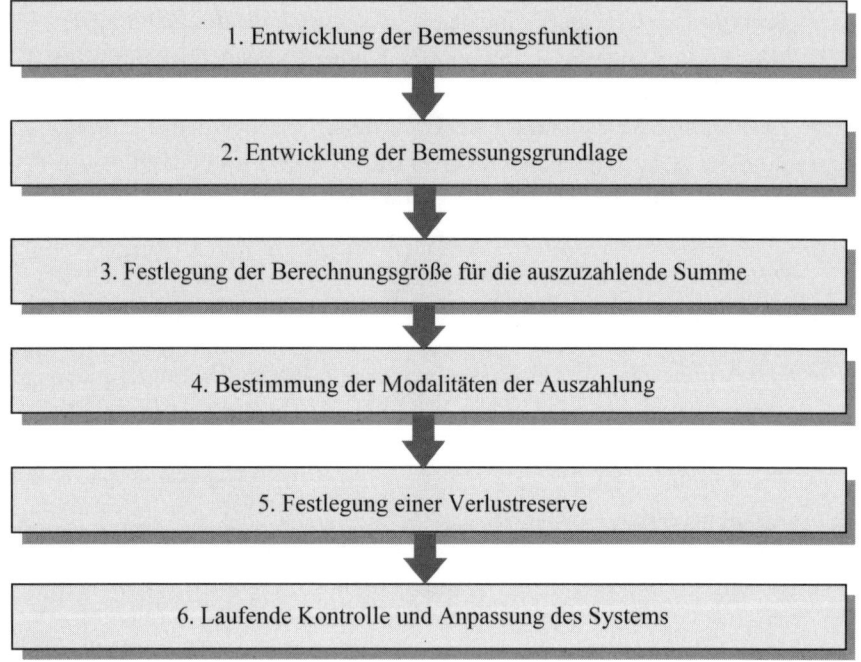

Abbildung 7-7: Prozeß der Entwicklung eines kundenzufriedenheitsorientierten Vergütungssystems[12]

---

12 In Anlehnung an Naumann/Giel (1995), S. 281 ff.

sich insgesamt schlechter zu stellen. Es kommt also im Vorfeld der Einführung darauf an, die Mitarbeiter proaktiv einzubeziehen. Hier ist das Management des Unternehmens gefordert.

Zur Erarbeitung eines kundenzufriedenheitsorientierten Vergütungssystems ist die Konstitution eines Projektteams sinnvoll, in dem alle später betroffenen Bereiche und Hierarchieebenen vertreten sein sollten. Im Projektteam ist dann eine Reihe von Entscheidungen zu treffen, deren Abfolge in Abbildung 7-7 dargestellt ist.

Schritt 1: Im ersten Schritt ist die Bemessungsfunktion des kundenzufriedenheitsorientierten Vergütungssystems festzulegen. Sie bestimmt, welche Kriterien zur Berechnung des variablen Vergütungsanteils herangezogen werden und wie sie gemessen werden. Zur Festlegung des kundenzufriedenheitsbezogenen Teils wird üblicherweise ein Gesamtindex der Kundenzufriedenheit herangezogen. Je nach Hierarchiestufe und Funktion des Mitarbeiters, für den die Vergütung festgelegt werden soll, sind dies im Rahmen von CUSTOR-COMPENSATION der Kundenzufriedenheitsindex KZI (etwa für das General Management) oder einzelne Kundenzufriedenheitswerte zu Leistungsbestandteilen. So würde man den kundenzufriedenheitsbezogenen Vergütungsanteil für das Vertriebspersonal sicherlich an vertriebsbezogenen Größen festmachen. Gleiches gilt beispielsweise für Mitarbeiter des technischen Service oder der Produktion, die anhand der jeweiligen Zufriedenheitswerte für den Servicebereich oder Produktmerkmale bezahlt werden. In der Regel werden dabei jedoch nicht 100 Prozent des variablen Vergütungsanteils an der Kundenzufriedenheit festgemacht. Richtgrößen für die Anteile einzelner Meßgrößen können einer Studie entnommen werden, die unter 60 amerikanischen Großunternehmen durchgeführt wurde.[13] Kundenzufriedenheitsbezogene Meßgrößen stehen dabei an zweiter Stelle (vergleiche Abbildung 7-8).

Neben einer umfassenden Messung der Kundenzufriedenheit im Hinblick auf die Bemessungsfunktion gibt es auch noch andere Möglichkeiten. So wendet beispielsweise Kentucky Fried Chicken die Silent-Shopper-Methode an: Testkunden suchen jede Woche einzelne der Restaurants auf und bewerten sie nach festgelegten Kriterien. Das Urteil dieser Testkun-

---

13 Vgl. McNerney (1996), S. 6.

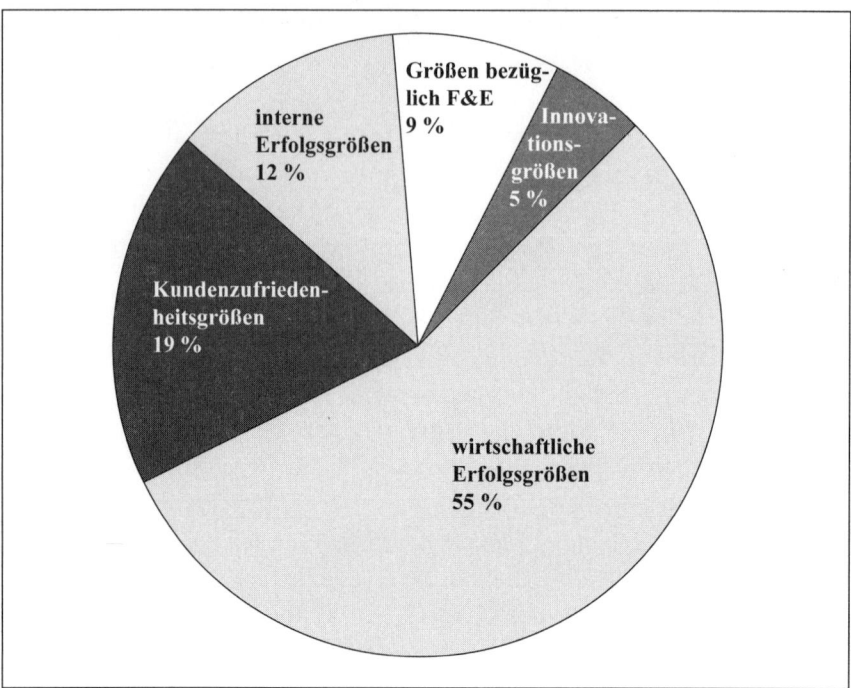

Abbildung 7-8: Gewicht der Meßgrößen der Bemessungsfunktion von Vergütungssystemen (Durchschnitt aus den Werten von 60 amerikanischen Großunternehmen)[14]

den findet direkt Eingang in den variablen Vergütungsanteil des Personals.[15]

Schritt 2: Die zweite Entscheidung betrifft die Basis, die herangezogen wird, um das Ausmaß einer Veränderung oder Zielerreichung (Bemessungsgrundlage) zu berechnen. Zu unterscheiden sind historische und zielorientierte Bemessungsgrundlagen (vergleiche Abbildung 7-9). Erstere fixieren einen Referenzpunkt in der Vergangenheit, die Veränderung der Bezugsgröße legt dann den Grad der Bezahlung fest. Liegt also beispielsweise die Kundenzufriedenheit 1995 bei einem Wert von 70, so wird im folgenden Jahr der kundenzufriedenheitsbezogene Teil der Vergütung auf Basis der Veränderung (Steigerung) dieses Referenzwertes bezahlt. Ein

---

14 Vgl. McNerney (1996), S. 6.
15 Vgl. McNerney (1996), S. 5f.

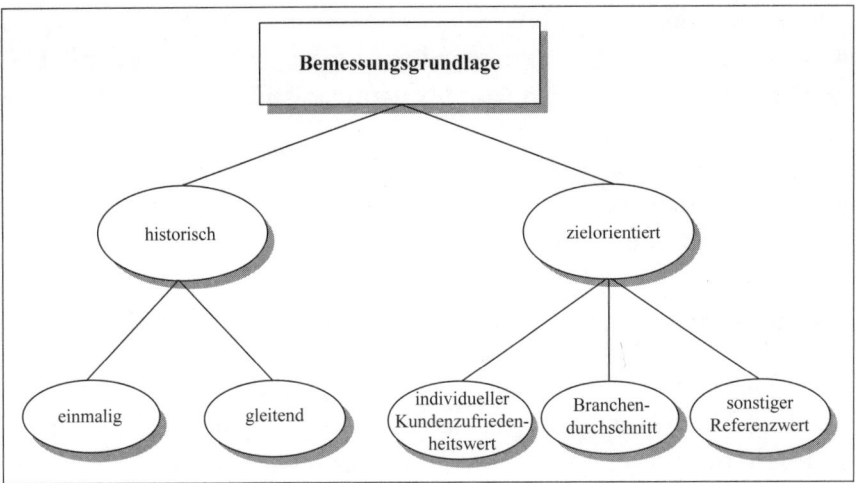

*Abbildung 7-9: Bemessungsgrundlagen eines kundenzufriedenheits-
orientierten Vergütungssystems*

solcher Referenzwert kann einmalig oder gleitend festgelegt werden. Eine
zielorientierte Bemessungsgrundlage arbeitet dagegen mit einem definierten Ziel. So könnte man sich beispielsweise bezüglich der Kundenzufriedenheit einen Zielwert von 80 setzen. Je nachdem, ob dieser Wert erreicht
und gegebenenfalls um wieviel er übertroffen wird, wird die Bezahlung
festgelegt. Neben einem individuellen Firmenziel könnte man sich auch
den Branchendurchschnitt der Kundenzufriedenheit oder Referenzwerte
aus ähnlichen Branchen vorstellen. Eine zielorientierte Bemessungsgrundlage kann dann am besten angewandt werden, wenn ein schon recht
akzeptabler Wert der Kundenzufriedenheit auf hohem Niveau gehalten
werden soll.

Schritt 3: Hat man Klarheit über die Bemessungsfunktion und die Bemessungsgrundlage gewonnen, ist die Auszahlungssumme festzulegen.
Hat man sich für eine zielorientierte Bemessungsgrundlage entschieden,
könnte man beispielsweise einen Auszahlungsplan definieren, der abhängig vom Grad der Zielerreichung bestimmte Auszahlungen vorsieht. So
könnte ein Auszahlungsplan etwa vorsehen, daß für die Erreichung des
Zielwertes 80 der Kundenzufriedenheit 5.000 D-Mark als Prämie gezahlt
werden. Wird dieser Wert übertroffen, so könnte die Prämie weiter
anwachsen. Die Summen können dabei je nach Tätigkeit und Verantwor-

tungsbereich variieren. Ähnlich einfach würde man bei einer historischen Bemessungsgrundlage verfahren, indem festgelegt wird, daß jeder Punkt, um den die Bemessungsgrundlage übertroffen wird, mit einer Prämie von 1.000 D-Mark honoriert wird.

Die Auszahlungssumme kann sich auch an der Steigerung des Kundenwertes orientieren. Wenn man beispielsweise weiß, daß eine einprozentige Steigerung der Kundenzufriedenheit den Kundenwert um eine Million Mark steigert, stiege der Kundenwert bei einer Steigerung der Kundenzufriedenheit von 76,8 auf 79,3 (3,26 Prozent) um 3,26 Millionen Mark an. Diese Zahl ist die Grundlage der Berechnung der Auszahlungssumme. In der Regel wird man nicht die Gesamtsumme auszahlen. Der Anteil, der zur Auszahlung kommt, kann je nach Unternehmen und Situation stark variieren. Ein Beispiel für eine solche Festlegung der Auszahlungssumme findet sich bei IBM.[16] Bezüglich des Computers AS-400 war bekannt, daß eine Steigerung der Kundenzufriedenheit um ein Prozent 257 Millionen Dollar zusätzlichen Umsatz in einer Vierjahresperiode generiert. 6,5 Prozent dieser Summe (also insgesamt 16,7 Millionen Dollar) wurden an die direkt betroffenen Mitarbeiter ausgezahlt.

Eine weitere interessante Methode wurde bei der amerikanischen Versicherung CIGNA P&C entwickelt.[17] Zu Beginn eines Geschäftsjahres bekommt jeder Mitarbeiter eine bestimmte Anzahl sogenannter »Phantomaktien« mit einem Ausgangswert von zehn Dollar. Dieser ändert sich im Laufe des Jahres je nach der Geschäftsentwicklung in den einzelnen Unternehmensbereichen. Diese wird mittels eines komplexen Geflechts von Meßgrößen ermittelt, in dem auch kundenzufriedenheitsbezogene Größen eine wichtige Rolle spielen. Der Wert der Phantomaktien zu Ende des Geschäftsjahres bestimmt dann den Auszahlungsbetrag, den jeder Mitarbeiter bekommt.

Schritt 4: Der vierte Schritt besteht in der Festlegung der Modalitäten der Auszahlung. Dabei sind mit der Häufigkeit und der Methode der Auszahlung zwei Aspekte zu klären. Bezüglich der Häufigkeit der Auszahlung ist Konsistenz mit dem Erhebungszeitraum der Kundenzufriedenheitsdaten herzustellen. Die oft (beispielsweise auch von Naumann/Giel 1995) geforderte quartalsweise oder gar monatliche Auszahlung halten

16 Vgl. Naumann/Giel (1995), S. 286 f.
17 Vgl. McNerney (1996), S. 4 f.

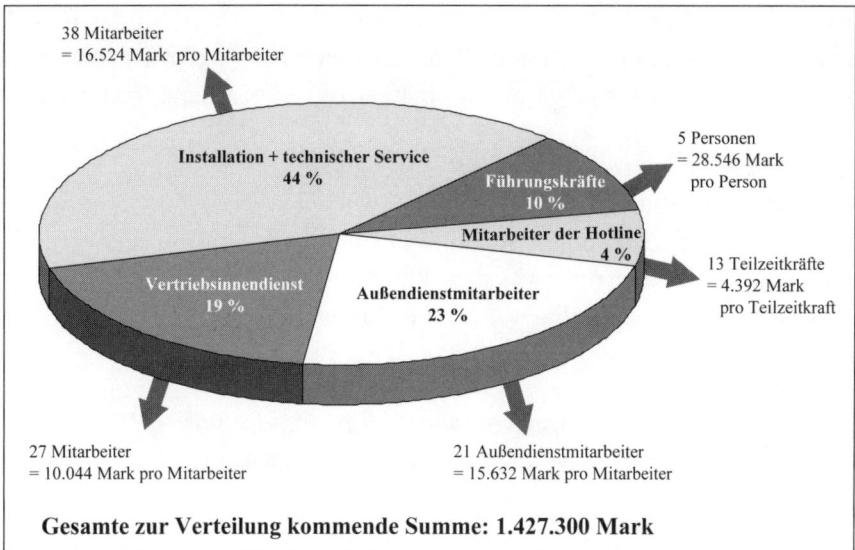

38 Mitarbeiter
= 16.524 Mark pro Mitarbeiter

**Installation + technischer Service
44 %**

**Führungskräfte
10 %**

5 Personen
= 28.546 Mark
pro Person

**Mitarbeiter der Hotline
4 %**

13 Teilzeitkräfte
= 4.392 Mark
pro Teilzeitkraft

**Vertriebsinnendienst
19 %**

**Außendienstmitarbeiter
23 %**

27 Mitarbeiter
= 10.044 Mark pro Mitarbeiter

21 Außendienstmitarbeiter
= 15.632 Mark pro Mitarbeiter

Gesamte zur Verteilung kommende Summe: 1.427.300 Mark

*Abbildung 7-10: Verteilungsplan für eine kundenzufriedenheits-
bezogene Prämie am Beispiel eines Herstellers von Zeitmeßgeräten*

wir dabei nur in Ausnahmefällen für sinnvoll. Sie ist nur denn anwendbar, wenn es gelingt, permanent Daten zur Kundenzufriedenheit zu erheben. Ein Beispiel für einen solchen Fall ist Pizza Hut in den USA, wo wöchentlich etwa 50.000 Kunden zu ihrer Zufriedenheit befragt werden.[18] Auf der Basis dieser Befragung wird der kundenzufriedenheitsbezogene Teil des Bonus der Filialleiter festgesetzt. Hinsichtlich der Methode der Auszahlung wird in der Regel eine Auszahlung als einmalige Prämie oder Tantieme auf der Basis eines Auszahlungsplans gewährt. Deutlich schwieriger ist die Anlehnung der Vergütung an den Kundenwert. Hier muß ein Verteilungsplan entwickelt werden, der die Auszahlung an die betroffenen Mitarbeiter verbindlich regelt. Abbildung 7-10 zeigt einen solchen Verteilungsplan beispielhaft für einen Hersteller von Zeitmeßgeräten.

Schritt 5: Eine Verlustreserve ist Bestandteil vieler kundenzufriedenheitsorientierter Vergütungssysteme. Sie ist jedoch nicht zwingend nötig. Bei einer Verlustreserve werden etwa 20 bis 30 Prozent des Auszahlungsbetrags zurückgehalten. Fällt die Kundenzufriedenheit, wird daraus eine

---

18 Vgl. McNerney (1996), S. 5.

Rückzahlung in dem Maß, in dem der Kundenwert sinkt, an das Unternehmen geleistet. Hat sich über lange Zeit eine hohe Verlustreserve aufgebaut, so kann man diese unter Umständen in Form eines Extrabonus teilweise auszahlen.

Schritt 6: Im letzten Schritt muß man sich Gedanken über die laufende Führung und Kontrolle des kundzufriedenheitsorientierten Vergütungssystems machen. So sollten vor allem Bemessungsfunktion und -grundlage regelmäßig überprüft werden. Erfahrungsgemäß sind insbesondere diese Komponenten häufigen Änderungen unterworfen.

7.2.2 Empowerment: Mehr Flexibilität für die Mitarbeiter im Kundenkontakt

Empowerment stellt den Mitarbeiter als Aufgabenträger in den Mittelpunkt der Lösung von Problemen. In seinem Grundverständnis kehrt sich Empowerment dabei vom Ansatz der »Industrialisierung des Service« ab, der insbesondere von Levitt propagiert wurde.[19] Dieser ging davon aus, daß Serviceaufgaben am besten und effizientesten zu lösen sind, wenn sie hoch standardisiert sind. Ein gutes Beispiel hierfür ist McDonald's, wo selbst für die kleinste Serviceaufgabe noch eine schriftliche Anweisung existiert. Dies geht bis zu der Festlegung, wie sich der Mitarbeiter beim Kunden bedankt und ihn einlädt, wieder zu kommen.[20] Bei Empowerment führt dagegen nicht die Standardisierung, sondern die Individualisierung zum Erfolg. Diesem Gedanken liegen folgende Überlegungen zugrunde:

- Mitarbeiter müssen genügend Entscheidungsspielräume für eigenverantwortliches Handeln haben. So kann beispielsweise bei der Hotelkette Ritz-Carlton ein Mitarbeiter einem anderen Mitarbeiter Anweisungen geben, wenn dies zur Zufriedenstellung eines Gastes erforderlich ist. Auch kann jeder Mitarbeiter über einen Betrag von bis zu 2.000 Dollar verfügen, um einen Beschwerdegrund sofort aus der Welt zu schaffen.[21]

---

19 Vgl. Levitt (1976).
20 Vgl. Bowen/Lawler (1992), S. 32.
21 Vgl. Beckett (1996), S. 182.

- Zwischen Unternehmen, Vorgesetzten und Mitarbeitern muß eine Vertrauensbasis geschaffen werden, die Einsatz- und Verantwortungsbereitschaft fördert. Dies schließt auch eine gewisse Fehlertoleranz ein.
- Den Mitarbeitern muß die Gelegenheit zu selbständigem und eigenverantwortlichem Handeln gegeben werden. Auf eine allzu umfassende Kontrolle ist, wo möglich, zu verzichten.
- Unternehmen und Vorgesetzte müssen den Mitarbeitern zu Fähigkeiten verhelfen, Aufgaben selbständig und eigenverantwortlich zu erfüllen. Dies ist ohne eine gezielte Mitarbeiterschulung in aller Regel nicht zu erreichen. So erhält bei Marlow Industries, einem Hersteller von Halbleitern und thermoelektrischen Kühlgeräten in Dallas, jeder Mitarbeiter zunächst einen dreistündigen Einführungskurs, an den sich weitere Schulungsmaßnahmen anschließen.[22] Auch in CUSTOR-EM-POWER ist eine Reihe von derartigen Maßnahmen (Schulung, Workshops) vorgesehen.
- Vorgesetzte und Mitarbeiter müssen ihrer neuen Rolle im Rahmen des Empowerment verantwortungsbewußt gerecht werden. Mitarbeiter müssen bereit sein, Verantwortung zu übernehmen. Desgleichen muß aber auch der Vorgesetzte willens sein, Verantwortung abzugeben.
- Empowerment kann nur mit voller Unterstützung der Unternehmensführung und der Vorgesetzten in die Tat umgesetzt werden.

Empowerment unterstützt die Erreichung von im Hinblick auf die Kundenorientierung des Unternehmens wichtigen Zielen:

Ziele des Empowerment

1. Schnelle und direkte Reaktion auf Kundenwünsche im Moment der Leistungserbringung.
2. Schnelle Reaktion auf Unzufriedenheit.
3. Steigerung der Mitarbeiterzufriedenheit.
4. Verbesserung des Umgangs der Mitarbeiter mit den Kunden.
5. Erschließung der Mitarbeiter als Quelle von Serviceideen.
6. Steigerung der Kundenzufriedenheit und der Kundenbindung.

---

22 Vgl. Rubel (1995).

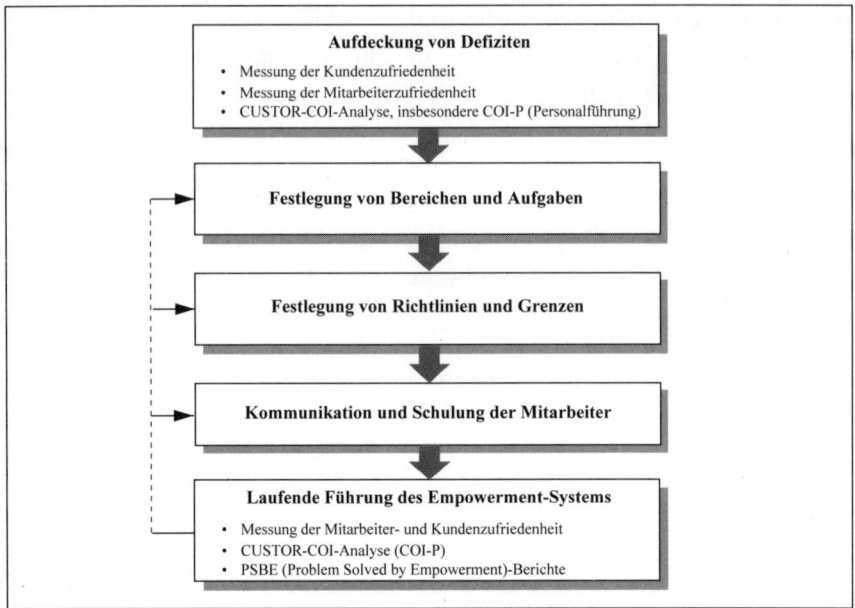

Abbildung 7-11: Prozeß des Empowerment im Rahmen von CUSTOR-EMPOWER

Wie kann nun Empowerment zielgerichtet im Unternehmen eingeführt werden? CUSTOR-EMPOWER greift hier auf eine fünfstufige Vorgehensweise zurück, die in Abbildung 7-11 dargestellt ist.

Im ersten Schritt geht es um eine systematische *Aufdeckung von Defiziten*. Hinweise auf diesbezügliche Probleme ergeben sich häufig aus einer Messung der Kundenzufriedenheit. So ist beispielsweise ein schlechtes Abschneiden bei der Frage »Wie zufrieden sind Sie mit der Dauer der Reklamationsbearbeitung?« oft ein Zeichen dafür, daß die damit befaßten Mitarbeiter nicht mit ausreichenden Kompetenzen ausgestattet sind. Auch eine Messung der Mitarbeiterzufriedenheit oder eine CUSTOR-COI-Analyse, die explizit Bestandteile des Empowerment enthält, sind hierzu hilfreich.

Der zweite Schritt besteht in der systematischen Analyse der Defizite und, darauf aufbauend, der *Festlegung von Bereichen und Aufgaben*, die für ein Empowerment in Frage kommen. Klassischerweise sind dies diejenigen Funktionen, bei denen enge Schnittstellen zum Kunden auftreten, also vor allem:

- Außendienst und Auftragsannahme,
- Auftragsbearbeitung,
- Lieferung, Montage, Schulung,
- technischer Service und
- allgemeiner Kundenservice.

Die Frage, welche Mitarbeiter einbezogen werden sollten, ist sicherlich situationsabhängig. In klassischen Produktionsunternehmen sind dies andere und weniger Mitarbeiter als in einem Dienstleistungsunternehmen wie zum Beispiel einem Hotel.

Sind die Bereiche und Aufgabengebiete festgelegt, werden in einem dritten Schritt *Richtlinien und Grenzen* bestimmt. Diese beziehen sich zum einen darauf, welche Fälle und Probleme unter die Empowerment-Regelung fallen. In aller Regel wird man hier eine sehr allgemeine und weite Regelung treffen (etwa »alle Produktprobleme, die einen Ausfall zur Folge haben«). Etwas detaillierter sollten dagegen die Vorgaben bezüglich der Grenzen der Entscheidungsbefugnis sein. Bei Ritz-Carlton-Hotels können Mitarbeiter über einen Betrag von maximal 2.000 Dollar

Bereich	Funktion	Regelung
Außendienst	Außendienstmitarbeiter	1. Lieferzeitzusagen bis Untergrenze 4 Arbeitstage 2. Preisnachlässe bis maximal 15 % vom Listenpreis 3. Änderungswünsche bis Aufwand maximal 15 % vom Listenpreis
Auftragsbearbeitung	Auftragsannahme	wie Außendienstmitarbeiter
	Auftragsabwicklung	1. Eingriff* in Produktionsplanung zur Beschleunigung bis zu 2 Arbeitstagen 2. Eingriff* in Logistikplanung zur Beschleunigung der Auslieferung 3. Zugriff* auf externen Dienstleiter (Paketdienst) für Notlieferungen
Allgemeiner Kundenservice und Reparaturservice	Reparaturtechniker	1. Zusage Ersatzgerät und Anforderung innerhalb von 24 Stunden 2. Zusage Austauschgerät
	Technische Hotline	wie Reparaturtechniker
	Beschwerdehotline	1. Zugriff* auf Einsatzplanung (Außendienst und Reparaturtechniker) 2. Zusage Ersatzgerät 3. Zusage Austauschgerät 4. Zusage Preisnachlässe bis zu 10 % vom Verkaufswert 5. Zugriffe wie Auftragsabwicklung

*Eingriffe in andere Bereiche sind mit den dort zuständigen Mitarbeitern abzustimmen, hierfür existieren definierte Schnittstellen.

Abbildung 7-12: Empowerment-Plan am Beispiel eines Herstellers von Druckereibedarf

verfügen, um Kundenbeschwerden eigenverantwortlich auszuräumen. Auf Basis der Schritte 2 und 3 kann ein Empowerment-Plan aufgestellt werden, der solche Regelungen für die einzelnen Bereiche und Funktionen verbindlich niederlegt. Ein Beispiel für einen solchen Empowerment-Plan zeigt Abbildung 7-12.

Ein wichtiger Schritt der Umsetzung ist die *Kommunikation* der ausgearbeiteten Richtlinien an die betroffenen Mitarbeiter sowie deren *Schulung*. Eine einmalige Schulung reicht dabei sicherlich nicht. Wirkliches Empowerment erfordert regelmäßiges Arbeiten und Lernen der betroffenen Mitarbeiter.

Im Hinblick auf die *laufende Führung* des Empowerment-Systems ist – ähnlich wie bei einem Kundenbindungssystem – eine direkte Kosten-Nutzen-Analyse nur schwer durchführbar. Während ganz analog die Kosten (auch mittels eines geeigneten Berichtswesens) noch relativ gut determinierbar sind, läßt sich auch hier der Nutzen nur näherungsweise erfassen. Sinnvoll ist es, die Veränderung der Größen regelmäßig zu erheben, die bereits im ersten Schritt der Erkennung von Defiziten zugrunde lagen. Wenn sich Kundenzufriedenheit, Mitarbeiterzufriedenheit oder die diesbezüglichen Aspekte des COI-P im Zeitablauf positiv entwickeln, ist von einem positiven Nutzen des Empowerment-Systems auszugehen.

Ein Controlling kann in gewissem Umfang über die Installation eines sogenannten PSBE (Problem Solved by Empowerment)-Berichtssystems erfolgen. Hierbei erfaßt jeder Mitarbeiter Situationen und Fälle, die durch Empowerment direkt gelöst werden. Dies sollte mindestens folgendes beinhalten:

Inhalt eines PSBE-Berichts

- Angaben zu Kunde, Zeitpunkt und Ort des Vorfalls
- Anlaß und Art des Vorfalls
- Kurzbeschreibung der ergriffenen Maßnahmen
- direkt entstandene Kosten (zum Beispiel Ausgabe eines Gutscheins, gewährter Rabatt)
- indirekt verbundene Kosten (soweit bekannt, zum Beispiel Ersatzlieferung)
- eigene aufgewandte Arbeitszeit

Diese Berichte sollten (eventuell von einer zentralen Instanz) um notwendige Zusatzangaben, wie zum Beispiel Kosten der Arbeitszeit indirekt involvierter Mitarbeiter, ergänzt werden. Anschließend sollte eine zentralisierte Auswertung vorgenommen werden. Dadurch ist es möglich, Problemschwerpunkte zu erkennen, durchschnittliche Kosten zuzuordnen und Reaktionen von Mitarbeitern zu überprüfen. Auch der Mißbrauch des Empowerment-Systems kann so wirksam eingeschränkt werden.

Den Potentialen eines Empowerment-Systems stehen einige Probleme gegenüber:

- Häufig werden Vorbehalte hinsichtlich eines Mißbrauchs geäußert. Diese Befürchtung ist in der Tat nicht ganz von der Hand zu weisen. Aus diesem Grund ist eine gewisse Kontrolle, wie beispielsweise mit dem oben dargestellten PSBE-Berichtssystem, unseres Erachtens unumgänglich. Erfahrungen aus der Praxis zeigen jedoch, daß die Mitarbeiter in aller Regel mit dem Instrument des Empowerment umzugehen wissen.[23]

- Ein weiterer Problembereich liegt bei den betroffenen Mitarbeitern selbst. Vorgesetzte haben oft Schwierigkeiten, das notwendige Vertrauen in ihre Mitarbeiter aufzubringen sowie eigene Kompetenzen abzugeben. Auch stehen zumeist nicht alle Mitarbeiter dem Empowerment uneingeschränkt positiv gegenüber – oft aus reiner Bequemlichkeit. Andere Mitarbeiter haben Angst, mit der ihnen übertragenen Verantwortung nicht umgehen zu können. Vorbehalte können durch Information, aber auch durch aktive Schulung aufgehoben werden. Nicht zuletzt deswegen legt CUSTOR-EMPOWER großen Wert auf die ausführliche und regelmäßige Schulung der involvierten Mitarbeiter.

- Ein Empowerment-System kann nur funktionieren, wenn es sich für den Mitarbeiter lohnt, von seinen neuen Möglichkeiten Gebrauch zu machen. Dies bedeutet, daß letztlich das Vergütungssystem angepaßt sein muß.

- Berücksichtigt werden muß auch, daß in einigen Bereichen bei der Einführung eines Empowerment-Systems mit einem gewissen Anstieg der Kosten zu rechnen ist. Bowen/Lawler (1992) verweisen in diesem Zusammenhang auf die deutlich höheren Kosten von Personalauswahl

---

23 Vgl. Weaver (1994), S. 112.

und -training. Auch andere Kosten werden, etwa durch Gewährung von Sonderrabatten, Notlieferungen oder Stellung von Ersatzgeräten, ansteigen. Dem steht ein – aus Sicht des Controlling – zunächst ungewisser Nutzen durch die Erhöhung der Kundenzufriedenheit und Kundenbindung gegenüber.

- Ein spezielles Problem des Empowerment kann darin liegen, daß es zu einer Ungleichbehandlung von Kunden führen kann. So ist es durchaus denkbar, daß Kunden für die gleiche Unannehmlichkeit unterschiedlich entschädigt werden. Analog könnten sich auch Kunden, die keine Probleme hatten, zurückgesetzt fühlen, wenn sie auf eine »Extraleistung«, die einem anderen Kunden im Rahmen des Empowerment aufgrund eines Problemfalles zuteil wird, aufmerksam werden.
- Empowerment ist letztlich ein reaktives Instrument. Ziel der Anstrengungen des Unternehmens sollte jedoch eine proaktive Sicherstellung der Qualität der Leistungserbringung sein.

Trotz dieser potentiellen Problembereiche ist Empowerment von Mitarbeitern – richtig angewandt – unseres Erachtens ein unverzichtbarer Bestandteil moderner Unternehmensführung.

7.3 Kundenorientierte Unternehmenskultur: Management der »ungeschriebenen Regeln«

In Kapitel 6 wurde ausführlich dargestellt, wie der Grad der Kundenorientierung der Unternehmenskultur beurteilt werden kann. Dabei wurde festgestellt, daß gerade die Unternehmenskultur im Hinblick auf die Kundenorientierung von den drei betrachteten Aspekten zumeist am schlechtesten abschneidet. Für viele Unternehmen muß es also darum gehen, ihre Unternehmenskultur zielgerichtet kundenorientierter zu gestalten. An diesem Punkt setzt CUSTOR-CULTURAL MANAGEMENT an.

Bei Änderungen der Unternehmenskultur handelt es sich um langfristige Prozesse, die sehr komplex und in höchstem Maße unternehmensindividuell sind. So nahm beispielsweise die Entwicklung einer neuen »Gruppenidentität« bei der Raab Karcher AG vom Beginn mit einer

Phase der Informationssammlung bis zum vorläufigen Abschluß der Umsetzung etwa fünf Jahre in Anspruch.[24]

CUSTOR-CULTURAL MANAGEMENT begleitet einen solchen Veränderungsprozeß zielgerichtet, indem Instrumente bereitgestellt werden, um zunächst Defizite zu erfassen, dann einen Veränderungsprozeß zu initiieren und letztlich die anvisierten Änderungen umzusetzen. Bevor im folgenden die grundsätzlichen Schritte, die Instrumente sowie Erfolgsfaktoren und Barrieren einer Veränderung der Unternehmenskultur detailliert dargestellt werden, wollen wir an dieser Stelle kurz auf die Frage eingehen, was unter einer kundenorientierten Unternehmenskultur zu verstehen ist und wie sie sich ausbildet.

Schein (1992) bezeichnet Unternehmenskultur als ein Muster von Grundannahmen, die als allgemein gültig angenommen werden und somit neuen Mitarbeitern als die korrekte Art, zu empfinden, denken und handeln, vermittelt werden können. Ausgangspunkt der Formierung einer Unternehmenskultur ist eine Reihe von Wertvorstellungen, die ergebnis-, prozeß-, interaktionsbezogener oder auch allgemeiner Natur sein können (vergleiche auch Abbildung 7-13).[25] Die Wertvorstellungen können an sich bereits mehr oder weniger kundenorientiert sein. Auf der Basis dieser Wertvorstellungen bilden sich Normen der Kundenorientierung aus. Diese haben im Gegensatz zu den Werten bereits recht starken Verhaltensbezug. Normen stellen die Grundlage der Artefakte (sichtbare Zeichen wie zum Beispiel Objekte, Logos, Praktiken und Rituale oder auch die Sprache) der Kundenorientierung dar. Ebenfalls auf der Basis der Normen bilden sich typische Verhaltensweisen aus, die wiederum beeinflußt von den Artefakten sind. Artefakte und Verhaltensweisen sind dann je nach dem Grad der Kundenorientierung der Normen mehr oder weniger kundenorientiert.

Ein Beispiel mag dies verdeutlichen. So könnte in einem Unternehmen eine grundsätzliche Wertvorstellung existieren, gemäß der die positive Gestaltung der Beziehung zum Kunden ein hoher Wert ist. Dies würde seine Umsetzung in einigen Normen der Kundenorientierung wie zum Beispiel Freundlichkeit dem Kunden gegenüber finden. Auf der Basis dieser akzeptierten Norm würde sich dann eine bestimmte Sprache im

---

24 Vgl. Bunk (1994).
25 Vgl. hierzu und zu den folgenden Ausführungen Pflesser (1997).

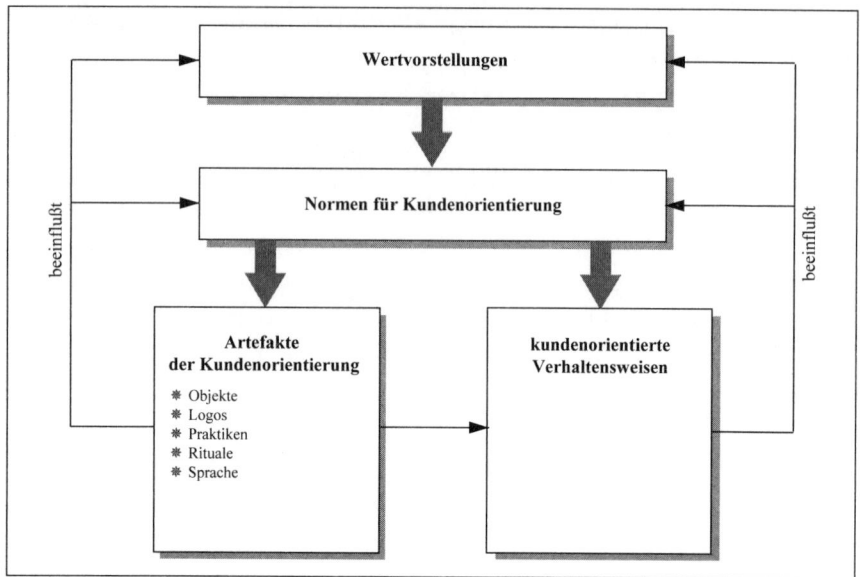

Abbildung 7-13: Modell der (kundenorientierten) Unternehmenskultur[26]

Unternehmen ausbilden, die den Kunden wertschätzt, oder allgemein eine bestimmte Praxis im freundlichen Umgang mit dem Kunden entwickeln.

Zur Änderung einer Unternehmenskultur bieten sich prinzipiell zwei Vorgehensweisen an. Zum einen kann man versuchen, über eine Änderung der Werte und Normen eine Umorientierung bei Artefakten und Verhaltensweisen herbeizuführen. Die andere Möglichkeit besteht darin, sich den Umstand zunutze zu machen, daß Artefakte und Verhaltensweisen rekursiv Werte und Normen beeinflussen. Gelingt es, kundenorientierte Artefakte und Verhaltensweisen zu verankern, so wird dies langfristig auch dazu führen, daß Werte und Normen ein höheres Maß an Kundenorientierung bekommen. Generell sollte eine Kombination aus beiden Vorgehensweisen, wie auch im CUSTOR-CULTURAL MANAGEMENT vorgesehen, angestrebt werden.

---

26 In Anlehnung an Pflesser (1997).

7.3.1 Der lange Weg zum Ziel:
Der Prozeß des CUSTOR-CULTURAL MANAGEMENT

Der Prozeß einer Veränderung der Unternehmenskultur kann prinzipiell in fünf Phasen unterteilt werden (vergleiche auch Abbildung 7-14).

In der ersten Phase geht es um die *Identifikation von kulturellen Defiziten*, wobei ein gewisses Gespür für solche Defizite im Unternehmen oftmals bereits vorhanden ist. Die Art des Umgangs untereinander und mit den Kunden, die Architektur des Unternehmensgebäudes, aber auch Sprache und Verhaltensweisen geben oft bereits deutliche Hinweise. Eine umfassende Problemanalyse ist jedoch nur durch eine systematische Messung der Unternehmenskultur (CUSTOR-COI-Analyse) möglich.

Abbildung 7-15 (s. S. 218) zeigt ein Beispiel für das Ergebnis einer COI-C-Analyse (Ebene der gesamthaften Darstellung der Faktoren der Unternehmenskultur) bei einem Hersteller von Steuerungseinrichtungen für Maschinen.

Deutlich ist bereits auf dieser globalen Auswertungsebene zu sehen, wo die Hauptprobleme liegen. Bei einem generell sehr geringen Niveau der Kundenorientierung der Unternehmenskultur sind es vor allem Aspekte

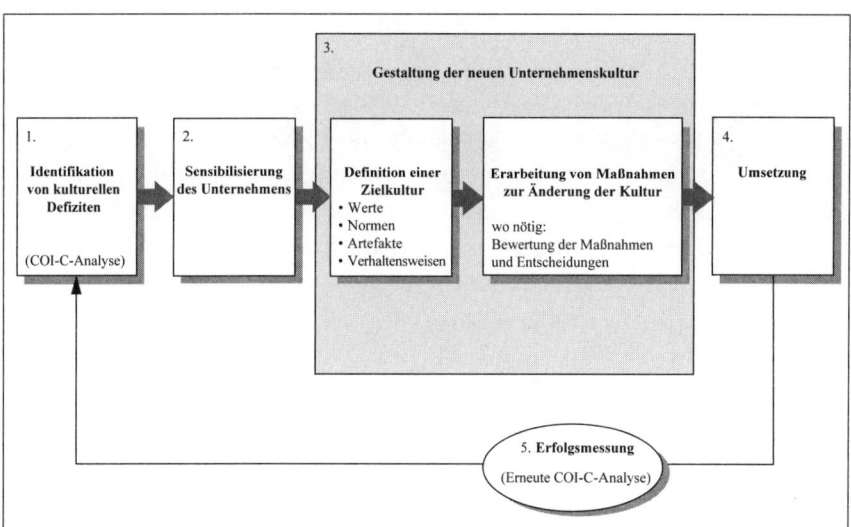

Abbildung 7-14: Der Prozeß der Veränderung der Unternehmenskultur im Rahmen von CUSTOR-CULTURAL MANAGEMENT

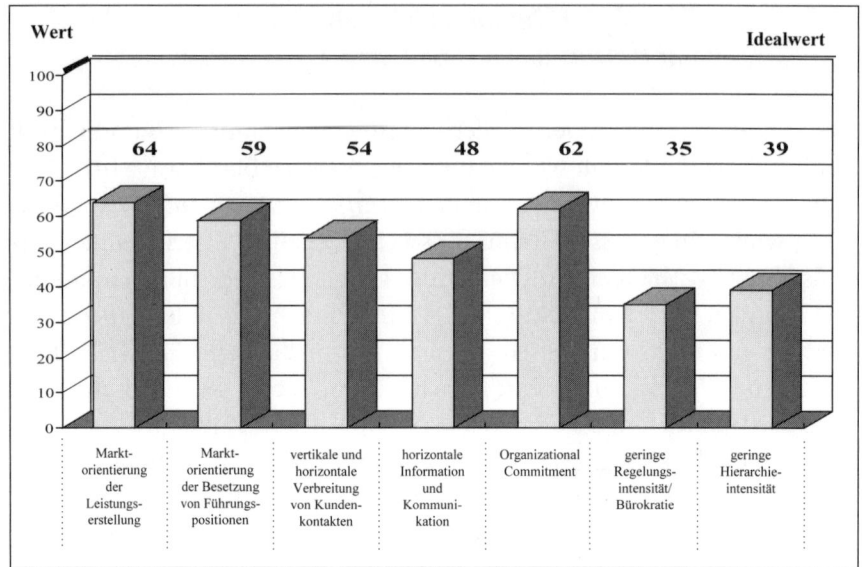

Abbildung 7-15: COI-C-Analyse (Faktoren der Unternehmenskultur am Beispiel eines Herstellers von Steuerungseinrichtungen)

wie Bürokratie, Hierarchieintensität sowie die bereichsübergreifende Zusammenarbeit, die Probleme bereiten.

Ziel der zweiten Phase des Veränderungsprozesses ist die *Sensibilisierung* des Unternehmens und seiner Mitarbeiter. Hierzu müssen die (negativen) Ergebnisse der Custor-COI-Analyse aufbereitet und unternehmensweit kommuniziert werden. Dabei darf sich die Darstellung nicht auf den defizitären Ist-Zustand beschränken, auch potentielle Konsequenzen müssen dargestellt werden. Es sollte darauf verzichtet werden, Dinge über Gebühr zu dramatisieren, problematische Entwicklungen und deren Konsequenzen sollten jedoch aufgegriffen und eindringlich dargestellt werden. Ziel dieser Phase ist es, im Unternehmen ein Klima zu schaffen, in dem sowohl Management als auch Mitarbeiter

- die Krise sehen,
- die Bedrohung des Unternehmens erkennen,
- eine Veränderung wollen und
- bereit sind, aktiv an dieser Veränderung mitzuarbeiten.

Parallel kann damit begonnen werden, zunächst im kleinen Projektkreis, später aber unter Einbezug von Mitarbeitern aus allen betroffenen Bereichen, an der *Gestaltung der neuen Unternehmenskultur* zu arbeiten. Ein zu großer Abstand zwischen Phase II und Phase III könnte sich auf die Motivation der Mitarbeiter negativ auswirken (»Erst wird großer Wind gemacht, und dann passiert nichts«). Deswegen bietet es sich an, frühzeitig mit der *Definition einer Zielkultur* zu beginnen. Dies kann zunächst in kleinem Rahmen, etwa einem Konzeptkreis mit einigen diesbezüglich besonders aufgeschlossenen Mitarbeitern, erfolgen. Zu einem späteren Zeitpunkt ist es aber unabdingbar, Konsens auf breiter Basis herbeizuführen.

Bei der Definition einer Zielkultur geht es im wesentlichen zunächst darum, in Anlehnung an das zuvor gezeigte Modell der Unternehmenskultur (vergleiche auch Abbildung 7-13) neue Werte und Normen für das Unternehmen zu entwickeln. Dies ist sicherlich ein sehr unternehmensindividueller Prozeß, dennoch kann man sich in gewisser Weise von einigen grundlegenden Fragen leiten lassen:[27]

- Welche Bedürfnisse wollen wir mit unseren Marktleistungen (Produkten, Dienstleistungen) befriedigen?
- Welchen grundlegenden Anforderungen sollen unsere Marktleistungen entsprechen (beispielsweise hinsichtlich Qualität, Preis, Neuheit)?
- Welche Grundsätze sollen unser Verhalten gegenüber den Kunden bestimmen?
- Welches ist unser wirtschaftliches Handlungsprinzip?
- Wie stellen wir uns grundsätzlich zu Anliegen der Mitarbeiter (vor allem Entlohnung, persönliche Entwicklung, finanzielle Beteiligung)?
- Welches sind die wesentlichen Grundsätze der Mitarbeiterführung, die in unserem Unternehmen gelten sollen?
- Welches sind die wesentlichen Grundsätze unserer Zusammenarbeit?

Hat man Konsens über die Werte und Normen erreicht, so sind im Einklang mit diesen die dazugehörigen Artefakte und Verhaltensweisen – soweit möglich – zu definieren. Grundsätzliche Aspekte, etwa bezüglich des Umgangs mit den Kunden, müssen geregelt werden. In diese Phase fallen auch die Entwicklung von Slogans oder eines neuen Logos, die Entwicklung neuer Bezeichnungen für bestimmte Objekte und ähnliches. Wichtig ist es, zu jeder Zeit die Umsetzbarkeit des neuen Kulturkonzepts im Auge

---

27 Vgl. Hammer (1985), S. 31.

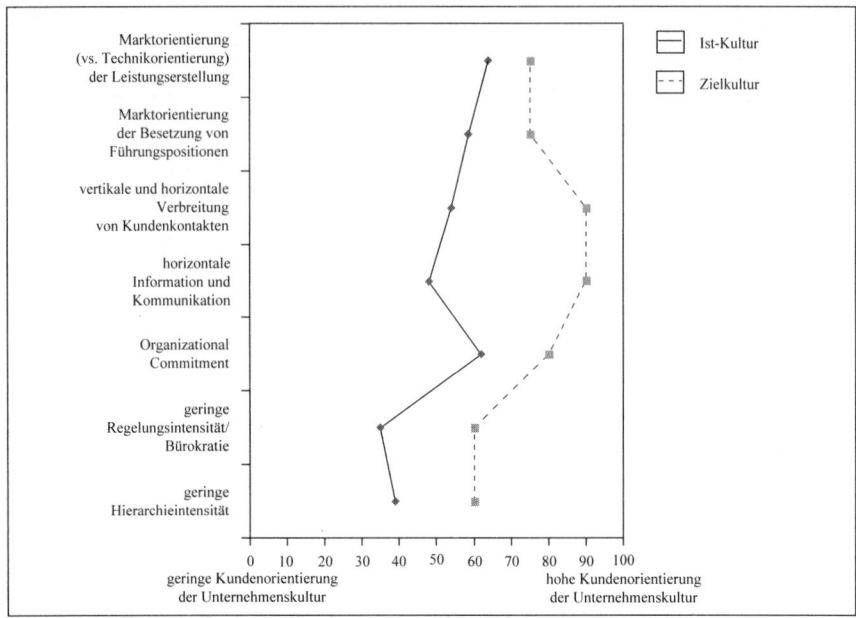

Abbildung 7-16: Ist-Kultur/Zielkultur-Profil am Beispiel eines Herstellers von Steuerungseinrichtungen

zu behalten. Bei der Definition einer Zielkultur sollte man sich auf der operativen Ebene eng an den Kriterien des COI-C orientieren, die zuvor der Identifikation von Defiziten dienten und an denen später der Erfolg der neuen Kultur gemessen wird. Die zuvor identifizierte Ist-Kultur und die Zielkultur werden im Ist-Kultur/Zielkultur-Profil gegenübergestellt. Abbildung 7-16 zeigt dies für den bereits zuvor erwähnten Hersteller von Maschinensteuerungen.

Im Beispiel hat man sich bezüglich der beiden Faktoren der Marktorientierung mit einem Zielwert von 75 zunächst ein moderates Ziel gesetzt. Erkannt hat man die wichtige Rolle von Kundenkontakten und innerbetrieblichen Informationsflüssen. Dies wird in dem hohen Zielwert 90 reflektiert. Bezüglich des Organizational Commitment hat man sich einen realistischen Zielwert von 80 gesetzt, der im übrigen auch im Rahmen von CUSTOR-EMPLOYEE SATISFACTION als Trennwert für hohes und niedriges Commitment fungiert. Die auf den ersten Blick recht geringen Zielwerte für Regelungsintensität/Bürokratie und Hierarchieintensität sind vor dem Hintergrund eines gewissen Realismus zu sehen. In einem

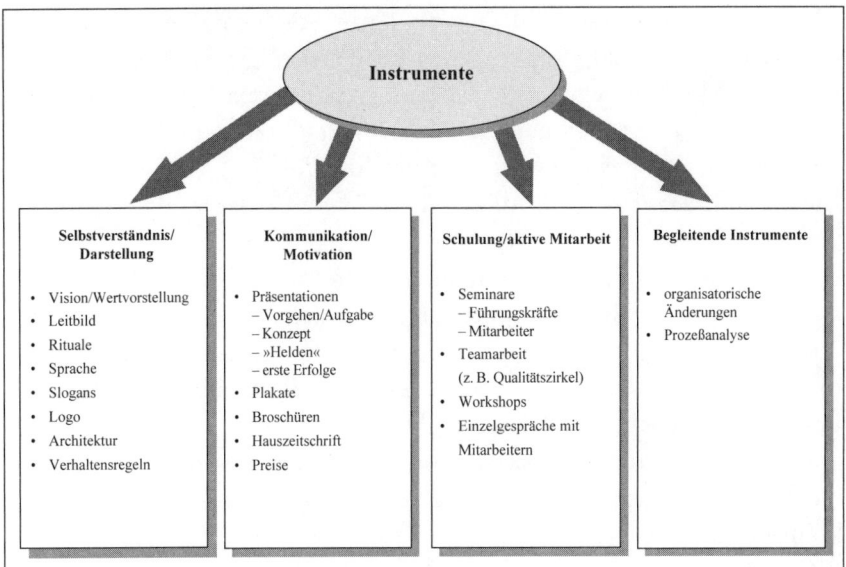

Abbildung 7-17: Instrumente zur Veränderung der Unternehmenskultur

großen Unternehmen ist es deutlich schwieriger, hier sehr hohe Werte zu erreichen. Bei einem Ist-Zustand mit Werten unter 40 ist jedoch die Erreichung eines Zielwertes von 60 bereits als erheblicher Fortschritt zu werten.

Um die entwickelte Zielkultur zu erreichen, müssen im Anschluß die hierzu nötigen *Maßnahmen* erarbeitet werden. Instrumente zur Veränderung der Unternehmenskultur lassen sich grundsätzlich anhand von vier Kategorien systematisieren (vergleiche auch Abbildung 7-17).

Ein erster Block von Instrumenten bezieht sich auf die Veränderung des *Selbstverständnisses* des Unternehmens in Form von neuen Visionen, Wertvorstellungen und Leitbildern. Die neue Ausrichtung muß in den zentralen Wertvorstellungen, im Denken und Fühlen der Mitarbeiter verankert werden. Insbesondere Leitbilder – entsprechend kommuniziert – können hier eine hervorragende Wirkung entfalten. Im Einklang hiermit müssen geeignete *Darstellungsinstrumente* entworfen werden. Dies betrifft Slogans und Logos, die das neue Leitbild vermitteln sollen und in dieser Funktion sowohl intern als auch extern eingesetzt werden. Ein wesentlicher Punkt in der Veränderung der Unternehmenskultur bei Raab Karcher war die Entwicklung eines neuen Logos. Hierzu wurde unter

Einbezug der Hausfarben als Sinnbild ein Vogelschwarm gewählt. Er sollte das Zusammenwachsen der verschiedenen Unternehmensbereiche zu einem kundenorientierten Ganzen symbolisieren.[28] Zentraler Punkt der Umorientierungskampagne bei Bull Information Systems war die Entwicklung des Slogans PROFIT (*Partnership, Respect, Ownership, Fun, Innovation, Trust*).[29] Jeder dieser Aspekte wurde dann mit einer Reihe von Verhaltensweisen unterlegt, die Abbildung 7-18 zeigt.

Über die Ableitung von konkreten Verhaltensregeln hinaus sind Rituale (wie zum Beispiel bei Beförderungen), die proaktive Veränderung der Sprache im Unternehmen oder auch die Architektur, die kurze Informationswege und informelle Kontakte zwischen Mitarbeitern verschiedener Bereiche ermöglichen sollte, zu beachten.

Im Hinblick auf die *Kommunikation* des neuen Konzepts sind Instrumente, die in einer frühen Phase des Umsetzungsprozesses zum Einsatz kommen, und solche, die später zur Vertiefung dienen, zu unterscheiden. Bei ersteren steht die Erstinformation und unternehmensweite Verbreitung des neuen Konzepts im Mittelpunkt. Dies umfaßt im wesentlichen Präsentationen auf Versammlungen und Konferenzen, Plakate, Broschüren oder auch Artikel in Hauszeitschriften. Ziel ist es, schnell viele Mitarbeiter mit dem neuen Konzept vertraut zu machen und ihnen Handlungsrichtlinien für ihre tägliche Arbeit an die Hand zu geben. So wurden bei Bull zur Vermittlung des oben gezeigten Leitbildes und der Verhaltensrichtlinien Plakate mit dem Leitbild in allen Büros aufgehängt und zudem an jeden Mitarbeiter eine kleine Broschüre mit den diesbezüglichen Informationen ausgegeben. Zur Vertiefung ist die Präsentation erster Erfolge besonders wirksam. Auch die Vorstellung sogenannter »Helden«, also von Mitarbeitern, die sich um die Umsetzung des neuen Konzepts in besonderer Weise verdient gemacht haben, ist ein wirksames Instrument. Es kann auch sinnvoll sein, für besonders herausragende Leistungen bei der Umsetzung des Konzeptes zusätzliche Anreize, wie zum Beispiel eine Gratifikation oder ein Bonussystem, zu schaffen. Denkbar ist auch die Auslobung eines Preises, zum Beispiel für den Mitarbeiter des Monats.

Vieles am neuen Konzept wird für die Mitarbeiter ungewohnt und zunächst schwierig umzusetzen sein. Deswegen ist es wichtig, die Infor-

---

28 Vgl. Bunk (1994), S. 56.
29 Vgl. Allen/Thatcher (1995), S. 19.

Leitbild PROFIT

Partnership

- Tragen Sie aktiv zur Verstärkung der Beziehungen zu Kunden sowie Kollegen bei.
- Kümmern Sie sich positiv und konstruktiv mit den betroffenen Personen oder Gruppen um die Lösung von Konflikten.
- Verkörpern Sie die Haltung »Einer für alle, alle für einen«.

Fun

- Schaffen Sie ein freundliches, kollegiales und herausforderndes Arbeitsumfeld.
- Fördern Sie proaktiv den Teamgeist.
- Zeigen und fördern Sie eine positive Einstellung in der Arbeit in Ihrem Team, im Unternehmen oder mit den Kunden.
- Interessieren Sie sich ernsthaft für die Menschen in Ihrem Team.

Respect

- Erkennen Sie offen – intern und extern – die Mitwirkung anderer an.
- Behandeln Sie die Meinung eines anderen mit Respekt, auch wenn Sie sie nicht teilen.
- Hören und respektieren Sie andere Meinungen.
- Respektieren Sie die Zeit der anderen. Seien Sie pünktlich bei Besprechungen und Terminen.
- Reagieren Sie auf Anfragen von Kunden innerhalb einer vertretbaren Zeitspanne.

Innovation

- Begrüßen Sie neue Ideen, betrachten Sie sie genau und bewerten Sie sie respektvoll.
- Gehen Sie Risiken ein, um Stagnation zu vermeiden, wann immer Sie Raum für Verbesserungen sehen.
- Greifen Sie neue Ideen und Praktiken – allein oder in der Gruppe – auf und stehen Sie den nötigen Veränderungen aufgeschlossen gegenüber.

Ownership

- Suchen und ermutigen Sie Rückinformationen von Kunden und Kollegen in Ihrem eigenen Interesse sowie in dem Ihrer Kollegen.
- Seien Sie weitsichtig, um Verbesserungsmöglichkeiten zu erkennen, und treiben Sie Veränderungen voran.
- Achten Sie darauf, daß Termine eingehalten werden.
- Ergreifen Sie die Initiative, um Dinge innerhalb und außerhalb der Gruppe zu bewegen.

Trust

- Bieten Sie Ihre Hilfe an oder fragen Sie danach, um die Erreichung wichtiger Ziele durchzusetzen.
- Fordern Sie Menschen, die sich unseren Werten gegenüber kontrovers verhalten, heraus.
- Bewahren Sie Geheimnisse, wenn es verlangt wird.
- Seien Sie bereit, Aufgaben zu delegieren, und vertrauen Sie auf die Fähigkeiten anderer.
- Streiten Sie Fehler nicht ab, sondern lernen Sie daraus.

Abbildung 7-18: Umsetzung eines Leitbildes in konkrete Verhaltensanweisungen am Beispiel von Bull Information Systems[30]

---

30 Vgl. Allen/Thatcher (1995).

mationskampagne mit geeigneten *Schulungsinstrumenten* und *aktiver Mitwirkung* der Mitarbeiter, bei der sie neue Verhaltensweisen und Umgangsformen lernen, zu begleiten. Ausrichtung und Inhalt diesbezüglicher Seminare und Workshops sind weit und vielfältig und sollten zielgruppenspezifisch erfolgen. So könnte man für die Führungskräfte ein spezielles Seminar in Personalführung entwickeln, für die Mitarbeiter im Außendienst ist ein Workshop »kundenorientiertes Verkaufen« sicherlich angemessen. Das Personal in einer Telefonzentrale oder Hotline sollte dementsprechend an einem speziellen Telefontraining teilnehmen.

Eine grundsätzliche Frage ist in diesem Zusammenhang, wer Schulungsmaßnahmen abhält. In vielen Fällen macht es dabei Sinn, auf einen unabhängigen Partner zurückzugreifen, der über Erfahrung in der Realisierung solcher kultureller Veränderungsprozesse verfügt. Dies muß nicht bedeuten, daß wirklich alle Schulungsmaßnahmen extern durchgeführt werden. Denkbar ist auch, wie beispielsweise bei dem amerikanischen Technologiekonzern Corning Inc., ein zweistufiges Konzept. In einem ersten Schritt wurden extern die Personalverantwortlichen der verschiedenen Bereiche geschult (Train-the-Trainer-Konzept). Diese waren dann im Anschluß für die innerbetrieblichen Maßnahmen verantwortlich.[31]

Maßnahmen zur Veränderung der Unternehmenskultur sind in gewissem Umfang von organisatorischen Änderungen begleitet. Dies betrifft die Aufbauorganisation (etwa durch Zusammenfassung, Streichung oder Neuentwicklung von Stellen), in besonderem Maße jedoch die Ablauforganisation. Insbesondere wenn es um die Bereiche Regelungsintensität/Bürokratie, Hierarchieintensität oder horizontale Information und Kommunikation geht, kommt man häufig an einer ausführlichen Prozeßanalyse und einer zielgerichteten Prozeßvereinfachung nicht vorbei. Die detaillierte Darstellung einer solchen Prozeßanalyse würde an dieser Stelle sicherlich den Rahmen des Buches sprengen. Prinzipiell geht es dabei darum, folgende zentrale Fragen zu beantworten:

1. Welche Tätigkeit wird ausgeführt?
2. Wer führt die Tätigkeit aus (Abteilung, Funktion oder Person)?
3. Mit welchen Kommunikationsinstrumenten (zum Beispiel Fax, Telefon) oder EDV-Systemen wird die Tätigkeit ausgeführt?

---

31 Vgl. Demers et al. (1996), S. 26.

4. Wie lange dauert, wie gut und wie kostenintensiv ist die Ausführung der Tätigkeit?

Jeder dieser vier Aspekte ist im Hinblick auf eine Prozeßvereinfachung kritisch zu hinterfragen.

Bezüglich des Instrumenteneinsatzes stehen in aller Regel Alternativen zur Verfügung. Diese sind sowohl einzeln als auch in der Gesamtanwendung zu bewerten. Die Kriterien hierfür sind vielfältig und in gewissem Rahmen auch unternehmensindividuell. Allgemein handelt es sich bei einer Veränderung der Unternehmenskultur um einen Prozeß. Dieser kann mit den gängigen Bewertungskriterien für Prozesse – Zeit, Qualität und Kosten – bewertet werden. Zum Einsatz kommen sollte nicht die günstigste Alternative, sondern diejenige, die in einem angemessenen Zeitraum das beste Kosten-Nutzen-Verhältnis aufweist.

Die *Umsetzung* des zuvor entwickelten Konzepts (Phase 4) läuft im wesentlichen in drei Schritten ab.

Schritt 1: In einem ersten Schritt der *Information* über das neue Konzept werden zunächst in hohem Maße informatorische Instrumente eingesetzt. Hierbei stehen vor allem die in der Zielkultur festgelegten Werte und Normen sowie die daraus abgeleiteten neuen Artefakte (wie zum Beispiel Logos, Slogans) im Vordergrund. In geringerem Maße wird hier auch bereits mit Instrumenten der Schulung gearbeitet.

Schritt 2: Der zweite Schritt ist der der eigentlichen *Änderung* der Unternehmenskultur beziehungsweise der mit ihr verbundenen sichtbaren Erscheinungen. In dieser Phase werden die zuvor besprochenen Slogans und Logos eingeführt, architektonische Änderungen und Anpassungen bei Ritualen und Sprache vorgenommen. Sollten organisatorische Änderungen mit dem neuen Konzept verbunden sein, werden sie in diesem Schritt ausgeführt. Unterstützt werden diese Instrumente durch Schulungen. In geringerem Umfang sollten die Änderungen natürlich auch informatorisch begleitet werden. Im Gegensatz zum ersten Schritt steht jetzt eher die Öffentlichkeit und weniger das Unternehmen selbst im Mittelpunkt informatorischer Bemühungen.

Schritt 3: Sind alle Maßnahmen der Änderungsphase abgeschlossen, muß das Konzept weiter *vertieft* werden. Die Veränderung der Unternehmenskultur ist ein äußerst langwieriger Prozeß. Dies bedeutet, daß auch nach Beendigung der »heißen« Phase die Implementierung des Konzepts weitergetrieben werden muß. Hierzu stehen informatorische Maßnahmen (Präsentation erster Erfolge und ähnliches) und Schulungsmaßnahmen zur Verfügung.

Die fünfte und letzte Phase des CUSTOR-CULTURAL MANAGEMENT besteht in der *Erfolgsmessung* der eingeleiteten Kulturveränderung. Wegen der langfristigen Natur kultureller Änderungsprozesse sollte eine Erfolgskontrolle frühestens etwa ein Jahr nach Abschluß der wichtigsten Maßnahmen in Angriff genommen werden. Zur Erfolgsmessung wird eine erneute COI-C-Analyse durchgeführt. Am Ausmaß, in dem die anvisierten Zielwerte bezüglich der einzelnen Faktoren und Indikatoren der Unternehmenskultur erreicht wurden, läßt sich letztlich der Erfolg des Veränderungskonzepts bemessen. Unter Umständen sind in der Vertiefungsphase Modifikationen des Konzepts vorzunehmen. Sind größere Lücken zwischen der in der Wiederholungsmessung erkannten Kultur und der Zielkultur festzustellen, kann dies bedeuten, daß der Veränderungsprozeß nochmals vollständig durchlaufen werden muß.

Im weiteren ist es angeraten, die Entwicklung der Unternehmenskultur in regelmäßigen Abständen mittels erneuter COI-C-Analysen zu beobachten. Durch regelmäßige Analysen (etwa im Abstand von zwei Jahren) kann der Fortschritt der neu implementierten Kultur gesteuert werden. Neu auftretende Defizite können schnell erkannt und zielgerichtet behoben werden.

7.3.2 Katalysatoren und Hindernisse bei der Veränderung der Unternehmenskultur

Da eine Veränderung der Unternehmenskultur lange dauert und hoch komplex ist, existiert eine Vielzahl von Barrieren, die die Erreichung der anvisierten Zielkultur hemmen oder sie gar ganz verhindern können. Abbildung 7-19 gibt einen Überblick über vier Kategorien von Umsetzungsbarrieren.

1. Der erste Grund für ein Scheitern liegt im häufig zu technokratischen Vorgehen begründet. Der Fokus liegt dann auf der Entwicklung von vielen mehr oder weniger geeigneten Instrumenten, von denen man sich verspricht, in kürzester Zeit eine Umgestaltung der Unternehmenskultur zu erreichen.

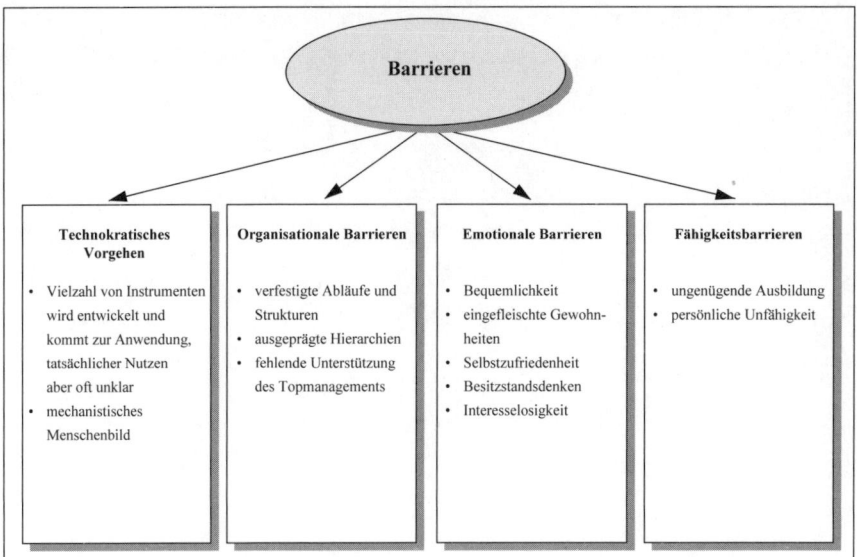

Abbildung 7-19: Barrieren im Prozeß der Veränderung der Unternehmenskultur

2. Die Organisationsstruktur in ihrer aktuellen Gestalt wirkt durch verfestigte Abläufe und Strukturen ebenfalls häufig hemmend. Mitarbeiter halten bewußt oder unbewußt an dem fest, was sich jahrelang entwickelt und – zumindest leidlich – funktioniert hat. Hier kommt es darauf an, den Mitarbeitern durch Information und Schulung nachdrücklich die Vorteile der Neuausrichtung zu verdeutlichen. In gleicher Weise wie sie negativ auf die Kundenorientierung des Unternehmens wirken, hemmen ausgeprägte Hierarchien eine kulturelle Neuausrichtung des Unternehmens. Dies gilt insbesondere dann, wenn damit Hierarchieebenen eingespart beziehungsweise Kompetenzen beschnitten werden. Beide Problembereiche werden noch verstärkt, wenn die ausdrückliche Unterstützung des Topmanagements fehlt.

3. Nicht jeder Mitarbeiter wird einer kulturellen Neuausrichtung uneingeschränkt positiv gegenüberstehen. Im Gegenteil, häufig sind es gerade emotionale Barrieren, die verhindern, daß eine neue Unternehmenskultur akzeptiert und von den Mitarbeitern verinnerlicht wird. Auf das Problem der Bequemlichkeit und des Unwillens, von Gewohnheiten, Abläufen und Strukturen abzurücken, wurde bereits hingewiesen. Bei

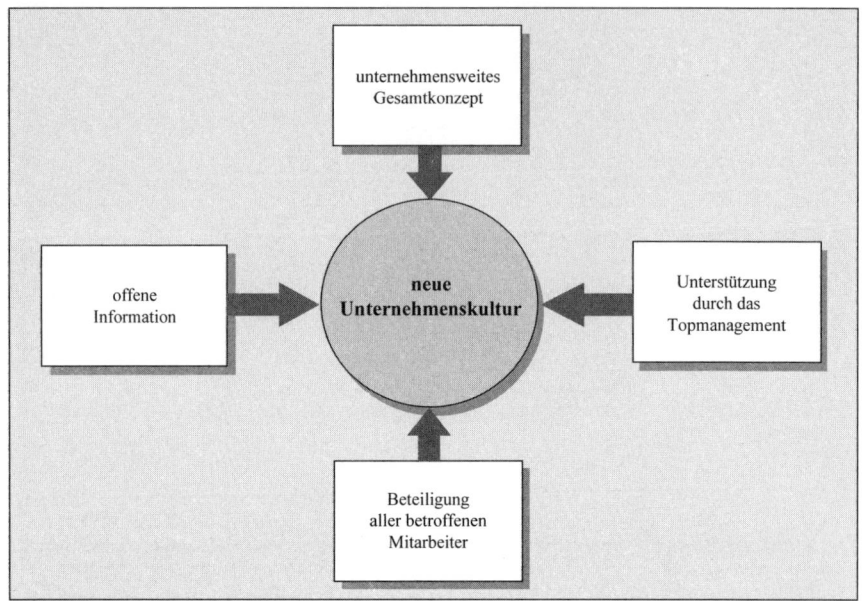

Abbildung 7-20: Erfolgsfaktoren einer Veränderung der Unternehmens-kultur

vielen Mitarbeitern führt auch die Angst vor einer Veränderung und deren Auswirkungen auf ihr unmittelbares Arbeitsumfeld zu Skepsis. Auch eine gewisse Selbstzufriedenheit, Interesselosigkeit und die Weigerung, ein Problem überhaupt zu erkennen, spielen hier eine Rolle.

4. Nicht jeder Mitarbeiter ist, selbst wenn grundsätzlich willens, fähig, die für ihn damit verbundenen neuen Aufgaben auch tatsächlich wahrzunehmen. Dies gilt insbesondere im Zusammenhang mit Empowerment. Hierbei geht es sowohl um die Persönlichkeit des Mitarbeiters als auch um die Frage, ob er ausreichend ausgebildet ist, um die ihm zugedachten Aufgaben zu übernehmen.

Abschließend lassen sich vier zentrale Erfolgsfaktoren für den Erfolg einer Neuorientierung der Unternehmenskultur ableiten (vergleiche auch Abbildung 7-20).

1. Unabdingbar ist es, für die Veränderung der Unternehmenskultur ein unternehmensweites Gesamtkonzept zu entwickeln. Die Veränderung der Unternehmenskultur ist ein derartig komplexer, das gesamte

Unternehmen berührender Prozeß, daß Insellösungen kaum zum Ziel führen können. Dies schließt nicht aus, daß die Umsetzung eines Konzepts schrittweise in den einzelnen Bereichen erfolgt. Im Hintergrund sollte jedoch ein Gesamtkonzept der Veränderung stehen.

2. Eine Veränderung der Unternehmenskultur kann erfolgreich nur mit absoluter Unterstützung des Topmanagements umgesetzt werden. Ein kultureller Veränderungsprozeß sollte dementsprechend idealerweise von oben nach unten gesteuert werden. Die Führungskräfte des Unternehmens müssen als Motoren der Bewegung fungieren. Deswegen muß zu Beginn eines Veränderungsprozesses viel Energie darauf verwandt werden, die Vorgesetzten für die kulturelle Neuausrichtung zu gewinnen.

3. Von unschätzbarer Bedeutung ist es, alle betroffenen Mitarbeiter aktiv in das Veränderungskonzept einzubinden. So wurde beispielsweise bei DuPont im Zuge eines dramatischen Umgestaltungsprozesses zu Beginn der neunziger Jahre die Unterstützung der betroffenen Mitarbeiter derart gesichert, daß vom Management sogenannte »Advisory Teams«, bestehend aus Mitarbeitern unterschiedlichster Hierarchiestufen und Funktionen, gegründet wurden.[32] Durch die konsequente Einbindung werden Widerstände abgebaut, und es wird verhindert, daß falsche Vorstellungen und Gerüchte aufkommen. In der Umsetzungsphase ist es ebenso wichtig, alle Mitarbeiter aktiv in den Schulungsprozeß einzubeziehen. Den Schulungsmaßnahmen kommt im Rahmen von CUSTOR-CULTURAL MANAGEMENT eine besondere Rolle zu. Prinzipiell ist die Gestaltung eines diesbezüglichen CUSTOR-CULTURAL MANAGEMENT WORKSHOP – wie der gesamte Prozeß einer kulturellen Veränderung – eine sehr unternehmensindividuelle Frage. Dennoch lassen sich einige zentrale Elemente beziehungsweise Einheiten angeben, die in keinem Workshop fehlen sollten. Generell sollte immer eine Kombination aus informatorischen und handlungsbezogenen Elementen angestrebt werden. Des weiteren kommt es stark darauf an, in welcher Phase des Umsetzungsprozesses ein Workshop durchgeführt wird. So wird ein Workshop in der Phase der Festlegung der Zielkultur sicherlich eine ganz andere Ausrichtung haben als in der

---

32 Vgl. Spiker/Lesser (1995), S. 20.

	1. Phase Information	2. Phase Verarbeitung	3. Phase Interpretation	4. Phase Konsequenzen	5. Phase Lösungen	6. Phase Bewertung	7. Phase Entscheidung
	Präsentation der Ergebnisse der COI-C-Analyse durch den Workshop-Leiter	Teilnehmer diskutieren Ergebnisse	Ein Konsens bezüglich der Ergebnisse wird hergestellt, evtl. eine Bewertung ihrer Relevanz vorgenommen	Diskussion über Konsequenzen der Defizite für Unternehmen, Entscheidung, welche Defizite aktiv angegangen werden	Teilnehmer entwickeln gemeinsam Lösungsansätze für die Defizite	Alternative Lösungsansätze der Teilnehmer werden bewertet	Konsens bzgl. geeigneter Lösungsansätze wird hergestellt
	Vorstellung der Defizite und Lösungsansätze durch den Workshop-Leiter	Teilnehmer diskutieren Defizite und Lösungsansätze im Hinblick auf Notwendigkeit kultureller Veränderung	Ein Konsens bzgl. der Notwendigkeit einer kulturellen Veränderung und ihrer Richtungen wird hergestellt	Welche kulturellen Veränderungen zur Verbesserung sind notwendig? Welche Instrumente und Maßnahmen?	Teilnehmer entwickeln Zielkultur, Maßnahmen, Instrumenteneinsatz	Einzelne Maßnahmen und Instrumente werden von den Teilnehmern bewertet	Konsens bzgl. geeigneter Maßnahmen und Instrumente wird hergestellt
	Vorstellung der neuen Zielkultur. Werte, Normen, Artefakte und Verhaltensregeln	Teilnehmer diskutieren insbesondere Auswirkungen auf ihre direkte Arbeitsumgebung		Welche Änderungen von Verhaltensweisen sind nötig?	Teilnehmer entwickeln neue Arbeitsschemata, Verhaltensweisen (konkret)	Bewertung	Konsens

Workshop zur   ☐ = Identifikation von Defiziten

☐ = Gestaltung der neuen Unternehmenskultur

▨ = Schulung

Abbildung 7-21: Vorgehensweise im Rahmen von Workshops zur Veränderung der Unternehmenskultur

Schulungsphase. Abbildung 7-21 zeigt die wesentlichen Inhalte von Workshops je nach Aufgabe und Phase.

4. In unmittelbarem Zusammenhang mit der Mitarbeiter-Einbindung steht ein offenes Informationsverhalten. Damit ist zunächst die offene Kommunikation und Diskussion der Probleme (im Zuge der Identifikation von Defiziten), der Lösungsansätze (bei der Entwicklung des neuen Kulturkonzepts) sowie der Auswirkung auf Unternehmen und Mitarbeiter (im Zuge der Einleitung der Veränderung) gemeint. Dabei darf vor allem nicht davor zurückgeschreckt werden, die Konsequenzen – auch negativer Art – offen zu thematisieren. In späteren Phasen des Umorientierungsprozesses kommt es dann mehr darauf an, Erfolge und wiederum Probleme darzustellen.

Werden die vorgenannten Punkte angemessen berücksichtigt, so sind die Aussichten, den Veränderungsprozeß erfolgreich abzuschließen, mehr als gut.

Epilog

Kundenorientierung ist nicht einfach zu realisieren – dies ist eine der zentralen Botschaften unseres Buches. Kundenorientierung hat zu tun mit systematischer Messung von Kundenzufriedenheit und -bindung, mit dem Managen der Kundenstruktur, mit der Organisation des Unternehmens sowie seiner Kultur. Angesichts der Komplexität der Management-Herausforderung Kundenorientierung können die Insellösungen, die man in vielen Unternehmen beobachtet, nicht zielführend sein. Vielmehr ist ein umfassender Ansatz erforderlich. Einen solchen haben wir in diesem Buch vorgestellt.

Kundenorientierung lohnt sich – dies ist die zweite zentrale Botschaft unseres Buches. Wir haben verdeutlicht, daß Kundenorientierung ein Ansatz zur Erreichung *profitablen Wachstums* ist. In vielen Unternehmen beobachten wir derzeit Tendenzen, Profitabilität im wesentlichen durch »Gesundschrumpfen« (häufig verbunden mit massiven Personalanpassungen) zu realisieren. Zweifellos ist Kosteneffizienz gerade in Hochlohnländern eine wichtige Management-Herausforderung. Sich wie besessen auf die Optimierung der operativen Effizienz zu konzentrieren, in immer neuen Benchmarking-Runden weitere Optimierungspotentiale zu identifizieren, kann jedoch langfristig nicht zielführend sein. Letztlich werden Unternehmen, die sich einseitig auf diesen Weg konzentrieren, einander immer ähnlicher und damit zunehmend austauschbar. Langfristig gesunde Profitabilität muß auf Wachstum basieren; Wachstum, das nicht durch Akquisition und Diversifikation zustande kommt, sondern Wachstum, das auf einer immer besseren Durchdringung der Geschäftsbeziehung mit den Kunden basiert.

Wir haben in diesem Buch das Custor-System vorgestellt. Dieser umfassende Ansatz soll Unternehmen bei der Steigerung der Kundenorientierung unterstützen. Wir sind davon überzeugt, daß die meisten Unternehmen, was das Erreichen von Kundenorientierung angeht, noch *am Anfang* eines Veränderungsprozesses stehen. Dies gilt natürlich insbesondere für solche Unternehmen, die aus einer monopolistischen beziehungsweise stark regulierten Vergangenheit kommen. So sind beispielsweise in der Energiewirtschaft und in der Versicherungswirtschaft gigantische Veränderungsprozesse erforderlich. Aber auch in Unternehmen, die seit jeher unter marktwirtschaftlichen Rahmenbedingungen arbeiten, haben die Veränderungsprozesse erst begonnen. Vielerorts hat man sich auf die Dinge konzentriert, die kurzfristig veränderbar sind, wie z. B. die Organisationsstruktur. Langfristige Veränderungsprozesse, die sich z. B. auf die Unternehmenskultur oder auf die Kundenstruktur beziehen, sind auch heute noch eher die Ausnahme als die Regel. Unser Buch bietet einen Ansatz zum systematischen Umgang mit solchen Problemfeldern.

Kundenorientierung ist jedoch nicht nur eine unternehmerische Herausforderung. Gerade in Deutschland ist die Steigerung der Kundenorientierung auch eine *gesellschaftliche Aufgabe*. Die Frage, für wen eine Institution (sei es ein Unternehmen, eine Behörde, ein politisches Gremium) überhaupt ihre Leistungen erbringt und welches die Bedürfnisse dieser Zielgruppe sind, muß viel stärker zum Prinzip des Handelns werden, als dies bisher der Fall ist. Oft wird der Einhaltung vollkommen überholter, aber immer noch gültiger Regeln mehr Bedeutung zugemessen als dieser grundsätzlichen Frage. Auch die Politik ist in Sachen Kundenorientierung gefordert. Sie hat erstens die Aufgabe, zur Entstehung eines geistigen Klimas beizutragen, das der Kundenorientierung förderlich ist. Zweitens geht es darum, den gesetzlichen Rahmen derart zu gestalten, daß ein hohes Maß an Kundenorientierung möglich wird. Eine politische Klasse, die konsequent darauf hinarbeitet, den Bürgern immer mehr Eigenverantwortung abzunehmen, die ihren Bürgern ebenso konsequent die einfache Tatsache verschweigt, daß letztlich nur zufriedene Kunden und nicht staatliche Beschäftigungsprogramme Arbeitsplätze sichern können, und die weite Teile der Wirtschaft mit vollkommen überholten Gesetzen konfrontiert, die Kundenorientierung stark behindern (man denke nur an Lächerlichkeiten wie das Ladenschlußgesetz oder die Zugabeverordnung), wird dieser Anforderung nicht gerecht.

Verzeichnis der Abbildungen

Literatur

Allen, R., Thatcher, J. (1995), Achieving Cultural Change: A Practical Case Study, Leadership & Organizational Development Journal, 16, 2, 16-23.

Beckett, N. (1996), Qualitätsbewußtsein und Kundenorientierung der Mitarbeiter als Schlüssel zum Erfolg: Qualitätsmanagement bei der Ritz-Carlton Hotel Company, in: Töpfer, A. (Hrsg.), Kundenzufriedenheit messen und steigern, Neuwied.

Bowen, D., Lawler, E. (1992), The Empowerment of Service Workers: What, Why, How and When, Sloan Management Review, 34, Spring, 31-39.

Boyd, M. (1995), A Case for Incentives, Incentive, 2, 14.

Bruhn, M. (1987), Der Informationswert von Beschwerden für Marketingentscheidungen, in: Hansen, U., Schoenheit, I. (Hrsg.), Verbraucherzufriedenheit und Beschwerdeverhalten, Frankfurt.

Bruhn, M. (1997), Qualitätsmanagement für Dienstleistungen, 2. Auflage, Berlin.

Bunk, B. (1992), Fluktuation minimieren – Was Kunden bindet, Absatzwirtschaft, 35, 4, 36-47.

Bunk, B. (1994), Gebündelte Freiheiten, Absatzwirtschaft, 37, 2, 55-57.

Cornelsen, J. (1996), Kundenwert – Begriff und Bestimmungsfaktoren, Arbeitspapier Nr. 43 des Lehrstuhls für Marketing am Betriebswirtschaftlichen Institut der Universität Erlangen-Nürnberg.

Demers, R., Forrer, S., Leibowitz, Z., Cahill, C. (1996), Commitment to Change, Training & Development, August, 22-26.

Diller, H. (1995), Kundenbindung als Zielvorgabe im Beziehungsmarketing, Arbeitspapier Nr. 40 des Lehrstuhls für Marketing am Betriebswirtschaftlichen Institut der Universität Erlangen-Nürnberg.

Diller, H. (1996), Ziele und Zielerreichung von Kundenclubs: Ein Fallbeispiel aus dem Motorradfachhandel, Arbeitspapier Nr. 45 des Lehrstuhls für Marketing am Betriebswirtschaftlichen Institut der Universität Erlangen-Nürnberg.

Drosten, M., Knüwer, T. (1997), Vom Alptraum ins Traumland?, Absatzwirtschaft, 40, 2, 30-37.

Drought, S., McLaughlin, B. (1995), Enabling the Front Line: Investing in People, Compensation & Value Management, Summer, 65-70.

Edvardsson, B. (1992), Service Breakdowns: A Study of Critical Incidents in an Airline, International Journal of Service Industry Management, 3, 4, 17-29.

Faßnacht, M. (1996), Preisdifferenzierung bei Dienstleistungen: Implementationsformen und Determinanten, Wiesbaden.

Faßnacht, M. (1997), Dienstleistungen im Einzelhandel als Management-Herausforderung, Veröffentlichungsreihe »Management Know-how« des Zentrums für Marktorientierte Unternehmensführung, Wissenschaftliche Hochschule für Unternehmensführung, Koblenz.

Fieten, R. (1981), Was können Kennzahlen in der Materialwirtschaft leisten?, Planung und Produktion, 10, 23-26.

Götz, P. (1995), Key-Account-Management im Zuliefergeschäft, Berlin.

Grunwald, B. (1996), Ziel: 100 % Kundenzufriedenheit – Wie Beschwerdemanagement konstruktiv genutzt wird, in: Töpfer, A. (Hrsg.), Kundenzufriedenheit messen und steigern, Neuwied.

Hammer, R. (1985), Unternehmensplanung, 2. Auflage, München.

Herstatt, C., Hippel, E. von (1992), From Experience: Developing New Product Concepts Via the Lead User Method: A Case Study in a »Low-Tech« Field, Journal of Product Innovation Management, 9, September, 213-221.

Hilker, J. (1993), Marketingimplementierung, Wiesbaden.

Hippel, E. von (1982), Get New Products from Customers, Harvard Business Review, 60, March-April, 117-122.

Hippen, F. (1997), Kundenbindung durch Dienstleistungsbündelung: Das Beispiel der HSI-Gruppe, in: Bruhn, M., Homburg, Ch. (Hrsg.), Handbuch Kundenbindungsmanagement, Wiesbaden.

Holz, S., Tomczak, T. (1996), Kundenclubs – Marktuntersuchung der deutschen Clubs, Ettlingen.

Homburg, Ch. (1995a), Kundennähe von Industriegüterunternehmen, Wiesbaden.

Homburg, Ch. (1995b), Kundennähe als Management-Herausforderung: Neue Erkenntnisse und Empfehlungen, Veröffentlichungsreihe »Management Know-how« des Zentrums für Marktorientierte Unternehmensführung, Wissenschaftliche Hochschule für Unternehmensführung, Koblenz.

Homburg, Ch., Daum, D. (1997), Marktorientiertes Kostenmanagement, Frankfurt.

Homburg, Ch., Werner, H. (1994), Kontroverse Diskussion um die Just-in-time-Beschaffung, Beschaffung aktuell, 11, 35-39.

Homburg, Ch., Grandinger, A., Krohmer, H. (1996), Efficient Consumer Response (ECR) – Erfolg durch Kooperation mit dem Handel, Veröffentlichungsreihe »Management Know-how« des Zentrums für Marktorientierte Unternehmensführung, Wissenschaftliche Hochschule für Unternehmensführung, Koblenz.

Homburg, Ch., Rudolph, B., Pohl, M. (1995), Messung von Kundenzufriedenheit in Industriegüterunternehmen: Die Stimme der Praxis, Veröffentlichungsreihe »Management Know-how« des Zentrums für Marktorientierte Unternehmensführung, Wissenschaftliche Hochschule für Unternehmensführung, Koblenz.

Hönig, C. (1990), Der Kampf um den Platz im Portemonnaie, Direkt-Marketing, 26, 2, 15-16.

Horváth, P. (1983), Der Einsatz von Kennzahlen im Rahmen des Controlling, Wirtschaftswissenschaftliches Studium (WiSt), 12, 349-356.

IBT (1996), Mit PEP an die Arbeit – So organisiere ich mich und meinen Job, Frankfurt.

Johnston, R. (1995), The Determinants of Service Quality: Satisfiers and Dissatisfiers, International Journal of Service Industry Management, 6, 5, 53-71.

Kieser, A., Kubicek, H. (1992), Organisation, 3., völlig neu bearbeitete Auflage, Berlin.

Klingsporn, B. (1996), So erkennen Sie den stillen Bankwechsel, Bank Magazin, 1, 38-40.

Klocke, H., Reichenbach, C. von (1996), Call Center – Ziele, Aufgaben, Merkmale, Direkt Marketing, 32, 2, 31-34.

Küpper, H. (1995), Controlling: Konzepte, Aufgaben und Instrumente, Stuttgart.

Lehmann, D. (1989), Market Research and Analysis, 3. Auflage, Homewood.

Levitt, T. (1976), Industrialization of Service, Harvard Business Review, 54, Sept./Oct., 63-74.

Link, J. (1996), Führungssysteme, München.

McNerney, D. (1996), Compensation – The Link to Customer Satisfaction, HRfocus, September, 3-6.

Meffert, H. (1992), Marketingforschung und Käuferverhalten, 2. Auflage, Wiesbaden.

Menezes, M., Serbin, J. (1991), Xerox Corporation: The Customer Satisfaction Program, Arbeitspapier Nr. 9-591-055 der Harvard Business School.

Mowday, R., Steers, R., Porter, L. (1979), The Measurement of Organizational Commitment, Journal of Vocational Behaviour, 14, 224-247.

Munkelt, I. (1995), Marketing hat eine Stimme, Absatzwirtschaft, 38, 7, 34-39.

Naumann, E., Giel, K. (1995), Customer Satisfaction Measurement and Management, Cincinnati.

o. V. (1992), Bosten Proper Bounces back, Catalog Age, 9, 12, 6.

o. V. (1995), Improving Customer Satisfaction at London Underground, Journal of Services Marketing, 9, 3, 44-46.

o. V. (1997), Mehr Nudeln und Döner Kebab als Schnitzel und Bratwurst, FAZ, 77, 3.4.1997, 17.

Pflesser, C. (1997), Marktorientierte Unternehmenskultur, Vortrag, gehalten am 28.2.1997 am Zentrum für Marktorientierte Unternehmensführung (ZMU) der Wissenschaftlichen Hochschule für Unternehmensführung (WHU), Koblenz.

Reichardt, I. (1996), Die Organisation der Kundenorientierung, Absatzwirtschaft, 39, 3, 64-68.

Reichheld, F. (1997), Lernen Sie von abtrünnigen Kunden, was Sie falsch machen, Harvard Business Manager, 19, 2, 57-68.

Reichheld, F., Sasser, E. (1991), Zero-Migration: Dienstleister im Sog der Qualitätsrevolution, Harvard Business Manager, 13, 4, 108-116.

Reichmann, T. (1993), Controlling mit Kennzahlen und Managementberichten, München 1993.

Reichmann, T., Lachnit, L. (1976), Planung, Steuerung und Kontrolle mit Hilfe von Kennzahlen, Zeitschrift für betriebswirtschaftliche Forschung, 28, 705-723.

Rubel, C. (1995), Empower Employees so You Can Satisfy Customers, Marketing News, 29, 7, 14.

Schein, E. (1992), Organizational Culture and Leadership, San Francisco.

Schnitzler, L. (1996), Kunde als König, Wirtschaftswoche, 43 (17. 10. 1996), 86-94.

Schraudy, K., Werner, H., Homburg, Ch. (1997), Die Methode FCD – Schnelle und kundenorientierte Konzeptentwicklung, Absatzwirtschaft, 40, 4, 52-59.

Schumacher, H., Tödtmann, C. (1996), Abstieg vom Olymp, Wirtschaftswoche, 50, 112-120.

Sebastian, K., Paffrath, R., Lauszus, D., Runneboom, T. (1997), Messung von Kundenzufriedenheit bei industriellen Dienstleistungen, in: Simon, H., Homburg, Ch. (Hrsg.), Kundenzufriedenheit, 2. Auflage, Wiesbaden.

Spiker, B., Lesser, E. (1995), Change Management – We Have Met the Enemy, Journal of Business Strategy, 16, 2, 17-21.

Stauss, B. (1991), Augenblicke der Wahrheit, Absatzwirtschaft, 34, 6, 96-105.

Stauss, B., Seidel, W. (1996), Beschwerdemanagement, München.

Stevens, T. (1996), Part of the Solution, Industry Week, 245, 13, 47.

Urban, A., Hippel, E. von (1988), Lead-User Analysis for the Development of New Industrial Products, Management Science, 34, 5, 569-582.

Verespej, M. (1996), More Value for Compensation, Information Week, 17. 6. 1996, 19-20.

Weaver, J. (1994), Want Customer Satisfaction? Satisfy Your Employees First, HR Magazine, February, 110-112.

Weber, J. (1995), Logistik-Controlling, 4. Auflage, Stuttgart.

Weber, J. (1996), Einführung in das Controlling, 6. Auflage, Stuttgart.

Webster, C. (1990), Toward the Measurement of the Marketing Culture of a Service Firm, Journal of Business Research, 21, 345-362.

Yorke, D., Droussiotis, G. (1994), The Use of Customer Portfolio Theory, Journal of Business & Industrial Marketing, 9, 3, 6-18.

Register

Campus Wirtschaftspraxis

Thomas Rudolph
Profilieren mit Methode
Von der Positionierung zum Markterfolg

1997. 204 Seiten, gebunden, mit Diskette
ISBN 3-593-35660-0

Erfolgreiche Profilierung beim Kunden erfordert eine systematische Vorgehensweise, die darauf ausgerichtet ist, das bestehende Marktprofil zu stärken. Diese Systematik wird in *Profilieren mit Methode* von den Voraussetzungen über das Vorgehen bis zu den typischen Fehlern eingehend behandelt.

Profilierungsanstrengungen müssen zum Kauf anregen. Daher vermittelt Thomas Rudolph Konzepte, die sich in der Praxis bewährt haben. 25 Fallbeispiele aus den verschiedensten Branchen illustrieren innovative Gestaltungsvorschläge. Marktforschung, Entwicklung von Visionen, Suche konkreter Maßnahmen und deren Kosten-Nutzen-Abschätzung stehen im Zentrum dieses Buches.

Die beigelegte Diskette enthält die wichtigsten Arbeitsblätter, die den direkten Einsatz der Profilierungsmethodik für den Praktiker wesentlich erleichtern.

»Mit dem Zonenmodell der Profilierung kann jeder Fachhändler sein Geschäft systematisch und schnell am Markt profilieren.«

Dr. Kurt Merse
Vorstandsvorsitzender der Garant Schuh AG

Campus Verlag · Frankfurt/New York

Campus Wirtschaftspraxis

Andreas Preißner

Marketing-Praxis für Manager

Was Sie vom Erfolg der anderen lernen können

1997. 332 Seiten, gebunden
ISBN 3-593-35668-6

Marketing wird immer wichtiger. Jeder Manager ist zunehmend konfrontiert mit Fragen zur Marktsituation, zu Push- oder Pullstrategien, zu Werbekonzepten und Vertriebswegen. Andreas Preißner zeigt an konkreten Beispielen, wie erfolgreiche Unternehmen ihr Marketing gestalten. Er präsentiert die besten Ideen, Konzepte und Strategien deutscher und internationaler Firmen. Alle Instrumente des Marketing führt er vor: Positionierung und Entwicklung von Produkten, Gestaltung von Markennamen und Preisen, leistungsorientierte Rabattsysteme und Finanzierungsangebote zur Absatzförderung, Shop-in-Shop-Systeme, Franchisingkonzepte, Auswahl von Handelskanälen und Internationalisierung der Distribution, Werbung, Öffentlichkeitsarbeit, Sponsoring und vieles mehr.

Die beispielhaften Karrieren bekannter Produkte und Marken, wie Milka, adidas oder West demonstrieren, welche Marketinginstrumente zu diesen Markterfolgen führten. Frei von theoretischem Ballast wird hier praktisches Marketing vorgeführt. Eine Fundgrube für Manager, die wissen wollen, wie es die anderen machen.

Campus Verlag · Frankfurt/New York